Emile for Today
오늘 읽는 에밀

〈지식을만드는지식 고전선집〉은
인류의 유산으로 남을 만한 작품만을 선정합니다.
읽을 수 없는 고전이 없도록 세상의 모든 고전을 출판합니다.
오랜 시간 그 작품을 연구한 전문가가
정확한 번역, 전문적인 해설, 풍부한 작가 소개, 친절한 주석을
제공합니다.

Emile for Today
오늘 읽는 에밀

장 자크 루소(Jean-Jacques Rousseau) 지음
윌리엄 보이드(William Boyd) 엮음
김성훈 옮김

대한민국, 서울, 지식을만드는지식, 2024

편집자 일러두기

- 이 책은 장 자크 루소의 《Émile, ou De l'éducation》을 영국의 교육학자 윌리엄 보이드가 현대 독자가 읽기 쉽도록 엮은 《EMILE FOR TODAY : The Emile of Jean Jacques Rousseau》(London : William Heinemann, 1956)를 번역한 책입니다.
- 엮은이 윌리엄 보이드가 루소의 원전을 다섯 부로 나누고 부 제목을 달았습니다. 그리고 다시 각 부 안의 본문을 주제별로 구분하고 표제어를 달았습니다. 프롤로그와 각 부의 머리말, 그리고 에필로그는 엮은이 윌리엄 보이드가 쓴 글입니다.
- 주석은 모두 엮은이 윌리엄 보이드가 단 것입니다.
- 외래어 표기는 현행 한글 어문 규범의 외래어 표기법을 따랐습니다.

차 례

프롤로그 · · · · · · · · · · · · · · · · · · · 3
서문 · 9

제1부 유아기

머리말 · · · · · · · · · · · · · · · · · · · 15
교육의 의미 · · · · · · · · · · · · · · · · 18
자연의 교육 · · · · · · · · · · · · · · · · 23
에밀과 가정교사 · · · · · · · · · · · · · · 30
교육의 시작 · · · · · · · · · · · · · · · · 32
이유기 · · · · · · · · · · · · · · · · · · · 38
말하기 · · · · · · · · · · · · · · · · · · · 39
걸음마 · · · · · · · · · · · · · · · · · · · 42

제2부 소년기

머리말 · · · · · · · · · · · · · · · · · · 47
유아기의 종료 · · · · · · · · · · · · · · 50
아동기의 행복 · · · · · · · · · · · · · · 51
필연의 법칙 · · · · · · · · · · · · · · · 58
소극적 교육 1. 비(非)도덕수업 · · · · · · · 63
소극적 교육 2. 비(非)언어학습 · · · · · · · 71
신체 훈련 · · · · · · · · · · · · · · · · 80
감각 훈련 · · · · · · · · · · · · · · · · 82
에밀, 열두 살이 되다 · · · · · · · · · · · 97

제3부 전(前) 청소년기

머리말 · · · · · · · · · · · · · · · · · · 105
아동기의 세 번째 단계 · · · · · · · · · · · · 107
에밀의 학문 연구 · · · · · · · · · · · · · · 109
유용성의 원칙 · · · · · · · · · · · · · · · 121
로빈슨 크루소 게임 · · · · · · · · · · · · · 125
직업의 선택 · · · · · · · · · · · · · · · · 128
에밀, 열다섯 살이 되다 · · · · · · · · · · · · 135

제4부 청소년기

머리말 · · · · · · · · · · · · · · · · 143
에밀, 열여섯 살이 되다 – 우정의 시대 · · · · · · 145
청소년기의 시작 · · · · · · · · · · · · · 145
정념의 발달 · · · · · · · · · · · · · · · 147
첫 번째 사회적 감정 · · · · · · · · · · · · 152
에밀, 열여덟 살이 되다 – 인류애의 시대 · · · · · · 157
사회 교육 · · · · · · · · · · · · · · · · 157
허영심의 치유 · · · · · · · · · · · · · · 165
종교 교육 · · · · · · · · · · · · · · · · 169
에밀, 스무 살이 되다 – 사랑의 시대 · · · · · · · 174
성년기 · · · · · · · · · · · · · · · · · 174
이상적인 여성 · · · · · · · · · · · · · · 178
사회 진출 : 취향의 탐색 · · · · · · · · · · 180
책과 극장(고전의 가치) · · · · · · · · · · · 185

제5부 결혼

머리말 · · · · · · · · · · · · · · · · · 193
청소년기의 마지막 단계 · · · · · · · 195
여성들의 교육 · · · · · · · · · · · · · 195
성별의 차이 · · · · · · · · · · · · · · 195
교육에서의 차이 · · · · · · · · · · · 199
여성기 훈련 1. 열 살 때까지 · · · · · 202
신체 훈련 : 우아함 · · · · · · · · · · · 202
인형 놀이, 그리기, 셈하기, 읽기와 쓰기 · · · · · · · 204
게으름과 불복종의 예방 · · · · · · · · 208
여성기 훈련 2. 열 살 이후 · · · · · · 210
몸치장과 즐거움의 기술 · · · · · · · · 210
종교 · · · · · · · · · · · · · · · · · · 214
이성의 훈련 · · · · · · · · · · · · · · 219
소피 · · · · · · · · · · · · · · · · · · 221
올바른 교육의 결과 · · · · · · · · · · 221
소피의 이상적인 남편 : 텔레마코스 · · · · · · · 225
에밀과 소피 · · · · · · · · · · · · · · 227
에밀, 여행을 떠나다 · · · · · · · · · 237
감정 다스리기 · · · · · · · · · · · · · 237
여행의 교육적 가치 · · · · · · · · · · 240
에밀과 소피의 결혼 · · · · · · · · · 246

에필로그 · · · · · · · · · · · · · · · · 251
자연의 교육 · · · · · · · · · · · · · · · · 251
국가의 교육 · · · · · · · · · · · · · · · · 270

해설 · 297
지은이에 대해 · · · · · · · · · · · · · · · 301
엮은이에 대해 · · · · · · · · · · · · · · · 305
옮긴이에 대해 · · · · · · · · · · · · · · · 306

오늘 읽는 에밀

프롤로그

근대의 수많은 교육 저작들 가운데 장 자크 루소의 《에밀》만큼 교육의 사상적·실천적 행보에 크나큰 영향을 미친 것도 없다.

루소는 놀랄 만큼 비범한 인물이었다. 위대한 사상가는 아니었지만, 그의 머릿속에는 번뜩이는 생각이 많았다. 게다가 자신의 독창적인 생각─여러 분야에서 선구적인 입지를 다진─을 글로 옮기는 재주도 뛰어나서 그의 독자들을 대번에 인습의 파괴자로 만들었다. 비록 그 자신은 정치에 문외한이었지만, 그의 《사회계약론》은 프랑스 혁명에 이념적 토대를 제공했고, 나아가 당대 정치인들이 새로운 정치 질서를 구축하는 시발점이 되었다. 마찬가지로 그의 교사 경력은 일천하고 성공적인 것도 아니었지만, 에밀과 소피의 교육을 묘사한 소설풍 논고─새로운 교육 모델을 제시한─는 교육의 물줄기를 완전히 새로운 방향으로 틀어 놓은 것으로서 세상의 주목을 받았다. 헨리 메인 경은 그의 《고대법》에서 "1749년부터 1962년까지 루소가 생산한 문헌만큼 사람들의 마음에 풍파를 일으키고 지적으로 엄청난 반향을 일으킨 사례는 우리 시대는 말할 것도 없고 역사적으로도 드물다"라고 말한다.

사실, 에밀의 교육은 아무나 따라 할 수 있는 것이 아니었다. 가정교사를 고용해 아이들을 사적인 환경에서 교육할 수 있는 부모들이나 생각해 볼 만한데, 심지어 그런 경우에도 에밀과 똑같이 교육하기란 이만저만 어려운 일이 아니었다. 그러므로 지혜로운 사도들은 루소의 이야기가 단지 하나의 예시에 불과하다는 사실을 깨닫고, 그 안에 담긴 원리를 적용하기 전에 자신의 환경에 적합한 방법을 궁리했다. 이를테면, 칸트는 루소의 열렬한 추종자로서 그의 동시대 학교 비판과 새로운 교육의 필요성에는 공감하면서도 스스로는 공적인 교육을 사적인 교육보다 우선하고 자연의 교육을 전문적인 학교 교사들에게 일임했다. 페스탈로치는 루소의 사상을 유럽의 제(諸) 학교에 퍼트리는 전도사 역할을 자임했지만, 그 자신의 새로운 교육 방법은 선량한 어머니의 가정 교육에 토대를 두었고, 아이들의 교육 활동을 개선하기 위해 학습의 제반 요소들을 분석했다. 이후 페스탈로치를 거쳐 프뢰벨과 헤르바르트와 같은 많은 실천적인 교육 개혁자와 피히테와 같은 철학자가 등장했다. 이들은 모두 하나의 전통에서 시작해 그것을 창의적으로 재해석하면서 각기 다른 가능성을 타진했던 위인들이다.

19세기에 이르러 《에밀》은 교육자들의 관심에서 멀어졌다. 그런 식의 교육이 그 시대 대중적인 학교 교육과 양립할 수 없거니와, 세상에 첫선을 보였을 때 가히 혁명적이라고 추앙받던 개념들―아직도 실현되지 않은 것들이 더러 있지만―이 이제는 식상하고 당연한 것들이 되어 버렸기 때문이다. 이 책이 처음 나왔을 때만 하더라도 독자들의 시선을 사로잡았던 감성, 과장, 독설, 모순 등은 저자의 진의를 파악하는 데 걸림돌로 작용하지 않았다. 그러나 시간이 지나면서 그런 표현들이 점차 오해의 불씨가 되었다.

20세기의 교육자들에게도 루소는 여전히 이방인이었다. 그러나 신(新)교육 르네상스와 그 운동의 전 세계적 확산으로 말미암아 그 원조 격인 루소의 저술들도 재평가되었다. 신교육 운동에서는 원리를 방법보다 중시한다. 골자는 교육의 과정에서 학생의 자유와 개성을 중시하고 교사는 학생 개개인의 상황에 적합한 방법을 사용해야 한다는 것이다. 이 새로운 운동은 교육을 방법이 아닌 발달의 문제로 이해하는 데 철학적 근거를 제시했다. 사람들은 공동체와 개인, 권위와 자유, 어른과 아이와 같은 해묵은 질문들을 가정과 학교에서의 교육이라는 관점에서 다시 조명하지 않을 수 없었다. 지금 보면, 이런 문제들에서 루소의 견해는 분명 한쪽으로 치우쳐 있었다. 그러나 그렇게 함으로써 그는 세상에 맞섰다. 《에밀》에서 그는 아동 중심 교육을 표방했는데, 이는 지금까지 유례가 없는 일이었다. 그 이상 무슨 말이 더 필요하겠는가. 신실한 교육학도라면 당연히 유럽인들의 사고에 아동의 삶이라는 새로운 지평을 선사한 루소의 사상을 공부하지 않을 수 없다.

그렇다면 루소의 사상은 무엇인가? 그 안에 어떤 중요한 진리가 담겨 있는가? 오늘날 우리에게 얼마나 쓸모가 있는가? 나는 독자들이 《에밀》, 그리고 가능하다면 그의 다른 교육 논고들을 주의 깊게 읽으면서 이런 질문들에 답을 찾아가기를 바란다. 나의 축약본은 이런 독자들의 수고를 덜어 주기 위한 것이다. 《에밀》과 같은 책은 초심자라면 축약본으로 읽는 것이 좋다. 루소 자신도 밝혔듯이 이 책은 다소 산만한 측면이 없지 않다. 그는 자기 논점을 이야기 형식을 빌려 설명하곤 했다. 그런데 그 과정에서 두서없이 이런저런 이야기를 하면서 논점에서 자주 벗어났다. 한 예로, 청소년기의 종교 교육을 논하는 대목에서 그는 자연신학에 대해 장광설 — 책 전체 분량의 8분의 1에 해당하는 — 을 늘어놓는다. 그 자체로는 매우 뛰어난 종교적 해제이지만, 그것이 교육적으로 적절한지는 의문이다. 또 에밀의 여행을 빙자해 자신의 《사회계약론》을 슬쩍 소개한다. 이 책 여기저기에 흩어져 있는 그런 흥미로운 외도거리는 루소의 사상을 이해하는 데 없어서는 안 되는 것이지만, 그의 교육적 논의를 차례대로 따라가며 이해하는 데는 방해가 된다.

이 문제를 해결하기 위해 나는 그가 교육에 대해 말했던 내용만을 간추리면서 다섯 부로 나누어 각각 부 제목을 달았고, 본문의 장마다 표제어를 두었다. 그리고 각 부 도입부에 짤막한 머리말을 덧붙였다. 앞 문단에서 제기한 질문들에 대한 나의 답변은 이 책의 에필로그에 담겨 있다. 얼른 그것부터 일견하고 나의 시각에서 본문을 읽어가는 잘못을 범하지 말라. 독자들이여 인내심을 가지라. 이 책을 모두 읽은 뒤에 내 생각과 그대들의 생각을 찬찬히 비교하라.

1955년 10월
윌리엄 보이드

서문

처음에는 자녀 교육에 관심이 있는 한 선량한 어머니를 위해 나의 평소 생각과 의견을 대충 정리해 몇 쪽짜리 제안서나 펴낼 생각이었다. 그런데 그 작업이 점차 커지더니 나도 모르게 두툼한 한 권의 책-내용이 지나치게 방대하지만, 다루는 주제에 비하면 여전히 빈약한-이 되었다. 기왕에 시작한 일이니까 좀 더 잘 쓰려고 노력하였지만 허사였다. 그런데도 내가 현재의 상태 그대로 출간하기로 마음먹은 데는 대중들의 관심을 이 주제로 돌리는 일이 중요하기 때문이다. 설령 나의 제안이 잘못된 것이라도 그것을 마중물 삼아 앞으로 더 좋은 계획이 나온다면 그간의 나의 노력도 헛된 것만은 아닐 것이다.

나는 교육의 중요성에 대해 왈가왈부하지 않을 것이고, 현재의 교육이 잘못된 것이라고 호들갑을 떨지도 않을 것이다. 그동안 그런 식으로 말했던 사람들이 세상에 너무 많았고, 나까지 그 대열에 합류할 필요는 없다. 모두가 알고 있는 그런 내용으로 내 책을 채울 생각도 없다. 그러나 이 말 하나는 해야겠다. 우리가 기억조차 하지 못하는 그 옛날부터 세상의 관행을 규탄하는 목소리는 끊이지 않았지만, 정작 그것을 개선하려는 계획은 없었다. 세상에 공적인 유용성을 논의하는 저작들은 많아도, 그중 으뜸에 해당하는 인간 교육의 문제를 다루는 것들은 찾아보기 어렵다.

우리는 아동기에 대해 아는 것이 없다. 아동기에 대한 그릇된 생각이 우리의 일탈과 실수를 부추긴다. 지혜로 이름 높은 사람들조차 어른에게 필요한 지식만을 궁리하느라 아이들이 무엇을 배울 수 있는지는 등한시한다. 그들은 언제나 아이를 어른처럼 대하고, 아이가 어른이 되기 전에 어떤 존재인지 알려고 하지 않는다. 바로 이 문제에 나는 관심이 있다. 비록 나의 논의가 비현실적인 상상의 산물에 불과하더라도, 그로부터 세상 사람들이 이익을 얻을 수 있기를 바라 마지않는다. 내가 주제를 다루는 방법이 잘못되었을지는 몰라도, 우리가 연구할 대상이 누구인지는 정확하게 짚었다고 자신한다. 그러니 학생들을 바르게 이해하는 일부터 시작하자. 단언컨대, 당신들은 학생들에 대해 너무 무지하다. 나의 이런 제안을 따른다면, 이 책은 당신들에게 상당히 유익할 것이다.

이 책의 본령―자연의 질서에 따른 아이의 발달―을 논의하는 대목에서 독자들은 교육 논고가 아닌 한 몽상가의 독백을 읽고 있다는 착각에 빠질지도 모르겠다. 그러나 어쩌겠나? 내가 남의 흉내를 내지 않고 나 자신의 교육에 대한 생각을 피력하여 그런 오해가 생기는 걸. 내가 세상을 바라보는 관점이 남들과 같지 않다는 비판은 해묵은 것이다. 게다가 나는 가끔 단정적인 표현을 서슴지 않는데, 그것은 나의 견해를 독자들에게 강요하기 위해서가 아니라 내 머릿속에 떠오른 생각을 오롯이 전달하기 위해서다.

사람들은 항상 내게 실현 가능한 것을 제안하라고 말한다. 그것은 평범한 방법을 일러 주거나, 아니면 악습을 적당히 선한 것으로 포장하라는 요구다. 어찌 보면 그런 시도야말로 나의 계획보다 훨씬 허무맹랑한 것 아니겠는가. 그렇게 두루뭉술하게 접근하면 선은 악에 물들고 악은 고칠 수 없게 된다. 차라리 그럴 바엔 기존의 방법을 그대로 따르면서 사람들이 선과 악이라는 두 극단 사이에서 혼란을 겪지 않는 편이 좋다.

어떤 것을 계획할 때 우리는 두 가지 점을 생각해야 한다. 하나는 그 계획 자체의 유익함이고, 다른 하나는 그것의 실효성이다. 나에게 첫 번째 질문은 내가 제안하는 교육이 인간 존재에게 알맞고 인간의 성정에 적합한가다. 한편, 두 번째 질문은 나의 계획이 얼마나 실현 가능한가인데, 그것은 주어진 조건이 어떠냐에 달려 있다. 우리가 처한 상황은 모두 다르다. 가령 프랑스에서는 가능한 교육도 스위스에서는 그렇지 않을 수 있고, 중산층 계급에는 적합한 교육도 귀족 계급에는 그렇지 않을 수 있다. 그 밖에도 수많은 경우의 수를 고려해야 한다. 따라서 한 계획이 얼마나 실현 가능한 것인지는 그것만 따로 떼어 생각할 수 없다. 그것을 한 특정 나라 한 특정 조건에 한정했을 때 그 방법의 실효성을 가늠할 수 있다. 나는 그런 구체적인 사례를 일일이 제시하는 데 관심이 없다. 세상 사람 누구나 나의 계획을 가져다가 자기 상황에 맞게 이용하기를 바랄 뿐이다. 그 이상 내가 무엇을 약속하겠는가.

제1부
유아기

머리말

루소의 친구들 사이에서 떠돌던 《에밀》의 초기 원고에는 유아기에 관한 내용이 들어 있지 않다. 그 원고는 현재 제1부의 교육 일반에 관한 논의로부터 시작해 바로 제2부의 소년기로 넘어 갔다. 독자 한 명이 루소에게 출생 후 아이의 양육에 대해 알려 달라고 끈덕지게 부탁하자, 루소는 자신이 갓 태어난 아이의 훈련에 대해서는 아는 바가 없다고 잘라 말했다. 그러나 결국에는 그러한 제안을 받아들여 루소는 그 주제로 공부하고 주변의 아는 어머니들로부터 자료를 모았다. 그 결과물이 유아 교육에 관한 서술인데, 이것은 동시대 사람들의 상상력을 사로잡고, 많은 젊은 어머니들의 육아 방식에 일대 개혁을 불러왔다.

새로 고쳐 쓴 《에밀》의 제1부는 크게 네 가지 주제를 다룬다.

우선 루소의 교육관을 종합적으로 살펴본다. 루소는 인간의 선량함과 인간이 만든 제도의 사악함을 대조하면서 논의를 시작한다. 자기 자신의 주인인 자연인과 사회에 거주하는 특정 국가의 시민을 구분한 뒤 우리가 한 명의 인간을 만들지, 아니면 한 명의 시민을 만들지 선택해야 한다고 말한다. 그 둘을 동시에 만들 수는 없다. 이러한 전제 아래 루소는 세상에 태어난 아이의 본성을 원래대로 보존하는 방안을 강구한다. 그러나 이런 방식으로 자란 아이도 언젠가 사회의 일원이 되어야 하므로 그것을 미리 준비해야 한다. 인간이 자신의 본성에 충실한 삶을 살기 위해서는 세상 속 존재로 거듭나야 하지만, 아직 이러한 종류의 훈련을 생각할 단계가 아니다. 그것은 나중에 논의한다. 자연에 따르는 교육은 가정에서부터 시작한다. 아이는 되도록 시골에서 키우는 것이 좋다. 그곳에서 아이는 농부의 자식처럼 소박하게 자라면서 그 누구도 아닌 자기 자신에게 정직하게 살 수 있다.

다음으로, 루소는 에밀을 소개한다. 루소는 에밀이라는 가공의 학생을 등장시켜 자신의 교육에 대한 추상적인 생각을 이야기 형식으로 풀어 간다. 아직은 에밀에 대해 왈가왈부할 내용이 많지 않다. 현시점에서는 유아기 일반을 전체적으로 다룰 뿐, 특정 아이에게 시선을 주지는 않는다. 그러나 앞으로 도래할 시기들을 염두에 두면서 루소는 자신의 이야기에 가정교사의 역할을 덧붙인다. 자연의 교사는 아버지와 어머니(특히 아버지)가 되어야 한다는 평소 신념에 반해 루소는 가정교사에게 소년 에밀의 삶에 대한 전권을 위임한다.

이어 세상에 태어난 지 얼마 되지 않은 아이들을 어떻게 보살펴야 하는지에 관한 논의—초기 원고에 새로 추가

된 부분―가 뒤따른다. 루소는 유아의 인지 구조를 설명하는 일로부터 시작한다. 아이는 태어나서 얼마 동안 오직 쾌락과 고통만 어렴풋이 감지한다. 아직 감성(명확한 감정)도 없고, 관념도 없다. 아이는 매우 서서히 자신의 여러 감각을 통해 바깥세상과 만난다. 교육의 첫째 과제는 아이에게 다양한 감각 경험의 기회를 제공하는 일이다. 이를 위해서 아이의 육체적 필요를 따르는 방법이 무엇보다 중요하다. 선량한 어머니는 자연의 법칙에 따라 아이에게 직접 젖을 물리고, 아이가 자유롭게 몸을 움직이는 데 방해가 되는 것은 무엇이든 제거한다. 아이를 선하고 건강하게 키우고 싶다면, 아이를 되도록 자유롭게 내버려두라. 시골 어머니들이 자식을 키우는 방법에서 교훈을 얻으라. 아이는 오직 사물의 제약을 받을 뿐, 어떤 경우에도 어른이 자기 멋대로 아이를 구속해서는 안 된다.

아이에게 이가 나고, 말문이 열리고, 걸음마를 떼기 시작하면 유아기는 끝난다. 아이는 이런 것들을 거의 같은 시기에 배운다. 이때도 우리는 자연의 법칙을 따르고, 농부들의 행동을 모범으로 삼아야 한다. 아이에게서 젖을 서둘러 떼지 말고, 아이가 자기 말의 의미를 이해할 수 있을 때까지 기다리며, 아이가 걷다 넘어져도 혼자 힘으로 일어나도록 하라. 아이가 운다고 득달같이 달려가지 말라.

교육의 의미

 모든 것이 조물주의 손에서 나올 때는 선하지만 일단 인간의 손이 닿으면 타락한다. 인간은 하나의 땅에서 다른 땅의 곡식을 생산하고, 기후와 성분과 계절의 차이를 무시하고, 자기의 개와 말을 망가뜨리고, 모든 것을 왜곡하고 꼴사납게 만든다. 어느 것 하나 자연이 빚은 대로 가만히 두지 않는다. 인간마저 정원에 있는 나무처럼 자기 마음대로 뒤틀어 놓아야 직성이 풀린다.

 그러나 이렇게라도 만들지 않으면 인간의 상태는 지금보다도 나빠진다. 인간을 태어날 때부터 혼자 내버려두면 세상에서 그보다 볼썽사나운 존재도 없다. 각종 편견, 권위, 필요, 선례, 사회제도가 인간의 본성을 하나도 남김없이 뭉개 버린다. 그리하여 길 한복판에 아무렇게나 놓인 작은 나무처럼 통행인의 발에 여기저기 채고 짓밟힌다.

 식물은 재배가 필요하고, 인간은 교육이 필요하다. 우리는 약하게 태어났으니 힘을 길러야 하고, 가진 것이 하나도 없으니 도움을 받아야 하며, 무지한 상태이니 판단력을 갖추어야 한다. 우리는 태어날 때 지니지 못한 것과 어른이 되었을 때 필요한 것을 모두 교육을 통해 얻는다. 우리는 이러한 교육을 자연, 인간, 사물로부터 받는다. 우리의 능력과 기관(器官)의 내적인 발달은 자연의 교육에 의한 것이다. 이러한 발달이 어디에 쓸모가 있는지를 알려 주는 것은 인간의 교육이다. 우리 주변에 대한 경험으로부터 얻는 것은 사물의 교육이다. 그렇다면 우리에게는 세 종류의 교사가 있다. 이들의 가르침이 서로 다르다면, 학생은 제대로 교육을 받지 못하고 마음의 안정도 이룰 수 없다. 그것이 서로 일치하고 목표가 같을 때만이 학생은 자기 표적을 향해 정진하고 일관된 삶을 산다. 즉, 잘 교육을 받는다. 그런데 이 세 가지 교육 중에 자연의 교육은 우리의 힘으로 어떻게 할 수 없고, 사물의 교육에 대한 우리의 영향력은 제한적이다. 인간의 교육만이 우리의 통제 속에 있지만, 그것조차 확실하지 않다. 과연 누가 아이 주변 사람들의 말과 행동을 완전히 통제할 수 있단 말인가?

목표에 도달하려거든 행운이 따라야만 한다. 이 목표란 무엇인가? 그것은 자연의 목표다. 세 가지 교육이 서로 일치해야 완벽한 결과를 얻기 때문에 우리가 통제할 수 있는 두 가지 교육이 우리 힘으로 어떻게 할 수 없는 교육의 안내를 따라야 한다. 그러나 '자연'이라는 말은 너무 모호하다. 우선 그 의미부터 명확히 해야만 한다. 흔히 자연은 습성에 불과하다고 말한다. 자연의 본성은 그대로인데 강제로 형성된 습성은 없는가? 수직적인 성장을 억지로 못하게 했던 식물의 습성을 예로 들면, 그 식물은 내버려두어도 휘어진 채로 그대로 있다. 하지만 수액은 본래의 방향을 바꾼 적이 없고, 그 식물이 새로운 성장을 한다면 처음의 수직적인 성장으로 회귀한다. 인간의 성향도 다르지 않다. 여건이 같으면, 습성에 기인하는 성향은 아무리 부자연스러워도 바뀌지 않는다. 그러나 제약이 풀리면, 습성은 사라지고 자연이 다시 고개를 든다.

우리는 감각적인 존재로 태어난다. 그리고 태어나면서부터 우리 주변의 사물들로부터 여러모로 영향을 받는다. 우리의 감각 작용은 특정 감각을 유발하는 사물들을 찾거나 피하는 방식으로 이루어진다. 처음에는 그 감각이 우리에게 유쾌하거나 불쾌해서, 나중에는 우리에게 맞거나 맞지 않아서, 그리고 궁극적으로 이성적인 행복이나 완벽과 같은 관념에 기초하는 우리의 판단 때문에 주위 사물을 찾거나 피하거나 한다. 이러한 성향은 우리의 감각 능력과 지적 능력이 발달해 감에 따라 점점 확대되고 강화된다. 그러나 습관을 통해 우리는 어느 정도 변화를 줄 수 있다. 나는 그런 변화가 있기 전의 성향을 우리의 본성이라 부른다. 모든 것은 이 본래의 성향과 일치해야만 한다.

이를 위해, 우리의 세 가지 교육이 서로 좀 다르기만 하다면 문제가 없다. 그런데 그것들의 목적이 서로 엇갈린다면, 가령 우리가 사람을 그 자신이 아닌 남을 위해 살도록 교육하려 한다면, 우리는 어떻게 해야만 할까? 상호합의는 불가능하다. 우리는 자연과 싸우든가 사회와 싸울 수밖에 없다. 인간을 만들 것인지 시민을 만들 것인지 선택해야 한다. 인간과 시민을 동시에 만들 수는 없다. 이러한 두 가지 상반되는 목적으로부터 두 가지 상반되는 교육 시스템이 출현한다. 하나는 집단적인 형태의 공적 교육이고, 다른 하나는 개별적인 형태의 가정 교육이다.

공적인 교육이 무엇인지 알고 싶거든 플라톤의 《국가》를 읽어 보라. 이 책은 단지 겉장의 제목만 보고 판단하는 사람들이 생각하는 것처럼 정치에 관한 논고가 아니다. 지금까지 세상에 나온 교육에 관한 최고의 논고다. 그러나 공교육 시스템은 더 이상 존재하지 않고 존재할 수도 없다. 참된 의미에서 조국도 시민도 이미 사라진 지 오래 되었으니까. '조국'이니 '시민'이니 하는 말을 현대 언어에서 삭제하라.

나는 '콜레주(collège)'라는 우스꽝스러운 기관에서 이루어지는 교육을 '공적인 것'으로 간주하지 않는다. 물론 사교계의 교육도 내가 말하는 공적인 범주에 속하지 않는다. 이런 교육은 두 가지 상반되는 목표를 추구하다가 어느 것 하나 달성하지 못한다. 겉으로는 남들을 위하는 것처럼 보이면서 실제로는 자기 일에만 관심이 있는 이중적인 인간들을 길러 낼 뿐이다. 이런 모순적인 상황에서 우리가 마음속으로 끊임없이 겪는 갈등이 생겨난다. 우리는 자연과 인간이 가리키는 서로 다른 길 가운데서 어느 쪽으로도 방향을 잡지 못한 채 갈팡질팡한다. 이러한 혼돈 속에서 우리는 한평생 헤매다가 자기에게도 다른 사람들에게도 도움이 되지 못하는 삶을 살고 만다.

이제 남은 것은 가정에서의 교육, 또는 자연의 교육이다. 오직 자기만을 위해 교육받은 사람이 다른 사람들과 어떻게 잘 살 수 있을까? 우리의 이중적인 목적이 한 개인의 마음속에서 하나가 되어 인간이 처한 모순을 타개할 수 있다면, 행복의 큰 장애물 하나가 사라지는 셈이다. 그러나 이런 종류의 인간을 판단하기 전에 그 사람의 발달 과정을 추적하고 완전히 성장한 모습을 보아야만 한다. 한마디로 자연인에 대해 잘 알아야만 한다. 이것이 이 책에서 우리가 탐구하는 주제다.

이러한 매우 예외적인 인간을 길러 내기 위해서는 무엇을 해야만 하는가? 사실, 우리가 할 일은 아무 일도 일어나지 않도록 하는 것이 전부다. 항해할 때는 바람 방향에 따라 침로를 바꾸기만 하면 된다. 그러나 물살이 거칠 때 한자리에 머물러 있으려면 반드시 닻을 내려야 한다.

삶의 지위가 고정된 사회에서는 모두가 자신의 지위에 적합한 교육을 받아야 한다. 그렇게 훈련받은 사람이 자신의 지위를 버리려 한다면, 그 사람은 다른 자리에서는 아무짝에도 쓸모가 없다. 아들이 아버지의 뒤를 이어야 했던 이집트에서는 최소한 교육의 목적이 분명했다. 그러나 우리 사회에서는 신분은 고정되어 있어도 그 신분을 차지하는 사람들이 끊임없이 바뀌는지라 아버지의 신분에 따라 자식을 교육하는 일이 과연 자식에게 좋은 것인지 어떤지 단언할 수 없다.

모두가 평등한 자연의 질서 아래에서는 인간의 소명이 인간됨에 있다. 잘 교육받은 인간은 자신의 소명과 관련된 의무들에 소홀하지 않다. 내 학생이 장차 군인이 되건, 성직자가 되건, 변호사가 되건 그것은 아무래도 좋다. 자연이 명령한 인간의 의무가 부모가 선택한 직업을 앞선다. 나는 학생에게 인생이라는 천직을 가르치련다. 내 곁을 떠나갈 때, 그는 판사도 군인도 성직자도 아닐 테지만, 이것 하나만은 분명하다. 그는 어엿한 인간으로 자라날 것이다. 그는 다른 누구 못지않게 세상에서 어떻게 인간으로 살아야 하는지 잘 안다. 운명의 여신이 장난을 칠 때도 그는 의연하게 자신의 삶을 산다.

자연의 교육

사람들은 아이의 생명을 보호할 생각만 한다. 그러나 그것만으로는 충분하지 않다. 아이는 어른이 되었을 때 자신의 삶을 돌보고, 운명의 시련을 견디고, 부유와 빈곤을 개의치 않고, 필요하면 아이슬란드의 눈밭이나 몰타섬의 타는 듯한 바위 위에서도 살 수 있어야 한다. 아이에게 죽음을 피하는 방법이 아닌 삶을 살아가는 방법을 가르치라. 숨만 쉰다고 살아 있는 것이 아니다. 살아 있다면, 그러하다고 느끼는 몸속 모든 기관과 감각과 능력을 이용해 행동하라. 좋은 삶의 기준은 얼마나 오랫동안 살았는가보다 얼마나 인간답게 살았는가에 있다.

인간의 지혜는 하찮은 편견에 불과하다. 우리의 관습도 속박과 제약에 지나지 않는다. 문명인은 태어나서 죽을 때까지 노예 상태를 벗어나지 못한다. 태어나면 배내옷에 싸이고, 죽으면 관에 갇힌다. 한평생 우리는 사회제도에 얽매인다. 뷔퐁에 따르자면, "아이가 어머니의 태내에서 나와, 몸을 움직이거나 손발을 뻗거나 하는 자유를 얻자마자 사람들은 아이에게 새로운 속박을 가한다. 배내옷으로 싸고, 머리를 고정하고, 발을 뻗게 하고, 양팔을 몸에 가지런히 붙여서 잠을 재운다. 몸에 각종 헝겊이나 끈을 휘감아서, 몸을 마음대로 움직이지 못하게 한다." 이런 식으로 몸놀림을 방해하면 아이의 내적인 성장 욕구는 극도로 위축된다.

이러한 무분별하고 부자연스러운 관습의 기원은 무엇일까? 어머니들이 자기 아기에게 젖을 물리는 그 최초의 의무를 경시하기 때문에 유모들을 고용할 수밖에 없다. 이런 여자들은 낯선 아이들의 어머니 노릇을 하면서 자연적인 모성애에 호소하기보다 스스로 성가신 일을 피하려고만 한다. 아이의 사지를 자유롭게 풀어 주면, 한시도 눈을 뗄 수 없다. 그러나 그것을 꽉 잡아매 두면, 울거나 말거나 한 귀퉁이에 내버려둘 수 있다. 자식으로부터 해방되어 도시의 쾌락에 빠진 멋쟁이 엄마들은 그동안 배내옷에 싸인 자기 아기가 마을에 남아 어떤 취급을 받고 있는지 알고 있을까?

유아들의 몸에서 배내옷을 벗기면 자세가 나빠지고 손발이 기형이 된다는 주장이 있다. 이러한 주장은 우리의 얕은 지혜에서 비롯된 억측일 뿐, 아직 경험적으로 확인된 적이 없다. 아기들이 겨우 몸을 가눌 정도만 움직여서 자신을 스스로 해칠 리 없고, 나쁜 자세는 통증을 유발해 그런 자세로 오래 있지도 못한다. 개나 고양이의 새끼에게 배내옷을 입히지 않는다. 그렇다고 그들의 몸뚱이가 볼썽사나워지는가? 어린 아기들이 더 다루기 힘든 것은 맞다. 그러나 그들이 훨씬 힘이 없는 것도 사실이다. 게다가 몸도 거의 놀리지 못하는데, 어떻게 자신에게 위해를 가할 수 있겠는가?

어머니가 자기 아기에게 젖을 물리는 수고를 감내한다면, 풍속은 저절로 개선될 테다. 모든 사람의 마음속에 자연의 감성이 되살아나고, 국가에 시민이 모자랄 일도 없다. 행복한 가정에서는 집안일이 아내에게 더없이 소중하고, 남편에게는 가장 유쾌한 소일거리다. 여성이여, 어머니의 자리로 돌아오라. 그러면 남성도 곧 남편의 자리, 아버지의 자리로 돌아오리다.

어머니가 어머니답지 못하면 자식도 자식답지 못하다. 어머니와 자식 사이의 의무는 상호적이다. 어느 한쪽이 의무에 소홀하면 다른 쪽도 그러하기 마련이다. 자식은 의무감을 말하기 전에 어머니를 사랑해야 한다. 혈육의 끈끈함은 습관과 양육을 통해 강해지지 않으면 금방 사라지고, 마음의 정은 싹트기도 전에 죽는다. 우리는 인생의 첫걸음부터 자연의 길에서 벗어난다.

자연의 궤도에서 정반대로 이탈할 때도 있다. 어머니가 아이를 너무 신주 모시듯 하는 경우다. 그런 어머니는 아이에게서 자연의 역경을 모두 제거할 요량으로 과잉보호를 일삼는다. 그런데 신화에 나오는 테티스는 아들을 지옥의 강물에 집어넣어 불사신으로 만들었다. 이 신화의 가르침은 명확하다. 내가 말하는 잔인한 어머니들은 꼭 반대로 행동한다. 자식들을 유약하게 키우면서 그들을 앞으로 겪을 고통에 버려둔다.

자연을 관찰하라. 그리고 자연이 정해 주는 길을 가라. 자연은 아이들을 끊임없이 다그친다. 온갖 시련으로 아이들의 체질을 단련시킨다. 자연은 일찍부터 아이들에게 고통과 괴로움의 의미를 알려 준다. 이가 날 때는 열이 난다.

심한 배앓이는 경련을 일으킨다. 심한 기침은 숨을 멎게 한다. 기생충은 배 속을 괴롭힌다. 혈액이 부패하면 병원균이 발효하여 악성 부스럼이 생긴다. 유아기는 질병과 위험의 시기다. 신생아의 절반이 여덟 살까지 살아남지 못한다. 그 후로는 아이에게 생명을 유지하는 힘이 생기고, 삶의 뿌리는 한층 단단해진다.

이것이 자연의 방식이다. 왜 그것을 거역하려 하는가? 당신들은 자연의 작품을 더 좋게 고치려다가 오히려 망가뜨리고 자연의 섭리를 저버리고 있다는 것을 모르는가? 아이들이 감당할 수 있는 범위 안에서 그들이 가진 힘을 최대로 사용하는 편이 그렇지 않은 것보다 인생을 살아가는 데 훨씬 좋다. 아이들은 언젠가 부닥뜨리게 될 역경에 익숙해져야 한다. 그들의 몸은 혹독한 계절, 기후, 풍토를 이겨 내고, 굶주림, 갈증, 피로를 견딜 수 있어야 한다. 그러므로 지옥의 강물로 담금질하라.

아이는 울면서 태어나 유년기 대부분을 울면서 보낸다. 사람들은 아이의 울음을 그치게 하려고 아이를 어르고 달래지 않으면, 아이를 위협하고 때린다. 우리가 아이의 기분을 맞추어 줄 때도 있고, 우리의 기분대로 아이를 다룰 때도 있다. 아이는 명령을 하거나 명령을 받을 뿐이다. 그 중간이 없다. 아이의 마음속에는 처음부터 지배와 복종의 관념이 싹튼다. 아이는 말을 배우기도 전에 명령하고, 행동하기도 전에 복종한다. 때로는 아이가 자신의 잘못이 무엇인지 깨닫기도 전에, 아니 잘못을 저지를 줄도 모르는 시기에 벌을 받는다. 이런 식으로 사람들은 어린 마음에 욕정을 부어 넣는다. 그리고 그것을 나중에 자연의 탓으로 돌린다. 아이를 애써 나쁘게 만들어 놓은 사람들이 아이가 나쁘다고 한탄한다.

아이의 본성을 지키고 싶은가? 아이가 태어난 순간부터 주의를 기울이라. 아이가 세상에 나오자마자 꽉 붙잡아, 어른이 될 때까지 손에서 놓지 말라. 그렇게 하지 않으면 성공하지 못한다. 어머니만 한 유모가 없다면, 아버지만 한 교사도 없다. 세상에 이름난 선생보다 보통의 분별 있는 아버지가 아이를 더 잘 교육할 수 있다. 재능은 부족해도 열의가 있는 아버지가 재능만 있지 열의가 없는 선생보다 낫다는 말이다.

아버지는 아이들을 낳아 부양하는 것만으로 자기 임무를 3분의 1밖에 수행하지 못한다. 아버지는 인류를 위해서는 인간을, 사회를 위해서는 사회인을, 국가를 위해서는 시민을 길러 내야 한다. 이 세 겹의 의무를 수행하지 못하는 사람은 비난받아 마땅하며, 그것을 어중간하게 수행하는 사람은 더욱더 그러하다. 아버지의 의무를 수행하지 못하는 사람은 아버지가 될 권리가 없다. 빈곤도, 일도, 체면도 자기 아이들을 돌보고 교육하는 의무에서 벗어날 이유가 되지 못한다.

그렇다면 너무 바빠서 아이를 돌볼 수 없다고 말하는 부유한 가정의 아버지는 어떻게 하고 있는가? 그는 다른 사람을 돈으로 고용하여 자기의 의무를 떠넘긴다. 그대, 돈만 아는 인간이여! 그대는 돈의 힘으로 자식에게 또 한 명의 아버지를 줄 수 있다고 생각하는가? 착각하지 말라. 그대가 자식에게 준 것은 선생이 아니라 옷만 바꿔 입은 시종으로서 머지않아 그대의 아들도 자기와 똑같은 얼치기 신사로 만든다.

좋은 가정교사의 자격에 대해서는 그동안 논의가 많았다. 나의 첫째가는 가장 중요한 요구 사항은, 가정교사는 돈으로 살 수 없는 인간이어야 한다는 점이다. 세상에는 돈과 어울리지 않는 그런 고귀한 직업이 있다. 가르치는 일이 그렇다. "그렇다면 내 아이는 도대체 누가 교육해야 하나요?" 앞서 말했지만, 그것은 당신의 일이다. 그런데도 "나는 하지 못하겠어요"라고 말한다면, 당신을 대신할 친구를 찾으라. 다른 방도는 없다.

이 문제는 생각할수록 자꾸 머리가 복잡해진다. 가정교사는 자신의 임무를 수행하는 데 적합한 교육을 받은 사람이어야 하고, 하인들도 어린 도련님에게 어울릴 정도는 교육을 받아야 한다. 그래서 주위의 모든 사람이 아이에게 좋은 인상을 주어야 한다. 사실, 우리는 교육받은 만큼을 다시 교육을 통해 되돌려준다. 자기 자신이 좋은 교육을 받지 못한 사람이 어떻게 아이를 훌륭하게 교육할 수 있겠는가? 그런 잘 교육받은 사람을 어디서 찾을 수 있을까? 나는 모르겠다. 다만, 좋은 가정교사의 가치를 충분히 알고 있는 아버지라면 가정교사를 고용하겠다는 생각은 버리고 자기 자신이 그 의무를 맡으리라.

에밀과 가정교사

한번은 지체 높은 신사가 내게 자식 교육을 맡아 달라고 부탁했다. 나는 일찍이 선생 노릇을 해 보았기 때문에 그런 일이 나 자신과 어울리지 않는다는 것을 잘 알고 있었다. 나는 더 쓸모 있는 일을 찾을 수 없어서 그 주제로 글을 쓰는 좀 더 편한 길을 택했다. 내 생각을 실례를 들어 가며 구체적으로 설명하기 위해, 나는 가공의 학생(에밀)을 설정한다. 그리고 내가 그 학생이 태어나서 어른이 될 때까지 그를 교육하는 데 적합한 나이, 건강, 지식, 재능을 모두 갖추고 있다고 가정한다. 이 방법은 나름 유용한데, 내 구상이 공염불에 그칠 염려는 하지 않아도 되기 때문이다.

우리가 가정교사를 주의 깊게 선정해야 하는 것만큼, 가정교사도 자기 학생을 신중히 골라야 한다. 특히 지금처럼 다른 아이들의 교육을 위한 모범을 보이려 할 때 그러하다. 내가 생각하는 에밀은 타고난 재능이 뛰어나지 않은 평범한 소년이다. 그리고 온대 지방에 거주한다. 기후가 온화한 곳이 인간 발달에도 적합하다. 에밀은 부자다. 자연의 교육은 어떤 상황에서도 삶을 영위할 수 있는 인간을 길러 내는데, 그런 교육은 부자에게 더 필요하다. 에밀은 고아다. 가정교사는 부모의 의무를 떠맡으면서 그 권리까지도 모두 넘겨받는다. 끝으로 에밀은 활기차고 건강하고 체격이 좋다.

갓 태어난 아기에게는 유모가 필요하다. 어머니가 그 역할을 맡는다면 더 바랄 것이 없다. 물론 가정교사의 지시를 따라야 하지만, 자식을 위하는 마음에 그렇게 하지 않을 어머니는 없으리라. 낯선 사람 중에 유모를 고를 때는 더욱 신중해야 한다. 최근에 아기를 낳은 심신이 건강한 여자라면 수유에 문제가 없다. 나는 시골 여자가 상경해 도시의 비좁은 방에서 아이를 키우는 일에 반대한다. 그보다 나의 학생을 보모의 시골 오두막으로 보내련다. 그곳에서 도시의 더러운 공기와는 결별한 채 깨끗한 공기를 마음껏 마시며 생활하게 하리라.

영아는 처음에 따뜻한 물로 씻긴다. 이러한 관습은 부모들의 유약함에 기인한다. 아이가 자라남에 따라 물의 온도를 점진적으로 낮추어 나중에는 여름에도 겨울에도 차가운 얼음물로 씻기는 것이 좋다. 처음부터 아이를 단단히 싸매지 말라. 아이가 손발을 자유롭게 움직이고 외부 공기를 느낄 수 있도록 느슨하고 헐렁한 천으로 몸을 감싸라. 아이는 푹신하고 큼직한 요람 안에서 마음껏 움직이다가 점차 힘이 생기면 방바닥을 여기저기 기어 다닌다. 머지않아 당신은 아이가 나날이 튼튼해지는 것을 볼 수 있다.

교육의 시작

우리는 학습 능력을 타고나지만, 처음에는 아무것도 모르고 무엇 하나 감지하지 못한다. 마음은 불완전한, 반쯤 형성된 신체 기관에 갇혀 그 자신의 존재조차 의식하지 못한다. 갓 태어난 아이의 움직임이나 울음소리는 순전히 반사적일 뿐, 거기에는 지식도 의지도 없다.

아이의 첫 번째 정신적 경험은 순전히 감정적이다. 단지 쾌락이나 고통만 느낀다. 아이가 바깥 사물을 명확하게 지각하려면 오랜 시간이 걸린다. 게다가 이러한 사물이 그의 눈에 들고 나기도 전에 아이는 반복되는 정서적 경험을 통해 습관에 예속된다. 아이의 눈은 항상 빛을 따라간다. 만일 빛이 측면에서 들어온다면 아이의 눈도 그

쪽으로 향한다. 그러므로 아이의 머리도 빛이 들어오는 방향으로 함께 돌려야만 사팔뜨기가 되지 않는다. 아이는 또한 일찍부터 어둠에 익숙해져야 한다. 그렇지 않으면, 어두운 곳에 있을 때마다 울고불고 난리가 난다. 식사와 수면 시간을 너무 정확하게 정해 놓으면, 조만간 먹고 자고 싶은 욕구가 필요가 아닌 습관에 귀속된다. 그러면, 자연의 필요 외에 습관의 필요가 생겨나는 것인데, 그렇게 되지 않도록 조심해야 한다.

아이에게 길러 주어도 괜찮은 습관이 있다면, 그것은 어떤 것에도 구속되지 않는 습관이다. 아이를 한쪽 팔로만 안아 주거나 아이가 한쪽 손만 사용하도록 두지 말라. 아이가 매번 똑같은 시간에 먹고 자고 행동해서도 안 된다. 아이는 낮이든 밤이든 혼자 지낼 수 있어야 한다. 아이의 몸에 자연의 습관을 남기고, 아이가 언제나 자신의 주인이 되어 마음속에 생겨난 그의 의지를 따르도록 하라. 그래야만 아이가 그의 자유를 다스리고 자기가 가진 힘을 사용할 수 있다.

아이가 사물을 분간하기 시작하면, 그에게 보여 주는 것을 주의 깊게 선별해야 한다. 새로운 것은 자연스레 흥미를 끈다. 인간은 자신이 약하다고 느끼기 때문에 낯선 것은 무엇이든 무서워한다. 새로운 사물을 아무런 거리낌 없이 보는 습관을 기르면 이런 공포심도 사라진다. 거미

줄 하나 볼 수 없는 깨끗한 집에서 자란 아이들은 거미를 무서워하고, 그런 두려움은 어른이 되어서도 종종 계속된다. 나는 시골 사람들이 남자, 여자, 아이 가릴 것 없이 거미를 무서워한다는 이야기를 들어 본 적이 없다.

아이가 무엇을 보느냐에 따라 겁쟁이가 되기도 하고 용감해지기도 한다면, 왜 그의 교육을 말문이 트이고 이성이 깨어날 때까지 묵과해야 할까? 나는 아이에게 새로운 것, 이를테면 추하고 혐오스러운 낯선 짐승들을 보는 습관을 길러 주고 싶다. 물론 아이는 멀찌감치 떨어져서 차츰 그것들에 익숙해져야 한다. 흉측한 것도 매일 보면 아무렇지 않은 법이다.

안드로마케와 헥토르가 헤어지는 장면에서 어린 아스티아낙스는 아버지의 투구 위에서 휘날리는 깃털 장식이 무서워서 자신의 아버지를 쳐다보지 못하고 유모의 품에 안겨 울기만 했다. 그런 아이를 달래는 방법은 무엇일까? 헥토르가 한 것처럼, 투구를 땅에 벗어 놓고 아이를 다독인다. 그러다가 아이의 마음이 진정되면, 얼른 투구를 집어 들고 깃털 장식을 만지작거리면서 아이에게도 만져 보게 한다. 이어 유모도 투구를 가지고 장난삼아 자기 머리에 써 본다. 단, 여자가 헥토르의 투구에 손을 대어도 괜찮다면 말이다.

내가 알기로, 아이들은 천둥소리를 좀처럼 무서워하지

않는다. 물론 그 소리가 너무 커서 실제로 청각이 상할 수도 있다. 그럴 때도 아이들의 두려움은 천둥이 치면 종종 사람이 다치고 죽을 수 있다는 것을 배운 뒤에 생겨난다. 이성이 불러온 공포심은 습관을 통해 누그러뜨려야 한다. 어른도 아이도 천천히 조심조심 두려움을 몰아내는 것을 배운다.

유아기에는 기억력과 상상력이 아직 활성화되지 않아서 아이는 단지 감각적인 것에만 반응한다. 감각이 지식의 주된 원천이므로 아이가 기억하는 감각 경험은 훗날 오성 작용의 토대가 된다. 그러나 아이는 온통 감각에만 주의를 기울이기 때문에, 처음에는 그에게 감각과 그 감각을 불러일으키는 사물 간의 관계를 뚜렷이 보여 주어야 한다. 아이는 무엇이든 만지고 잡아 보려 한다. 아이의 그런 부산한 행동을 방해하지 말라. 그래야만 아이는 뜨겁고, 차갑고, 단단하고, 부드럽고, 무거운 감각을 익힌다. 그리고 자신의 시각·촉각·청각을 이용해, 특히 시각과 촉각을 서로 비교하면서 사물의 크기와 모양 같은 물리적인 성질을 판단한다.

우리는 움직임에 의해서만 우리 자신 외에 다른 사물을 인지하고, 공간의 관념도 형성한다. 아이가 바로 옆에 있는 사물과 100발짝 떨어져 있는 사물을 분간하지 못하고 손을 내밀어 그것을 잡으려 하는 것은, 아이에게 아직 공간의 관념이 없기 때문이다. 아이의 이런 행동은 그 사물을 자기 곁에 두거나 자기에게 가져오라는 명령처럼 보인다. 그러나 그렇지 않다. 아이는 사물을 처음에는 머릿속으로 보고, 다음에는 눈을 통해 본다. 그리고 이제 팔을 뻗어 잡아 보려 한다. 그런데 아이는 자기 손이 닿을 수 없는 공간을 생각하지 못한다. 그러므로 아이를 조심스레 한 장소로부터 다른 장소로 데리고 다니면서 환경을 바꾸어 주고 그에게 거리감을 느끼도록 하라. 일단 아이에게 거리감이 생기면, 그때부터는 방법을 달리해야 한다. 아이가 좋을 때가 아니라 당신이 좋을 때 그를 데리고 다니라. 왜냐하면, 아이가 자신의 감각에 호도되지 않는 이상, 그의 행동에는 다른 동기가 있기 때문이다.

인간은 참으로 구차하고 무력한 상태로 태어나기 때문에, 처음에는 울고 난리를 치는 소리밖에 들리지 않는다. 아이는 자신의 욕구를 충족할 수 없기에 큰 소리로 울면서 도움을 청한다. 아이는 배가 고프거나 목이 마르면 운다. 너무 덥거나 추워도 운다. 몸을 움직이고 싶은데 가만히 있으라면 운다. 잠을 자고 싶은데 건드리면 운다. 아이는 한 종류의 불편함을 호소하는 한 종류의 언어밖에 모른다. 아이의 감각기관이 불완전한 상태에 있으므로 서로 다른 감각 인상을 구분하지 못한다. 뭐든 마음에 들지 않으면 고통스럽다고 느낀다.

당신들이 본체만체하는 이러한 울음소리로부터 인간

은 주변 환경과 처음으로 관계를 맺는다. 그리하여 사회 질서를 형성하는 긴 사슬의 첫 번째 고리가 생겨난다. 아이는 불편하고, 자신의 필요를 충족할 수 없을 때 운다. 그러면, 당신들은 아이를 주시하며 그의 필요가 무엇인지 알아내어 문제를 해결한다. 그렇게 하지 못하면, 아이는 계속 울면서 성가시게 군다. 유모는 아이를 달래서 울음을 그치게 하고, 아이를 흔들거나 노래를 불러 재운다. 그런데도 아이가 막무가내로 나오면 더는 참지 못하고 위협을 가한다. 난폭한 유모는 종종 아이를 때린다. 아이의 첫 인생 수업치고 너무 가혹한 거 아닌가!

아이들의 격앙되고 성마른 성질을 다잡기 위해서는 특별한 보살핌이 필요하다. 아이들을 놀리고 짜증 나게 하는 하인들은 곁에 두지 않는 것이 좋다. 그런 사람들은 공기와 기후보다 100배 더 아이들에게 해롭다. 아이들이 인간의 의지가 아닌 사물에 의해 제지를 당할 때, 그들은 고집을 부리거나 성질을 내지 않는다. 그리고 더 건강하게 자란다. 아이들이 하자는 대로 하는 것과 아이들의 의지를 거스르지 않는 것 사이에는 커다란 차이가 있다. 아이들의 최초의 울음소리는 부탁이다. 그러나 우리가 방심하는 순간 그 울음소리는 곧 명령으로 돌변한다. 시작은 도움을 받으려는 것이지만, 그 끝은 시중을 받으려는 것이 되리라. 처음에는 자신이 약하기 때문에 남에게 의존하려는 감정이 생기지만, 나중에는 그로부터 권력과 지배의 관념이 싹튼다. 그런데 이러한 관념이 아이들의 필요보다는 우리의 시중과 관련되기 때문에, 여기서 우리는 그 원인이 자연으로 귀속되지 않는 도덕적인 결과를 목도한다. 유아기라는 삶의 이른 시기부터 몸짓이나 울음소리의 숨은 의도를 파악하는 일이 중요한 까닭이다.

이유기

아이들 대부분은 젖을 너무 빨리 뗀다. 이가 나기 시작할 때 젖을 떼라. 이 시기가 되면 아이는 본능적으로 손에 잡히는 것은 무엇이든 입으로 가져가 깨문다. 이가 빨리 나도록 상아나 늑대의 이같이 단단한 물건을 아이에게 장난감으로 주는 것은 잘못이다. 새끼 강아지들도 이빨이 처음 나면 돌, 쇠, 뼈처럼 단단한 것보다 나무, 가죽, 넝마처럼 이빨로 깨물면 자국이 남을 만큼 부드러운 것을 갖고 논다. 우선 아이가 음식을 씹는 일에 익숙해지는 것이 중요하다. 그래야만 이도 빨리 잘 난다. 아이가 음식을 삼키기 시작하면 침이 음식과 섞여 소화를 돕는다. 아이들은 처음에 말린 과일이나 빵 부스러기를 씹어 먹고, 이어 약간의 마른 빵이나 단단한 과자를 입에 물고 다녀야 한다. 아이들은 이런 것을 입속에 넣고 오물거리다가 소량을 삼킨다. 그러는 사이에 이가 나고 자기도 모르게 젖을 뗀다. 농부들처럼 소화를 잘 시키는 사람들은 이런 식으로 젖을 뗀다.

말하기

아이들은 태어나자마자 사람들이 말하는 것을 듣는다. 우리는 아이들에게 말을 하지만, 그들은 아직 우리가 하는 말을 이해하지 못하고, 심지어 자기가 들은 말조차 똑같이 따라 하지 못한다. 나는 유모가 여러 가지 활기찬 노래와 가락으로 아이를 어르는 일을 나무라고 싶지 않다. 그러나 오만가지 수다를 떨며 아이의 얼을 빼놓는 일에는 반대한다. 처음에는 아이에게 간단하고 알아듣기 쉬운 몇 개의 단어만 자주 들려주어야 한다. 그리고 그것들은 아이가 주변에서 처음 보는 사물들과 관련되어야 한다. 우리는 뜻도 모르면서 말만 번지르르하게 하는 어쭙잖은 일을 생각보다 일찍 시작한다. 아이가 어렸을 때 유모의 품에서 시시콜콜한 잡담만 들었던 것처럼, 학생은 학교 교실에서 교사의 장황한 설명만 듣는다. 나는 그들의 수다스러움이 아이의 교육에 전혀 도움이 되지 않는다고 생각한다.

언어의 구조와 아이가 처음으로 하는 말, 이런 것들을

생각하니 머리가 복잡해진다. 무엇보다도, 아이들은 자기들만의 문법을 가지고 있다. 그리고 그들의 문장 구성은 우리보다 훨씬 보편적인 규칙을 따른다. 아이들의 말을 주의 깊게 듣다 보면 그들이 얼마나 정확하게 특정 논법을 따르고 있는지 놀라울 따름이다. 물론 그것이 일반적인 용례에서 벗어나기 때문에 우리가 수용하기는 어렵다. 그러나 아이들의 사소한 잘못을 일일이 바로잡겠다고 나서는 것도 현학적인 참견에 불과하다. 적당한 시기가 되면 아이들은 스스로 잘못을 고친다. 아이들 앞에서는 언제나 정확하게 말하는 것이 좋다. 그러면 따로 잔소리하지 않아도 아이들은 당신을 본받아 저절로 정제된 말을 사용한다.

그보다 훨씬 중차대한, 그래서 그만큼 예방도 쉽지 않은 병폐는 아이들에게 억지로 말을 시키는 성급함이다. 이러한 무분별한 열정은 의도한 것과 정반대의 결과를 가져온다. 아이들은 말문이 늦게 트이고, 언어를 정확하게 구사하지 못한다. 아이들의 말 하나하나에 너무 신경을 쓰다 보면, 그들은 무엇이든 또렷이 말하지 않게 된다. 아이들은 점점 입을 열려고 하지 않는다. 그리고 많은 아이가 평생 조악한 발음에 대충 옹알대며 무슨 말인지도 모르게 말하고 만다.

나는 농부들과 오랫동안 함께 지냈는데, 누구 하나 혀

짤배기 말을 하는 사람을 본 적이 없다. 왜 그럴까? 농부들의 발음 기관이 우리와는 다르기 때문일까? 그렇다기보다는 그들이 다른 식으로 말을 배우기 때문이다. 내 방 창문 맞은편 구릉에 동네 아이들이 모여 놀았다. 아이들은 꽤 멀찌감치 있었지만, 그들의 말소리만은 똑똑히 들렸다. 날마다 나는 내 귀를 의심했다. 분명 열 살짜리 아이들의 말소리처럼 들리는데, 가만히 보면 서너 살 정도의 아이들이었다. 그 이유는 간단했다. 도시 아이들은 대여섯 살 때까지 방 안에서 시중드는 여자의 보살핌을 받으며 자라기 때문에 굳이 또렷이 말하지 않아도 괜찮다. 그러나 시골에서는 사정이 완전히 다르다. 농가의 아낙은 항상 아이 곁을 지킬 수 없으므로 아이는 자신의 의사를 전달하기 위해 큰 소리로 분명하게 말하지 않을 수 없다. 그러다 보면 발음도 점차 정확해진다.

물론 교육받지 못한 평범한 시골 사람들에게는 결점도 많다. 항상 귀에 거슬릴 정도로 큰 소리로 말한다. 억양도 무척 세고 거칠다. 단어 선택도 조악하기 이를 데 없다. 그러나 우리 아이들이 어깨너머로 배우면 어쩌나 싶은 이러한 언어상의 사소한 결함에 대해서는 크게 걱정할 필요가 없다. 그런 잘못은 쉽게 예방하고 고칠 수 있다. 문제는 아이들이 낮은 소리로 중얼거리듯 자신 없이 말하는 습성이다. 이것은 우리가 끊임없이 아이들의 말투를 나무라고 언어상의 잘못을 들추어냄으로써 만들어진 나쁜 버릇으로서 바로잡기가 어렵다.

아이가 말을 배울 때는 그가 이해할 수 있는 말만 듣고, 발음할 수 있는 말만 해야 한다. 아이가 더듬더듬 말하기 시작하면, 그 말을 알아들으려고 애쓰지 말라. 언제나 자기 이야기를 들어 주기 바라는 것은 일종의 지배욕으로서 아이에게는 바람직하지 않다. 아이의 필요에만 적절히 대응하라. 불필요한 것은 아이 쪽에서 일러 준다. 아이에게 서둘러 말을 시키지도 말라. 이야기할 필요가 있으면, 아이가 알아서 말을 배운다.

아이들에게 서둘러 말을 시키다 보면 그들의 입에서 나오는 말이 우리가 사용하는 말과 의미가 달라 서로 말뜻을 이해하지 못하는 문제가 발생한다. 그러므로 아이의 어휘를 최소화하라. 아이가 겉으로 내뱉는 말이 그가 속으로 이해하고 생각하는 것을 앞질러서는 곤란하다.

걸음마

현학적인 우매함 때문인지, 우리는 아이들이 혼자서 더 잘 배울 수 있는 것들을 쓸데없이 가르쳐 주겠다고 공언한다. 반면에 우리의 가르침이 꼭 필요한 것들은 애써 외면

한다. 우리가 아이들에게 걷는 방법을 가르치는 것만큼 어리석은 짓이 또 있을까? 어느 누가 어렸을 때 유모가 그런 것을 가르쳐 주지 않아서 어른이 되었을 때 걷지 못하게 되었다고 불평한단 말인가? 그보다는 어렸을 때 걸음걸이를 이상하게 배워서 평생 바르게 걷지 못하는 사람들이 주변에 더 많다. 에밀은 보호대를 착용하지 않고, 걸음마 밀대와 줄도 사용하지 않는다. 날마다 답답한 방구석에만 틀어박혀 있지 않고 들판으로 나가 뛰논다. 그러다가 하루에 100번을 넘어져도 좋다. 그만큼 일어나는 법도 빨리 배우리라. 그러다가 생긴 멍 자국이야 자유의 영광된 상처 아니겠는가.

유아기의 발달은 동시다발적으로 이루어진다. 아이는 말하고, 먹고, 걷는 것을 거의 같은 시기에 배운다. 이쯤에서 아이 인생의 첫 번째 시기도 끝난다. 이때까지는 아이가 어머니의 태내에 있었던 때와 크게 다르지 않다. 감정도 없고 관념도 없다. 감각 작용도 아주 미비하다. 아이는 자신의 존재조차 의식하지 못한다. "살아 있지만, 살아 있음을 자각하지 못한다."

제2부
소년기

머리말

　제2부에서 루소는 에밀이 열두 살 때까지 받는 교육에 대해 말한다. 자연에 따르는 교육은 매사 학생의 본성을 고려하는 교육이다. 소년은 소녀와는 다른 교육을 받아야 한다(이 문제는 제5부에서 다룬다). 세상에 똑같은 아이는 없으므로 저마다 달리 교육해야 한다(이 문제는 《신 엘로이즈》 제3권에서 다룬다). 《에밀》에서 특히 강조하는 차이는 나이에 따른 차이다. 루소에 따르자면, 연령대별로 고유한 특징이 있고 그것은 스스로 제 특성을 드러낸다. 루소는 《에밀》의 제1~5부에서 아이의 성장을 사회·심리적인 발달에 상응하는 다섯 단계로 나누어 묘사했다. 제1부의 유아기는 동물의 단계다. 제2부의 소년기는 야만의 시기에 비견된다. 소년 에밀은 루소가 상상하는 고결한 야만인으로서 그의 흥미와 필요에 부합하는 여러 실천적 활동들을 몸소 경험하면서 배운다. 각 연령대의 심리적 특징들은 몸속 제 기관들의 발달 정도를 말해 준다. 루소에 따르자면, 소년은 사실관계를 비교하고 따져 보는 능력이 부족하여 아직 제대로 된 관념을 형성하지 못한다. 소년의 사고는 온통 감각의 영역에 머문다. 소년은 감각 작용을 통해 자신이 다루는 사실에 대한 이미지를 얻는데,

그는 하나의 감각이 제공하는 정보의 진위를 여타 감각들이 제공하는 정보에 비추어 확인한다. 이러한 사실에 의거한 구체적인 사고만으로도 소년기의 목적은 충분히 달성할 수 있다. 사실은 이 시기에도 성년기의 오성에 견줄 만한 것이 있어 경험하는 사실과 관련된 감성(또는 명확한 감정)의 영역에서 모종의 관념을 형성한다. 행동의 주된 동기로서 오직 자신의 이익에만 관심 있는 자기애(amour de soi)의 개념이 등장한다. 그러나 전(前) 사회적 단계로서 타인과의 관계 속에서 작용하는 자존감(amour propre)의 개념은 거의 목격되지 않는다.

이성이 아직 작용하지 않는다는 사실은 중요한 교육적 함의를 갖는다. 아이는 열두 살이 되기 전까지 적절한 오성 능력이 없어 주변의 사회 환경에 크게 좌우된다. 아이는 가족과 지인의 의견을 그대로 수용하고, 그들이 시키는 대로 행동한다. 아이 자신의 본성을 지키는 유일한 방법은 사회의 인위적인 삶에서 멀어지는 길뿐이다. 아이의 교육에 이로운 환경을 만들고, 그곳에서 아이의 교육에만 헌신하는 가정교사의 지도를 받게 하라. 이때 소년이 받는 교육은 적극적이라기보다 소극적이다. 아이의 마음속에 덕과 진리를 심어 주는 것보다 그곳에 사악함과 잘못이 자리를 잡지 못하는 것이 훨씬 중요하다. 훗날 이성이 깨어나 스스로 덕과 진리를 자신의 것으로 만들기 전까지 아이는 감각적인 세상에 산다. 아이는 어른이 시키는 대로 하는 것이 올바른 행동이 아니라는 것을 배운다. 아이는 자신의 잘못된 행동에 기인한 고통스러운 결과에서 벗어날 수 있는 행동을 올바른 것으로 여긴다. 아이의 머릿속에는 자신의 감각을 통해 확연히 지각한 관념만 들어 있다. 예를 들어, 기하학 수업에서 아이는 서로 겹쳐진 도형의 동일성은 인식하지만, 그러한 사실을 합리적으로 증명하지 못한다. 이 단계에서 기하학은 시각적인 교과이지 논리적인 교과는 아니다. 지리학, 역사학, 언어학, 문학은 아이의 오성이 제대로 발달하지 않은 상황에서 단지 말뿐인 지식에 불과하다. 그런 교과들은 적게 배울수록 사회생활에 유익하다.

유아기의 종료

이제 인생의 두 번째 단계로 들어간다. 엄밀한 의미에서 유아기가 끝난다. 유아와 소년은 동의어가 아니기 때문이다.

아이들이 말하기 시작하면 울음소리도 잦아든다. 하나의 언어가 다른 언어를 대신한다. 아이들로서는 '아프다'라는 말을 할 수 있는데, 그 고통이 말로 표현할 수 없을 만큼 심할 때가 아니라면 왜 굳이 울어야 하겠는가? 그런데도 아이들이 계속 운다면, 그것은 주위 사람들의 잘못이다. 에밀은 '아프다'라는 말을 하자마자, 정말로 고통이 심한 경우가 아니라면 울지 않는다. 나는 아이가 울고 있으면 근처에 얼씬도 하지 않는다. 그러다가 아이가 울음을 그치면 바로 달려간다. 머지않아 아이는 나를 부르는 방법이 울음을 그치거나, 아니면 기껏해야 큰 소리로 한 번 울고 마는 것임을 깨닫는다. 아이가 넘어져서 머리를 부딪치거나 코피가 날 때도 나는 호들갑을 떨거나 당황한 모습을 보이지 않는다. 어쨌든 처음에는 아무 일 없다는 듯이 행동한다. 상처는 이미 난 것이고, 아이는 고통을 감내해야 한다. 내가 안달복달하면 아이는 더욱 놀라고 상황도 나빠진다. 이 시기에 아이는 처음으로 용기를 배우고, 작은 고통에 의연히 대처함으로써 이윽고 큰 고통을 견뎌

내는 힘을 기른다.

  나는 에밀이 다치지 않도록 조심하기보다 오히려 한 번도 다치지 않고 커서 아픈 것 자체를 모를까 봐 걱정이다. 고통은 가장 먼저 배워야 할 것이다. 그것만큼 앞으로 살아가는 데 필요한 지식도 없다. 아이들의 몸집이 작고 가냘픈 것은, 그래야만 이러한 중요한 교훈을 배우면서 위험하지 않기 때문이다. 아이는 높은 곳에서 떨어져도 다리가 잘 부러지지 않는다. 아이의 팔은 막대기로 맞아도 좀처럼 골절을 입지 않는다. 아이는 날카로운 칼을 쥐고 있어도 손아귀 힘이 약해 깊게 베이지 않는다. 나는 혼자 있는 아이가 스스로 목숨을 끊거나 심하게 다쳤다는 이야기를 들어본 적이 없다. 그렇다고 아이를 높은 곳이나 불 근처, 또는 위험한 도구 옆에 무분별하게 내버려두어서는 안 된다.

아동기의 행복

  이쯤 되면 아이들의 힘이 세지면서 울음소리가 적게 들린다. 자기 혼자서 할 수 있는 일이 많아지면 남에게 부탁할 일이 줄어든다. 늘어난 체력만큼 그것을 사용하기 위한 감각도 발달한다. 인생의 두 번째 단계에서는 진정한 의미에서 개인적인 생활이 시작된다. 아이는 자의식이 싹트고, 삶의 매 순간 일관된 정체성을 보인다. 이때부터 기쁨과 슬픔의 감정을 지닌 한 명의 인간으로서, 아이는 도덕적인 존재가 된다.

우리는 인간이 언제까지 살 수 있고, 그 임계점까지 도달할 확률이 얼마나 되는지 대충 알고 있지만, 각 개인의 수명만큼 불확실한 것도 없다. 극히 소수만이 사람이 최대로 살 수 있는 나이까지 산다. 가장 위험한 시기는 인생의 초기다. 세상에 태어난 아이들 가운데 겨우 절반 정도만 청소년기까지 살아남는다. 그러니 당신의 학생도 어른이 될 때까지 살아 있다고 확신할 수 없다. 그렇다면, 우리는 불확실한 미래를 위해 현재를 희생하고, 어쩌면 오지도 않을 먼 미래의 행복을 준비하려 아이를 못살게 구는 야만적인 교육에 대해 어떻게 생각해야 할까?

인간다운 성정을 보이라. 그것이 당신들의 첫 번째 의무다. 아이들을 사랑으로 대하라. 아동기의 놀이와 즐거움과 유쾌한 본능을 용인하라. 입가에는 웃음이 떠나지 않고 마음에는 근심 걱정이 없던 그 시절을 때때로 그리워하지 않을 사람이 있을까? 어째서 그 순진무구한 아이들에게서 금방 지나가 버릴 찰나의 즐거움을 빼앗으려 하는가?

벌써 사람들의 아우성이 들려오는 듯하다. 지혜를 가장한 거짓 외침은 현재를 중요하게 여기지 않으며, 언제나 우리보다 한 걸음 앞서 도망치는 덧없는 미래만을 뒤좇으라 야단이다. 지금이 인간의 나쁜 성향을 고칠 시기라고 당신들은 말하리라. 아동기에는 아직 고생이 무엇인지 잘 모르니 이 시기에 아이들이 좀 고생을 하면 나중에 이성의 시대가 도래했을 때 그만큼 편하지 않겠느냐고 생각한다. 그런데 아이의 연약한 마음을 옥죄는 당신들의 그 훌륭한 도덕률이 아이에게 유익하기는커녕 해로운 것이 되지 않는다고 누가 장담하는가? 당신들이 고쳐 준다고 단언하는 인간의 나쁜 성향이 자연에서 비롯되었다기보다 오히려 당신들의 잘못된 간섭에서 생겨난 것이 아니라고 어떻게 증명할 수 있는가?

헛된 망상에 빠지지 않으려면 우리의 현재 상태에 적합한 것이 무엇인지 잊지 말라. 인간의 자리는 만물의 질서에 따라 정해진다. 인간의 삶에서 아동기는 아동기만의 자리가 있다. 어른은 어른처럼 대하고, 아이는 아이처럼 대하라. 행복해지고 싶은가, 그러면 각자 자신이 속한 인생의 시기에서 그에 걸맞은 삶을 살라. 그 밖에 우리가 할 수 있는 일은 없다.

세상에는 절대적인 선도 악도 없다. 인생에는 그런 것이 한데 뒤섞여 있다. 우리는 완전히 순수한 감정은 느끼지 못하고, 같은 감정선을 두 번 다시 경험할 수도 없다. 선과 악은 모두에게 공통된 것이지만, 그 정도는 서로 다르다. 가장 행복한 사람은 고통을 가장 적게 느끼는 사람이고, 가장 비참한 사람은 즐거움을 가장 적게 느끼는 사람이다. 항상 고통이 즐거움을 능가한다. 그러므로 지상에서의 행복은 병폐를 줄이는 소극적인 상태에 지나지 않는다. 고통스러우면 그것에서 벗어나고 싶은 욕망이 생기고, 즐거우면 그것을 누리고 싶은 욕망이 배가된다. 욕망은 부족함에서 비롯된다. 그리고 무엇이든 부족하면 고통을 느낀다. 결국 우리의 불행은 욕망과 능력이 일치하지 않기 때문이고, 이런 이유로 능력이 욕망에 버금가는 사람이야말로 진실로 행복하다.

참된 행복에 이르는 인간의 지혜는 무엇인가? 무턱대고 욕망을 줄이는 데 있지 않다. 욕망이 능력보다 적으면 우리 능력의 일부는 할 일을 잃게 되고, 그만큼 우리 인생도 온전하지 못하리라. 그렇다고 우리의 능력을 함부로 증대하는 데 있지도 않다. 그랬다가는 욕망도 그만큼 늘어나 우리의 삶이 더욱 곤경에 처한다. 진정한 행복은 능력과 의지가 완벽하게 균형을 이룰 때 가능하다. 자기 방식대로 삶을 사는 사람은 모든 일을 혼자서 한다. 그러므로 힘이 아닌 자유가 최고의 선이다. 참된 의미에서 자유인은 자기가 할 수 있는 것만 바라고, 자기가 바라는 것만 한다. 이것이 나의 기본 원칙이다. 그것을 아동기에 적용하고, 그로부터 교육의 모든 규칙을 세우라.

우리가 의존하는 대상은 두 가지다. 하나는 사물이고,

다른 하나는 인간이다. 전자가 자연의 섭리에 따른다면, 후자는 사회적인 관계에 기초한다. 사물에 대한 의존은 도덕과 관계없는 것이므로 자유를 침해하지 않고 악을 초래하지도 않는다. 그러나 인간에 대한 의존은 변덕스럽기 때문에 모든 악의 원천이 된다. 이러한 사회적 악을 치유하기 위해서는 개인을 법률로 옭아매고, 일반 의지에 어떤 개별 의지도 범접할 수 없는 막강한 권한을 부여해야 한다.

아이는 오직 사물에만 의존해야 한다. 그래야만 아이를 교육하면서 자연의 질서를 따를 수 있다. 아이의 무분별한 요구에는 물리적인 재갈을 물리거나, 아이 스스로가 자기 행동에서 비롯되는 벌을 받아야 한다. 아이가 나쁜 짓을 하는 것을 금하지 않고도 그것을 충분히 예방할 수 있다. 아이의 경험이나 힘의 결핍이 법칙을 대신해야 한다. 아이가 바라는 것이 아닌, 아이에게 필요한 것을 주라. 아이는 행동하면서 누군가에게 복종하고 있다는 생각을 해서는 안 되고, 또 다른 누군가 자기를 위해 행동할 때 지배욕을 느껴서도 안 된다. 아이는 자신을 위해 행동하든 당신을 위해 행동하든 똑같이 자유를 느껴야 한다.

특히 아이에게 공허한 예법을 가르치지 않도록 조심하라. 아이가 의례적인 인사치레로 주위 모든 사람을 자기 의지대로 움직이고 자기가 원하는 것을 즉석에서 손에 넣는 일을 경계하라. 나는 에밀이 오만하기보다 거친 편이 낫다고 생각한다. 그래서 그가 부탁을 가장한 명령-"부탁해요"라고 말하면서 명령하는-을 내리지 말고 명령조의 부탁-"이렇게 하세요"라고 말하면서 부탁하는-을 하기를 바란다. 내가 신경을 쓰는 것은 그가 사용하는 말이 아니라, 그 말에 담긴 뜻이다.

너무 엄하게도 너무 무르게도 행동하지 말라. 아이들을 너무 못살게 굴면 건강과 생명에 지장이 있다. 그렇다고 아이들을 너무 감싸기만 하면 장래에 큰 불행을 초래한다. 언젠가 당신의 손을 떠나 인간의 무리로 돌아가야 할 아이들임을 유념하라.

당신들은 내가 불확실한 미래를 위해 아이들의 현재 행복을 희생하고 있다고 비판한 나쁜 아버지들의 전철을 밟고 있다고 말할지도 모르겠다. 그러나 절대 그렇지 않다. 나의 학생이 누리는 자유는 그가 겪는 얼마간의 고통을 충분히 보상하고도 남는다. 여기 눈밭에서 놀고 있는 한 패의 개구쟁이들이 있다. 얼굴은 추워서 퍼렇게 질리고 몸은 꽁꽁 얼어 손가락도 움직이지 않는다. 언제든 불을 쬐러 갈 수 있지만 그렇게 행동하지 않는다. 이때 누군가 아이들을 집 안으로 강제로 데리고 들어간다면, 그들은 추위보다 백배는 더 심한 속박의 고통을 느낄 테다. 상황이 이러할진대, 당신들은 뭐가 그리도 못마땅하단 말인가? 아이가 자진해서 참으려는 고통을 억지로 말리지 않았다고 내가 아이를 불행에 빠트렸단 말인가? 내가 한 일이라곤 아이에게 자유를 주어 현재를 잘 살도록 하고, 아이가 앞으로 살면서 마주칠 어려움을 견뎌 내도록 내버려두었던 것이 전부다. 만일 아이에게 나와 당신 중 누구의 학생이 되고 싶은지 묻는다면, 그가 조금이라도 망설이리라고 생각하는가?

아이를 불행에 빠트리는 가장 확실한 방법이 무엇인지 아는가? 아이에게 원하는 것은 무엇이든 주면 된다. 쉽게 충족된 욕망은 끊임없이 더 큰 욕망을 부른다. 그러다가 당신 쪽에서 힘이 부쳐 어쩔 수 없이 거절할 때가 온다. 아이는 자기가 원하는 것을 가지지 못했다는 것보다 예기치 않은 거절에 더 깊은 마음의 상처를 입는다. 아이는 처음에 당신이 들고 있는 지팡이를 원한다. 다음에는 날아가는 새를, 그다음에는 하늘에서 반짝거리는 별을 원한다. 아이는 보는 것마다 달라고 조른다. 신이 아니고서야 아이의 요구를 모두 들어줄 수 없다. 그런 아이가 어찌 행복하랴? 행복하다고! 아니다, 그는 폭군에 불과하다. 누구보다도 비천한 노예이며, 세상에서 가장 가련한 존재다. 삶의 원래 규칙으로 돌아가자. 자연은 아이들을 도움과 사랑이 필요한 존재로 만들었다. 이런 미력한 아이들이 복종과 두려움의 대상이라니 가당치도 않다. 세상에 아이만큼 약하고 불쌍하고, 주위 환경에 좌우되고, 동정과 보호가 필요한 존재가 또 있을까? 그렇다면, 자기가 무슨 제왕이라도 된 것처럼 주변 사람들에게 명령을 내리고, 그들의 도움 없이는 살 수 없는데도 주인 행세를 일삼는 아이를 보는 것처럼 불쾌하고 꼴사나운 광경도 없다.

한편, 가뜩이나 무력한 상태로 태어나 이것저것 제약을 많이 받는 아이들을 자연의 예속에 더해 우리 변덕의 제물로 삼아 그들에게 남아 있는 얼마 안 되는 자유마저 구속하는 것은 너무 잔인한 처사 아닐까? 이성의 시대가 오면 으레 사회로부터 속박을 받을 텐데, 굳이 그 전부터 가정에서 속박을 가할 필요가 있을까? 인생의 한 시기만이라도 이러한 굴레―자연이 부과한 것이 아닌―에서 벗어나 아이가 자연이 주는 자유를 마음껏 누리게 하자.

필연의 법칙

실천의 문제로 돌아가자. 이미 말했듯이, 아이가 원한다고 무엇이든 주지 말라. 아이에게는 꼭 필요한 것만 주라. 아이는 시키는 대로 행동할 것이 아니라 필요에 따라 행동해야 한다. 이런 이유로 아이의 어휘에서 '복종'이나 '명령'과 같은 말은 지우라. '의무'나 '책임'과 같은 말도 없애라. 반면에 '힘', '필요', '약함', '제약'과 같은 말은 중시된다. 이성의 시대가 도래하기 전까지 아이의 마음속에는 도덕적 존재나 사회적 관계에 대한 어떤 관념도 들어 있지 않다. 그러므로 그런 관념과 관련된 용어는 되도록 사용하지 않는 것이 좋다. 아이가 잘못된 관념이라도 형성할 것 같으면 나중에 어른이 되어서도 바로잡기 힘들다.

'아이들의 이성'에 호소하는 로크의 강령은 오늘날 대단히 유행하고 있다. 그러나 나는 그 결과를 신뢰하기 어렵다. 아이들은 이성적인 존재로 다룰수록 어리석어진다. 인간의 모든 능력 중에 이성은 가장 나중에, 가장 지난한 과정을 거쳐 발달한다. 그만큼 다른 모든 능력의 복합체라 할 만한데, 그런데도 사람들은 그 이성을 사용하여 다른 기초적인 능력들을 발달시키고자 한다. 이성적인 인간은 훌륭한 교육의 으뜸가는 결과물인데, 맙소사 그 이성을 동원해 아이들을 교육하려 하다니! 그것은 교육을 맨 끝에서부터 시작하는 셈이다. 사실, 아이들이 이미 이성적인 존재라면 교육을 받아 무엇 하랴.

아이에게는 이성에 호소하기보다 이렇게 말하라. "그런 짓을 해서는 안 된단다!" "왜 안 돼요?" "나쁜 짓이기 때문이지." "왜 나쁘지요?" "금지된 일이기 때문이지." "왜 금지된 일이에요?" "나쁜 짓이기 때문이지." 이런 식의 대화에서 공회전은 불가피하다. 선과 악을 구별하고 인간의 여러 의무를 이해하는 것은 아이의 능력을 벗어난다.

자연은 아이들이 어른이 될 때까지 아이들로 있기를 바란다. 만일 이 순서를 어긴다면, 우리는 덜 익어 맛도 없고 곧 썩어 버릴 과일만 얻을 테다. 앳된 현자에 늙은 아이만 있다고 할까. 아동기에는 그 나름대로 보고, 생각하고, 느끼는 방식이 있다. 그것을 우리의 방식으로 대체하는 것만큼 어리석은 짓도 없다. 열 살 된 아이에게 판단력을 요구하느니 차라리 그 아이의 키가 5척이 되기를 바라겠다.

당신 학생을 나이에 맞게 다루라. 처음부터 아이는 자기가 있어야 할 자리에 있어야 한다. 그리고 그 자리를 고수하며 감히 떠날 생각을 하지 말아야 한다. 그러면 아이는 지혜가 무엇인지 알기도 전에 그 지혜의 가장 중요한 가르침을 실천한다. 아이에게 절대로 명령하지 말라. 아이가 당신의 권위를 의식조차 해서는 안 된다. 그저 아이는 자기보다 강자인 당신의 처분에 따를 수밖에 없다고 생각해야 한다. 일찍부터 아이는 자연이 인간에게 부과한 무거운 멍에를 몸소 느끼고, 그 필연적인 굴레를 인간의 변덕이 아닌 사물과의 관계 속에서 깨달아야 한다. 아이가 해서는 안 되는 일이 있을 때, 그것을 하지 말라고 애써 말하지 말라. 그냥 못하게 하면 된다. 아무런 설명도 상의도 필요 없다. 한편 아이에게 어떤 것을 주고자 한다면, 처음부터 선선히 주라. 아이가 달라고 조르거나 부탁하는 상황을 만들지 말라. 줄 때는 기쁘게 주고, 거절할 때는 유감스러운 표정을 짓되 절대 번복하지 말라. 한번 "안 돼"라고 말했다면, 그 말은 황동 벽처럼 단단해서 아이가 대여섯 번 그것을 무너트리려 덤벼들다가도 결국에는 지쳐 그런 생각을 단념해야 한다.

시대를 막론하고 아이들을 교육하는 사람들은 경쟁심, 질투심, 부러움, 허영심, 탐욕심, 공포심과 같은 수단만을 이용했는데 참으로 기이한 일이다. 그러한 정념은 하나같이 인간의 영혼을 좀먹는 해로운 요소들이다. 우매한 교사들은 아이들에게 도덕적 선을 가르치면서 무엇인가 대단한 일을 하고 있다고 생각하기 쉬운데, 사실 그들은 아이들을 위선 덩어리로 만들고 있을 뿐이다. 그런데도 그들은 엄숙한 어조로 인간이란 원래 그런 존재라고 말한다. 그렇다, 그런 인간이야말로 당신들의 작품이다. 사람들은 모든 수단을 강구하면서 단 한 가지 수단만은 쓰지 않는데, 그것만이 교육의 성공을 담보한다. 바로 잘 규제된 자유다.

아이에게는 어떤 것도 말로 가르치지 말라. 아이는 오직 경험을 통해서 배워야 한다. 아직 잘잘못도 모르는 아이에게 벌을 주어서는 안 된다. 아이의 행동에 도덕적 감정이 전혀 들어 있지 않은데 그 행동을 벌하거나 나무랄 수는 없다.

자연의 최초 충동은 언제나 옳다는 불가쟁(不可爭)의

원칙을 세우자. 인간의 마음은 원래 사악하지 않다. 그런데 그 안에 어째서 온갖 나쁜 것들이 들어오게 되었는가. 자연이 인간에게 부여한 유일한 정념은 자기애, 또는 좀 더 넓은 의미에서 자기중심성이다. 자기중심성은 그 자체로 그리고 우리 자신과의 관계에서는 좋은 것이지만, 그것을 사회적인 관계에 적용하면 좋은 것도 나쁜 것도 된다. 이성이 잠에서 깨어나 자기중심성을 안내하기 전까지 아이는 타인의 눈과 귀를 의식하지 말고 자연의 요구에 따라 행동해야 한다. 그러면 아이의 행동은 올바름에서 벗어나지 않으리라.

그렇다고 아이가 짓궂은 행동을 하지 않는 것은 아니다. 여전히 장난치다가 다치고, 미리 치워 놓지 않은 값비싼 장식품을 깨트린다. 아이는 큰 피해를 주었지만, 그렇다고 잘못을 저지른 것은 아니다. 왜냐하면 나쁜 짓에는 위해를 가하려는 의도가 있어야 하는데, 아이에게는 그런 것이 없기 때문이다. 아이에게 완전한 자유를 주려거든, 비싼 물건은 미리 치워 놓고 깨지기 쉬운 것이나 귀중한 것은 모두 아이들의 손이 닿지 않는 곳에 두어야 한다. 아이들의 방에는 소박하고 튼튼한 가구를 놓아야 한다. 거울, 도자기, 장식품은 필요 없다. 나는 에밀을 시골에서 키우기 때문에 그 아이의 방은 농부의 방과 조금도 다르지 않다. 나름 조심했는데도 아이가 사고를 치고 요긴한 물건을 망가트렸다면, 예방 조치가 부족했음을 탓해야지 아이를 벌하거나 야단쳐서는 안 된다. 아이에게 당신의 언짢은 마음조차 들키지 말라. 마치 그 물건이 저절로 부서진 것처럼 행동하라. 아무 일 없었다는 듯이 넘어갈 수 있다면 대단히 잘 처신했다고 생각해도 좋다.

소극적 교육 1. 비(非)도덕수업

이 시기에 교육적으로 가장 중요하고 유익한 원칙이 있다면, 그것은 시간이 빨리 지나가기를 바라는 것일 테다. 인생에서 가장 위험한 시기는 태어나서 열두 살이 될 때까지다. 이 기간에는 여러 가지 오류와 부덕이 싹트지만, 그것들을 당장 제거할 수단은 없다. 그러다가 이윽고 가용한 수단이 생겨나겠지만, 그때는 이미 그 악이 뿌리를 깊이 내려 뽑아 없애지 못한다. 인간의 마음은 온전한 능력을 갖추기 전까지 휴면 상태로 있는 것이 좋다.

이런 이유로 최초의 교육은 전적으로 소극적이어야 한다. 소극적 교육이란 덕과 진리를 가르치기보다는 마음을 악과 오류로부터 보호하는 일이다. 당신의 학생이 열두 살이 될 때까지 아무 일도 하지 말고 아무 일도 일어나지 않도록 하라. 그러면 아이는 오른손과 왼손은 구별하지 못하더라도 튼튼하고 건강하게 자라날 것이고, 그러한 최초의 교육으로부터 아이의 오성은 이성을 향해 눈을 뜬다. 아무런 편견도 습성도 없이 아이는 당신의 수고 찬 노력을 있는 그대로 받아들인다.

일반적인 관행을 뒤집으라. 그 안에 올바름이 있다. 아버지와 교사들은 아이를 아이가 아닌 학자라도 만들고 싶은지 줄기차게 아이의 잘못을 나무라고 고치고, 아이를 위협하고 달래고, 아이를 가르치고 설득한다. 그러나 이보다 더 좋은 방법이 있다. 합리적으로 행동하되, 당신의 학생과 이치를 논하지는 말라. 특히 아이가 싫어하는 일을 논리 운운하며 설득하는 것만큼 어리석은 일도 없다. 아이가 수긍하지 않는다고 이성의 잣대를 사용하면, 그(이성)에 대한 불신만 키울 뿐이다. 그보다 아이의 몸, 관절, 감각, 근육을 단련하라. 그러나 마음은 가능한 한 오랫동안 휴면 상태로 내버려두라. 아동기가 아이들 안에서 농익도록 기다리라.

아이의 개별적 특성을 고려한다면 이러한 방법은 확실히 효과가 있다. 각기 다른 마음의 형태를 염두에 두고 아이를 지도해야 한다. 지혜로운 사람은 아이에게 말을 건네기 전에 그 아이의 모습부터 주의 깊게 관찰한다. 아이의 타고난 품성이 스스로 드러나도록 내버려두는 것, 그것이야말로 가장 먼저 할 일이다. 그래야만 아이를 전체적으로 파악할 수 있다.

그런데 아이를 외부의 영향을 전혀 받지 않는 자동인형처럼 키울 것 같으면, 그를 도대체 어디에 두어야 한단 말인가? 아이를 달나라, 외딴섬으로 보내야 할까? 아이를 모든 인간으로부터 격리해야 할까? 아이는 부모와 또래 아이들은 물론 가까운 친지, 이웃, 유모, 하녀를 보아서도 안 될까? 심지어 가정교사도 천사는 아닐 테니 만나지 말아야 할까? 매우 현실적인 반론이다. 그러나 나는 자연에 따르는 교육이 쉬운 일이라고 말한 적이 없다. 어찌 보면 우리가 감당할 수 없는 일이다. 내가 설정한 목적은 누구나 달성 가능한 것이 아니다. 거기에 근접할수록 성공한 것이라고 말해 두자.

한 인간을 교육하려는 사람은 먼저 자기 자신부터 인간이 되어야 한다. 아이가 아직 세상에 물들지 않았을 때 그가 보아도 좋은 것만으로 주변을 채워 놓으라. 당신 스스로가 모두의 존경과 사랑을 받아야 한다. 그래야만 그들이 당신 편에 선다. 아이의 주변 사람들을 통제할 수 없다면, 당신은 아이의 선생이 되지 못한다. 이것이 에밀을 도시의 추잡한 도덕과는 거리가 먼 시골에서 키우려는 또 다른 이유다. 화려한 도시 생활은 유혹과 타락의 연속이지만, 시골 사람들의 상스러움은 마음을 끌기는커녕 혐오만 부추긴다. 시골 마을에서는 가정교사가 아이에게 보여 주고 싶은 장면이 훨씬 수월하게 만들어진다. 교사는 모두에게 이로운 사람이라는 생각에서 모두가 교사의 말을 따르고, 교사의 호의를 얻으려 애쓰고, 교사가 학생 앞에서 보여 주기를 바라는 모습대로 행동한다. 그렇다고 그들의 조악함을 고칠 수 있는 것은 아니지만, 어쨌든 물의를 일으키지는 않는다. 그것만으로도 우리의 목적은 달성한 셈이다.

열성적인 교사들이여, 솔직하고 신중하고 과묵히 행동하라. 서두르지 말라. 무언가 좋은 것을 가르치려 하지 말라. 그러다가 나쁜 것만 가르치고 말 테니. 아이가 밖에서 스스로 보고 배우는 것은 막을 수 없다면, 그런 본보기를 아이의 마음에 가장 적합한 형태로 바꾸어 놓으라. 격렬한 감정은 그것을 목격한 아이에게 큰 영향을 미친다. 특히 분노를 표출할 때는 너무나도 시끄러워서 주위에 있는 사람이 모를 수가 없다. 이 대목에서 교사라면 그럴듯한 훈계를 늘어놓고 싶겠지만, 그런 도덕적 설교는 사양하련다. 아무 말도 하지 말라. 아이가 스스로 당신 곁으로 올 때까지 기다리라. 격노한 사람을 보고 놀란 아이는 반드시 그 까닭을 물을 텐데, 간략하게 아이의 감각 작용에 호소하는 방식으로 답하라. 격앙된 얼굴, 이글거리는 눈알, 섬뜩한 몸짓, 시끄러운 괴성 등은 하나같이 몸이 정상적이지 않다는 징후라고 아이에게 조용히 일러 주라. "저 사람은 불쌍하게도 아프단다. 열병에 걸렸거든." 이런 식의 접근이 때론 장광설을 늘어놓는 것보다 효과적이다. 그리고 나중에도 부득이하다면, 반항적인 아이를 병자로 취급할 수 있어 유익하다. 이를테면 아이를 방에 가둬 놓고 잠을 재우거나 식이요법을 시행할 수 있는데, 아이는 이런 강제적인 조치를 혹독한 벌이 아닌 자기 몸속의 끔찍하고 무서운 악을 치유하는 엄격한 태도로 받아들인다. 혹여나 교사 자신이 흥분하여 평정심과 절제를 잃어버렸다면, 그런 흠결을 아이에게 숨기지 말라. 솔직한 태도로 아이를 부드럽게 나무라듯 말하라. "애야, 네가 나를 병들게 했구나."

내 계획은 모든 것을 소상히 밝히는 것이 아니다. 그보다 일반적인 원칙을 제시하되 곤란한 경우만 예를 들어 설명하는 식이다. 당연한 말이지만, 아이를 사회에서 키우면서 열두 살이 될 때까지 인간과 인간의 관계, 인간 행동의 도덕적 측면에 대해 아무런 관념도 심어 주지 않을 수는 없다. 우리가 할 수 있는 최선은 그런 불가피한 관념의 형성을 최대한 늦추는 것뿐이다. 그러다가 더는 그렇게 할 수 없을 때가 오면 당장 필요한 관념만 허용하라.

우리 자신에 대한 의무가 가장 먼저다. 우리가 처음 느끼는 감정의 중심에는 자아가 있다. 인간에게는 자기 보존과 행복이라는 원초적인 본능이 있다. 그러므로 정의는 원래 타인에 대한 의무가 아닌 우리에 대한 의무에서 비롯된 개념이다. 아이들을 교육하면서 흔히 저지르는 잘못 중 하나는 그들의 의무에 대해서만 말하고 권리에 대해서는 말하지 않는 것인데, 그렇게 하면 아이들은 무슨 말을 하는지 이해하지 못할뿐더러 관심도 두지 않는다.

아이의 머릿속에는 자유보다 소유의 개념이 먼저 자리 잡아야 한다. 이를 위해 아이 자신이 무엇인가를 소유해야 한다. 그 예로 의류, 가구, 장난감을 나열하는 일은 무의미하다. 아이는 그런 것들을 마음대로 사용할 수 있지만 왜, 어떻게 그것들을 가지게 되었는지 모르기 때문이다. 그러므로 우리는 소유의 기원으로 회귀해야 한다.

아이는 정원사처럼 텃밭을 일구면서 소유의 개념을 가장 쉽게 배운다. 아이는 콩을 심는다. 콩이 자라면 아이의 '소유'가 된다. 나는 그 용어를 설명하면서, 아이 자신이 그동안 거기에 쏟아 부은 시간과 노동과 노력을 상기시킨다. 어느 날 정원사 로베르가 아이의 콩밭을 죄다 파헤쳐 놓는다. 콩을 심은 땅이 그 정원사의 '소유'이기 때문인데, 그래서 아이는 다시 콩을 재배하기 전에 땅 주인에게 허락을 구해야만 한다. 행실이 거친 아이는 또 다른 방식으로 교훈을 얻는다. 아이가 자기 방의 창문을 깨트리면, 그 깨진 창문으로 아이의 방에 밤낮으로 바람이 들어오도록 내버려두라. 아이가 혹여나 감기라도 걸리지 않을까 걱정하지 말라. 아이가 바보가 되느니 차라리 감기에 걸리는 편이 낫다. 아이가 계속해서 창문을 깨트리면, 이번에는 창문이 하나도 없는 어두컴컴한 방에 가두라. 조만간 아이는 소유의 의미를 배우고, 다른 사람이 가지고 있는 것을 존중할 테다.

이제 우리는 도덕의 세계로 들어가고, 사악함의 문도 열린다. 협약과 의무 이면에 기만과 거짓이 도사리고 있다. 우리는 해서는 안 되는 짓을 할 때 그것을 숨기려 한다. 우리가 못된 짓을 예방하지 못했기 때문에 처벌의 문제가 불거진다. 아이들에게는 명목상의 처벌보다 그들에게 항상 나쁜 행실의 자연스러운 결과를 보여 주어야 한다. 그러므로 아이들이 거짓말을 했다고 벌을 주거나 하지 말라. 그보다 아이들에게 거짓말쟁이는 설사 진실을 말할 때조차 남이 믿어 주지 않고, 실제로 나쁜 짓을 하지 않았어도 의심을 받기 쉽다는 인상을 심어 주라.

사실, 아이들의 거짓말은 모두 교사들의 탓이다. 교사들은 아이들에게 진실을 말하라고 가르친다. 그런데 그런 교사들의 행동은 아이들에게 거짓말을 종용하는 것과 다르지 않다. 우리 중에는 학생들에게 실용적인 교훈만을 주고 그들이 똑똑해지기보다 선량해지기를 바라는 사람들이 있다. 이들이 진실 타령을 하지 않은 것은 아이들이 진실을 은폐할 우려가 있기 때문이고, 약속 운운하지 않은 것은 아이들이 약속을 쉬이 어길 수 있기 때문이다. 내가 없는 동안 저질러진 나쁜 짓이 누구의 소행인지 알 수 없을 때 나는 에밀을 혼내거나, "네가 그랬니?"라고 다그치지 않으리라. 이런 질문만큼 사려 깊지 못한 것도 없다. 특히 그 아이에게 죄가 있는 경우에 그러하다. 만일 아이가 자신의 악행을 당신이 알고 있다고 생각하면, 아이는 음모론을 제기하며 당신에게 적의를 품는다. 만일 당신이 모르고 있다고 생각하면, "내가 왜 잘못을 털어놓아야 하지요?"라고 반문할 텐데, 이러한 경솔한 질문이 거짓말을 부른다.

거짓말에 대해서 말했던 이야기는, 여러 가지 점에서 아이들의 다른 모든 의무에도 적용된다. 아이들의 신앙심을 길러 준다고 교회를 들락거리지만, 그곳에서 아이들은 지루함만 느낀다. 아이들은 끊임없이 재잘거리며 기도하지만, 아뿔싸 머지않아 신을 찾지 않을 행복한 시간이 도래하리라. 아이들에게 적선을 베풀게 하면서 자애심을 가르치지만, 그것은 비단 아이들만의 문제가 아니다. 교사들이여, 가식을 벗고 스스로 유덕하고 선량한 존재가 되라. 그런 당신을 학생들은 본보기로 삼아 마음으로부터 따르리라.

소극적 교육 2. 비(非)언어학습

아이들이 무엇이든 쉽게 배우는 것처럼 보여서 문제다. 그것이 곧 아이들은 배우는 것이 하나도 없다는 증표인데, 사람들은 그런 사실을 간파하지 못한다. 아이들의 말랑하고 매끈한 두뇌는 잘 닦인 거울처럼 그것에 비춘 사물을 그대로 반사한다. 어느 것 하나 그 안으로 들어가 잔상을 남기지 못한다. 아이들은 말만 기억할 뿐 관념은 익히지 못한다. 아이들의 말을 듣고 있는 사람은 그 말의 의미를 이해하지만, 정작 아이들 자신은 그렇지 못하다.

기억과 추론은 근본적으로 다른 능력이지만, 서로 의존하면서 발달한다. 이성의 시대가 도래하기 전까지 아이의 마음속에는 심상만 존재한다. 아직 관념은 형성하지 못한다. 심상과 관념의 차이라면, 심상은 감각이 포착한 사물을 마음속에 재생해 놓은 것이고, 관념은 사물 상호 간의 관계로 인해 결정된 개념이다. 심상은 마음속에 그 자체로 존재하지만, 관념은 또 다른 관념을 상정한다. 전자가 시각적인 상상력에 불과하다면, 후자는 비교를 함의하는 사고 작용이다. 감각이 전적으로 수동적인 것과 달리 지각이나 관념은 능동적인 판단의 결과다.

그렇다면 아이들은 사리 분별을 하지 못하므로 옳게 기억하는 것도 없다. 아이들은 소리, 형태, 감각은 포착할 수 있어도 관념, 특히 관념 간의 관련성은 알아차리지 못한다. 이때 아이들도 초보적인 기하학 정도는 배우지 않느냐는 반론이 있을 수 있지만, 그것은 오히려 아이들이 스스로 추론하기는커녕 다른 사람의 추론조차 기억할 수 없다는 사실을 증명할 뿐이다. 이들 꼬마 기하학자들의 수업 장면을 들여다보면, 아이들이 기억하는 것이라곤 도형의 원래 생김새와 증명에 사용하는 용어뿐이다. 만약 생경한 문제가 나오거나 도형의 모양이 조금이라도 바뀐다면 아이들은 당황한다. 아이들의 지식은 모두가 감각적인 것에 불과하다. 무엇 하나 오성에까지 도달하지 못한다. 아이들의 기억력 자체도 다른 능력들만큼이나 불완전하여 어떤 것이든 어려서 말로만 배웠던 것은 자라서 다시 배워야 한다. 그렇다고 해서 아이들에게 추론 능력이 아예 없다는 말은 아니다. 오히려 아이들은 눈앞의 명확한 이익과 관련된 사안들에 대해서는 추론을 잘 한다. 사람들이 잘못 생각하는 것은 아이들의 지식에 관해서다. 사람들은 아이들이 가지고 있지도 않은 지식을 가지고 있는 것으로 생각한다. 그래서 아이들이 이해할 수 없는 것까지 추론을 시킨다.

우리의 박식한 선생님들께서는 나와는 정반대로 이야기하지만, 그들의 행동을 보면 나와 생각이 완전히 일치한다는 것을 알 수 있다. 교사들은 정말로 무엇을 가르치고 있을까? 언제나 말뿐이다. 그들은 학생들에게 다양한 종류의 학문을 가르치고 있다고 자랑하지만, 그중에 실제로 쓸모 있는 학문이 있던가, 그러려면 제반 사실을 다루어야 하는데 그런 것은 아이들이 이해할 수 없다. 그러다 보니 교사들은 문장학, 지리학, 연대기, 어학처럼 용어만 알면 지식을 습득한 것처럼 보이는 교과들을 선택한다. 그런데 그런 교과들은 인간에게, 특히 아이들에게 아무런 소용도 없어 인생을 살면서 한 번이라도 쓸모가 있으면 신기할 정도다.

언어. 언어 공부가 교육적으로 무익하다는 주장은 이상하게 들릴 테지만, 지금 내가 유년기의 학습에 대해 말하고 있음을 유념하라. 나는 천재가 아닌 보통의 아이가 열두 살 또는 열다섯 살이 되기 전에 두 개의 언어를 완전히 배울 수 있다고 생각하지 않는다. 언어 공부가 단지 말을 배우는 것에 지나지 않는다면 아이들에게 매우 적합한 학습일지도 모른다. 그러나 언어는, 기호를 바꾸면 그것이 나타내는 관념도 달라진다. 생각은 같아도 그것을 표현하는 마음의 형식은 언어별로 다르다. 아이는 이성의 시대가 도래하기 전까지 자신에게 익숙한 하나의 언어만을 사용한다. 아이가 두 개의 언어를 배우기 위해서는 각각의 언어가 표현하는 관념을 서로 비교할 수 있어야 하는데, 자기가 겨우 이해하는 관념을 비교까지 할 수는 없지 않겠는가? 그러므로 아이는 하나의 언어만 배울 수 있다. 이쯤에서 당신은, 몇몇 학생들은 서너 개의 언어를 배우지 않느냐고 반문할 텐데, 나는 그렇지 않다고 생각한다. 나는 대여섯 개의 언어로 이야기한다는 꼬마 천재들을 만난 적이 있다. 이들은 먼저 독일어로 말한 뒤에 차례대로 라틴어, 프랑스어, 이탈리아어를 사용했다. 과연 대여섯 종류의 어휘를 번갈아 구사했지만, 언제나 독일어로만 이야기하였다. 언어는 그대로인데 어휘만 바뀌었던 셈이다.

교사들은 자신들의 무능을 감추기 위해 사어(死語)를 선호한다. 죽은 말을 두고는 아무도 설왕설래하지 않기 때문이다. 이러한 언어는 오래전부터 일상생활에서 자취를 감추어서 우리는 책에 쓰여 있는 것을 흉내만 내는데, 그것을 가리켜 언어를 할 줄 안다고 큰소리친다. 교사들의 라틴어와 그리스어 지식이 이러하다면, 학생들은 어떠할지 말해 무엇 하리오.

지리학. 어떤 공부에서든 기호는 그것이 표현하는 사물에 대한 관념이 없으면 아무런 의미도 없다. 그런데도 아이들에게는 언제나 기호만 가르친다. 교사는 지리학 수업에서 아이들에게 지구의 경관을 가르치고 있다고 생각하지만, 실제로는 지도에 나오는 여러 도시, 나라, 강의 이름들만 알려 줄 뿐이다. 그래서 아이들은 눈앞에 펼쳐진 종이 위가 아닌 다른 어딘가에 그런 것들이 실제로 존재한다는 사실을 깨닫지 못한다. 나는 어디선가 세상을 판자로 만든 지구본에 비유한 지리학 교과서를 본 적이 있다. 아이에게 지리학은 그런 교과다. 내가 장담컨대, 두 해 동안 꼬박 지구본과 천지학을 공부한 뒤에 자기가 배운 규칙에 따라 파리에서 생 드니까지 길을 잃지 않고 갈 수 있는 열 살짜리 아이는 한 명도 없다. 이것이야말로 베이징, 이스파한, 멕시코, 그 밖의 지구상의 모든 나라가 어디에 있는지 훤히 꿰뚫고 있는 박학다식한 꼬마 박사들의 실정이다.

역사학. 아이들에게 역사를 가르치는 일은 더욱 우스꽝스럽다. 사람들은 역사가 사실을 모아 놓은 것에 지나지 않아 아이들도 충분히 이해할 수 있다고 생각한다. 그러나 '사실'이 의미하는 바는 무엇인가? 역사적 사실을 결정하는 여러 관계는 쉽게 파악할 수 있으므로 아이들은 그에 대한 관념을 어렵지 않게 형성할 수 있다고 주장하는 것일까? 아니면 원인과 결과에 대한 지식 없이도 그 사건을 제대로 알 수 있다고 생각하는 것일까? 만일 역사가 인간의 행동을 단순히 물리적으로만 서술한 것에 불과하다면 그로부터 배울 것은 하나도 없다. 그렇다고 아이들에게 인간의 행위를 도덕적인 관점에서 가르치려니 이번에는 그들이 역사를 배우는 데 적합한 나이인지 아닌지 의문이 생긴다.

아이들의 입에서 '국왕', '황제', '전쟁', '정복', '혁명', '법률'과 같은 말들은 쉽게 나오지만, 이러한 말들에 정확한 관념을 넣어 주려거든, 에밀이 정원사 로베르에게 들었던 것과는 아주 다른 설명이 필요하다.

책으로 공부하지 않는다고 아이의 기억력이 잠자고 있는 것은 아니다. 아이는 보고 듣는 모든 것에 영향을 받고 그것을 기억한다. 아이는 어른들의 행동과 말을 마음속에 기억해 둔다. 아이에게는 주변 세상이 책과 같다. 그 안에서 자기도 모르게 계속해서 기억을 쌓아 간다. 그러다가 아이가 사리 분별을 할 수 있을 때 그로부터 도움을 받는다. 아이의 기억력을 훈련할 때는, 이런 것들을 엄선하고 아이가 알아도 좋은 것들은 언제나 잘 보이는 곳에 두고, 아이가 알아서는 안 되는 것들은 눈에 띄지 않는 곳에 숨겨 둔다. 이런 방법으로 아이 앞날의 교육은 물론 인생살이 전반에 이로운 지식 창고를 만들라.

우화. 에밀은 어떤 것도 강제로 외우지 않는다. 심지어 라퐁텐의 우화처럼 소박하고 매력적인 이야기도 암송하는 일이 없다. 역사를 서술한 언어가 곧 역사는 아닌 것처럼, 우화를 담은 언어가 그 자체로 우화는 아니다. 어째서 사람들은 우화를 아동기의 윤리학으로 치켜세울 만큼 어리석단 말인가? 그들은 진정 재미를 가장한 도덕적 탈선을 묵과할 텐가? 우화는 어른들에게 교훈을 줄 수 있다. 그러나 아이들에게는 진실을 있는 그대로 이야기해야 한다.

나는 아이가 우화를 이해하지 못한다고 생각하는데, 제아무리 간단한 이야기라도 그 안에 담긴 교훈은 아이가 파악할 수 없는 관념을 내포하기 때문이다.

라퐁텐의 우화집에는 어린이다운 소박함이 빛나는 이야기가 대여섯 개쯤 있다. 그중에 〈까마귀와 여우〉가 단연 으뜸이다. 이 우화를 시구별로 분석해 보면 얼마나 아이들에게 부적절한지 쉽게 알 수 있다. 이를테면, "까마귀 님이 앉아 있네, 나무 위에"라는 시구를 살펴보자. 아이들이 실제로 까마귀를 본 적이 있는가? 까마귀가 무엇인지 알기나 할까? 왜 까마귀에 '님'이라는 호칭을 썼을까? 보통의 어순은 "나무 위에 앉아 있네"가 아닌가, 왜 순서를 바꾸었을까? 또, "부리로 치즈를 물고 있네"라는 시구는 어떠한가. 어떤 종류의 치즈를 말하는 것일까? 까마귀가 과연 부리로 치즈를 물고 있을 수 있을까? 이처럼 시구마다 이해하기도 쉽지 않고 도덕적으로도 문제투성이다. 여우의 감언이설에 속은 까마귀는 치즈를 떨어트린다. 아이가 도달한 이야기의 결론은 무엇인가? 아이들이 우화로부터 배우는 것은 사람들의 바람과는 정반대의 도덕적 교훈일 테다. 아이들은 까마귀를 비웃고 여우를 좋아한다.

독서. 이런 식으로 아이들의 일상적인 학습 과제를 하나씩 없애버리다 보면, 아이들을 불행에 빠트리는 주된 원인인 책도 제거하게 된다. 독서는 아동기의 가장 큰 재앙이다. 에밀은 열두 살이 되도록 책이 무엇인지조차 몰라야 한다. 그러나 나도 에밀이 최소한 글은 읽을 줄 알아야 한다고 생각한다. 다만 언젠가 책이 필요할 때 그럴 수 있으면 된다. 그때까지 책은 성가신 훼방꾼에 불과하다.

아이들을 강압적으로 다루어서 얻을 수 있는 것은 하나도 없다. 아이들은 즐거움이든 쓸모든 실제로 지금 자기에게 이롭다고 느끼는 것만 배울 테니까. 그게 아니라면 아이들의 학습 동기를 무엇으로 설명할 수 있겠는가? 그 자리에 없는 사람들과 의견을 주고받는 기술, 그리고 멀리서 직접 우리 자신의 개인적인 느낌과 욕망과 바람을 전해 주는 기술, 이것은 모든 연령대의 사람들에게 분명 쓸모 있는 기술이다. 그런데 어떤 얄궂은 이유에선지 이러한 유익하고 즐거운 기술은 아이들을 무척 괴롭혔다. 왜 그랬을까? 그 기술을 우리가 아이들의 의지와 상관없이 강제로 가르쳤기 때문이고, 아이들에게 아무런 의미도 없는 목적에 사용했기 때문이다.

사람들은 아이들에게 읽기를 가르치는 더 좋은 방법을 찾기 위해 애쓴다. 글자 상자를 고안하고 낱말 카드를 만든다. 아이의 방은 인쇄소를 방불케 한다. 로크는 주사위 놀이를 권했다. 이 모두가 참으로 기발한 방법 아닌가! 그런데 이런 묘안들에 가려 사람들이 알아차리지 못하는 더 확실한 방법이 있다. 바로 아이의 마음에 읽고 싶은 욕망을 불러일으키는 것인데, 그렇게만 할 수 있다면 어떤 장치, 어떤 방법을 사용해도 효과를 볼 수 있다.

눈앞의 이익만큼 확실하고 오래가는 동기도 없다. 가끔 부모, 친지, 친구들로부터 초대장이 도착한다. 에밀을 만찬, 소풍, 뱃놀이, 축제에 초대한다는 내용이다. 이런 초대장은 보통 짧고 간단명료하게 쓰여 있다. 누군가 글자를 모르는 에밀에게 초대장을 읽어 주어야 한다. 그런데 마침 주변에 마땅한 사람이 없거나, 설령 있다고 해도 엊저녁 그 소년의 행실이 마음에 들지 않아 모른 체했다면, 시간은 지나고 기회는 사라진다. 이윽고 그 초대장 내용을 알았을 때는 이미 너무 늦었다. 에밀이 혼자서 글을 읽을 줄 알았다면 얼마나 좋았을까! 얼마 지나지 않아 또 다른 초대장이 배달된다. 이번에는 어떻게든 그것을 읽어 보려고 애쓴다. 마침내 편지 내용을 절반쯤 알게 되었는데, 이를테면 내일 아이스크림을 먹으러 가자는 내용이다. 그런데 어디로, 누구와 함께 간다는 말일까? 에밀이 편지의 나머지 부분을 해독하려고 얼마나 애를 쓰겠는가! 이런 아이에게 글자 상자가 필요할까, 나는 그렇지 않다고 생각한다. 다음은 쓰기 차례인가? 교육론을 쓴답시고 그런 하잘것없는 것만 가지고 조잘거릴 수는 없다.

신체 훈련

내가 세운 계획에 따라 보통의 규칙과는 정반대로 행동하며 아이의 마음을 먼 장소, 먼 시대로 끌고 다니기보다 언제나 지금 여기서 벌어지는 일에 몰두하도록 하라. 머지않아 아이의 마음속에 어떤 것을 지각하고, 기억하고, 심지어 추론하는 능력이 생겨나리라. 이것이 자연의 이치다. 무언가를 또렷이 감지할 때가 되면, 아이는 점차 힘이 세지면서 주변을 식별하는 능력도 함께 좋아진다. 아이의 지력을 기르고 싶거든 아이의 체력부터 기르라. 아이의 몸을 부지런히 단련하라. 아이의 몸을 활기차고 건강하게 만들라. 그러면 아이는 곧 지혜롭고 합리적인 존재로 성장하리라.

몸을 단련할 때도 항상 이래라저래라 간섭하면 아이는 바보가 된다. 신체 훈련이 마음의 작용에 해롭다는 주장은 얼토당토않다. 사람들은 마치 그 두 활동을 병행할 수 없다는 듯이, 언제나 마음이 육체를 지배해야 한다는 식으로 말한다. 몸은 끊임없이 움직이면서 마음의 계발에는 무심한 두 부류의 인간이 있다. 하나는 농부요, 다른 하나는 미개인이다. 농부는 거칠고 세련되지 못하지만, 미개인은 감각이 예민하고 마음이 섬세하다. 이들의 차이는 어디에서 오는 것일까? 농부는 늘 틀에 박힌 삶을 산다. 남이 시키는 대로 하지 않으면, 아버지의 행동을 보았다가 따라 하거나 어릴 때부터 자기가 해 오던 일을 그대로 한다. 그리하여 습관과 복종이 이성을 대신한다. 미개인은 사정이 다르다. 어느 곳에도 정주하지 않으므로 미리 정해 놓은 일이 없다. 누구에게도 복종하지 않고, 자신의 의지대로 삶을 산다. 그래서 매사 스스로 생각하고 행동하지 않을 수 없다. 몸을 단련할수록 마음도 좋아진다. 체력과 지력은 함께 발달하며 서로에게 도움을 준다.

박식한 교사여, 우리 아이들 가운데 누가 미개인을 닮았고 누가 농부를 닮았는가? 당신의 학생은 언제나 권위에 복종하고 지침대로만 일한다. 교사가 학생의 일을 전부 도맡아 생각하는데 학생에게 생각하는 일이 필요하겠는가? 앞일은 교사가 대신 생각해 줄 테니 학생에게는 아무런 걱정도 없다. 학생은 교사의 판단에 의존한다. 스스로는 비가 내리는 것조차 신경 쓰지 않는데, 교사가 대신 하늘을 올려다보기 때문이다. 자기가 알아서 산책을 그만두는 일도 없는데, 교사가 제때 식사 시간을 알려 주지 않을 리 없기 때문이다. 학생이 오금을 놀리지 않아 몸이 물러지면 오성도 제대로 작용하지 않는다. 이런 학생은 어쭙잖은 일에 자신의 이성을 함부로 사용하면서 이성 자체를 하찮은 것으로 여긴다. 나의 학생, 아니 자연의 학생에 대해서 말하자면, 그 아이는 처음부터 자기 일은 자기가

하도록 훈련받았기 때문에 다른 사람에게 도와달라고 말하지 않는다. 자기와 직접 관련된 일은 모두 스스로 판단하고, 예상하고, 추론한다. 비록 세상 물정에는 어두울지 몰라도 자기가 할 일은 무엇이든 알아서 잘 한다. 끊임없이 움직이며 주위를 관찰하고 그 결과를 몸소 확인한다. 자연으로부터 교훈을 얻을 뿐, 인간에게 배우지 않는다. 몸과 마음은 하나가 되어 자기가 생각하는 대로 행동한다. 몸이 튼튼해질수록 판단력도 좋아진다.

감각 훈련

인간 최초의 자연적인 움직임은 주위의 모든 것에 반응하고 그중에 자기와 관련된 다양한 사물들의 감각적인 성질을 조사하는 일이다. 이는 자기 보존을 위한 일종의 실험 물리학이다. 이때 사물이 우리 자신과 맺는 감각적인 관계가 여실히 드러난다. 인간의 오성은 그 질료를 감각을 통해 받아들이므로 이성의 첫 단계는 어디까지나 감각적인 경험에 의존하고, 그로부터 지적인 이성이 발달한다. 우리의 발, 우리의 손, 우리의 눈이 최초의 철학 선생인 셈이다. 감각 경험을 책으로 대신하면 자기 혼자 생각하는 법을 배우지 못한다. 그래서 남의 말을 쉽게 믿고 남의 생각만 가져다 쓴다.

우리 몸속의 여러 기관 중에 감각기관이 가장 먼저 발달한다. 그러나 감각 능력만큼 등한시되는 것도 없다. 감각을 훈련한다는 것은 단순히 감각을 사용하는 일이 아니다. 감각을 사용해 제대로 판단하고 느낄 줄 아는 일이다. 우리는 만지고, 보고, 듣는 방법을 배워야 한다.

판단력과 상관없이 몸만 튼튼하게 만들어 주는 매우 자연스럽고 기계적인 운동이 있다. 수영, 달리기, 뜀뛰기, 팽이치기, 돌 던지기와 같은 신체 활동이다. 그런데 우리는 팔다리만 가지고 있는 것이 아니지 않은가? 눈과 귀도 있지 않은가? 혹여 이런 감각들이 팔다리를 사용할 때 필요하지 않다는 말인가? 그러므로 체력만 단련하지 말고 그것을 안내하는 모든 감각을 훈련하라. 감각 하나하나를 최대한 이용하고, 하나로부터 얻은 인상을 다른 것을 통해 확인하라. 크기를 재고, 수를 세고, 무게를 달고, 결과를 비교하라. 힘을 쓰려거든 그에 따른 반동을 염두에 두라. 언제든 결과를 예측한 뒤에 움직이라. 아이에게 감당할 수 없거나 불필요한 행동은 하지 말라고 가르치라. 무거운 물체를 옮긴다고 가정하자. 너무 긴 지렛대를 사용하면 쓸데없이 힘만 쓴다. 반면에 너무 짧은 지렛대를 사용하면 힘이 부족하다. 아이는 경험을 통해 알맞은 크기의 지렛목을 이용한다.

촉각. 우리가 모든 감각을 똑같이 통제할 수 있는 것은 아니다. 촉각은 우리가 깨어 있는 시간 동안 활발하게 작용한다. 인체 표면에 골고루 퍼져 있으며, 마치 파수꾼처럼 우리 몸에 해를 끼칠 만한 것이라도 있으면 언제든 경고를 멈추지 않는다. 이러한 쉼 없는 작용 때문인지 촉각은 우리가 가장 일찍 경험하는 것이고, 결과적으로 특별히 훈련할 필요도 없다. 그렇기는 하나, 눈이 보이지 않는 사람은 보통 사람보다 훨씬 확실하고 예민한 촉각을 가지고 있다. 아무래도 시각을 통한 사리 분별이 여의치 않으니 촉각에 더욱 의존할 수밖에 없으리라. 그렇다면, 우리도 그들처럼 어둠 속에서 걷고 물체를 식별하는 훈련을 받을 수 있지 않을까? 어차피 우리 인생도 절반은 앞이 보이지 않는 시간이니까. 차이가 있다면, 진짜 앞이 보이지 않는 사람은 언제든 앞을 헤쳐 나갈 수 있지만, 우리는 깜깜한 밤에는 한 발짝도 내디딜 수 없다는 거다. 물론 우리에게는 불이 있지만, 항상 도구가 곁에 있으라는 법도 없다. 개인적으로, 나는 에밀의 손가락 끝에 눈이 달려 있기를 바란다. 당신이 한밤중에 어떤 건물에 갇혀 있다면, 손뼉을 쳐 보라. 그 공간의 울림에 의해 그곳의 넓이를 가늠하고 자신이 지금 한가운데 있는지 구석 쪽에 있는지 감지할 수 있다. 한 지점에 서서 몸을 천천히 한 바퀴 돌려 보라. 어딘가 문이 열려 있으면 그로부터 한 줄기 바람이 불어올 테다. 이와 같은 관찰은 밤중에만 가능한데, 그때는 시각의 도움을 받는다거나 그로 인해 주의가 흐트러지는 일이 없기 때문이다.

밤에 할 수 있는 놀이를 많이 준비하라. 사람들은 원래 어둠을 무서워한다. 이런 공포심이 유모가 들려준 옛날이야기 때문이라고 말하는 것은 억측에 불과하다. 거기에는 자연적인 원인이 있다. 그것은 귀가 들리지 않으면 의심이 많아지고, 몽매한 민중이 미신에 빠지는 것과 같다. 즉 우리 주위에서 일어나는 일에 대한 무지가 원인이다. 눈에 보이는 것이 하나도 없을 때, 주위에 있는 온갖 것들이 언제든 자신에게 해를 끼칠지 모른다고 생각하거나 그로부터 스스로는 무방비 상태라고 여기기 쉽다. 오직 이성만이 그런 상상을 몰아낼 수 있지만, 그보다 강한 본능이 이성과는 전혀 다른 말을 속삭인다. 문제의 원인을 알면 그 해결책도 보인다. 습관이야말로 해로운 상상을 잠재우는 특효약이다. 어떤 사람이 어둠을 무서워한다면, 그 사람과 이러쿵저러쿵 논쟁하지 말라. 그보다 그 사람을 종종 어두운 곳으로 데려가라. 이 방법이 온갖 철학적인 논증보다 훨씬 효과적이다.

촉각은 가장 빈번히 작용하는 감각이지만, 그에 따른 판단은 다른 감각들에 비해 모호하고 불완전한 구석이 있다. 우리가 항상 촉각과 함께 시각을 사용하기 때문인데, 눈으로 먼저 대상을 지각하므로 마음은 거의 언제나 손으로 만져 보지 않고 판단을 내린다. 반면에 촉각에 의한 판단은 손이 닿는 데까지라는 한계는 있어도 가장 확실한 것이어서 다른 감각들의 성급한 판단을 바로잡는다. 이와 같은 방식으로 촉각은 청각에도 도움을 준다. 소리는 그 소리를 내는 물체에 진동을 일으키고, 그것은 촉각으로 느낄 수 있다. 첼로의 동체에 손을 얹으면 눈이나 귀의 도움 없이도 동체의 진동 상태만으로 그 소리가 얼마나 낮은지 높은지, 어느 음역대의 현을 사용하고 있는지 구별할 수 있다. 그 차이를 감지할 수 있을 만큼 우리의 촉각을 훈련한다면, 언젠가는 곡 전체를 손가락으로 들을 수 있으리라. 그렇게 되면 소리를 듣지 못하는 사람과도 음악으로 소통할 수 있다.

시각. 시각은 인간의 모든 감각 중에 그 범위가 가장 넓다. 그래서 오류도 가장 많다. 나머지를 훨씬 능가하는 감각인 데다, 그 작용이 너무 빠르고 광범위해서 다른 감각들을 통해 잘못을 고치기도 어렵다. 이런 까닭에 시각은 훈련 방법을 달리해야 한다. 오롯이 그 감각에만 의존할 것이 아니라 그것을 항상 이중으로 확인하면 좋다. 말하자면, 시각 기관을 촉각 기관에 귀속시킴으로써 시각의 조급함을 촉각의 느긋한 질서 정연함으로 누그러뜨리는 식이다. 그렇게 하지 않으면, 우리의 목측은 정확도가 매우 떨어질 수밖에 없다. 눈으로 한번 슬쩍 보아서는 높이, 길이, 너비, 거리를 정확하게 헤아릴 수 없다. 그것은 시각의 문제라기보다는 우리가 시각을 이용하는 방법이 잘못되었기 때문이다. 그 증거로 기사, 측량사, 건축가, 석공, 화가와 같은 사람들은 눈대중만으로도 우리보다 추정이 확실하고 공간 측정이 정확하다. 그 방면에 종사하면서 우리가 습득할 수 없는 경험을 하였기에 가능하다.

아이들이 거리를 측정하고 추정하면서 흥미를 느낄 만한 방법은 많이 있다. 몇 가지 예를 들어 보자. 여기 썩 높게 자란 벚나무가 있다. 버찌를 따려면 어떻게 해야 할까? 광에 있는 높다란 사다리를 가져와 볼까? 이 넓은 개울은 어떻게 건너야 할까? 안뜰에 있는 널빤지로 양쪽 둑을 연결해 볼까? 창문에서 연못까지 낚싯줄을 늘어뜨려 고기를 잡을 수 있을까? 그러려면 낚싯줄이 얼마나 길어야 할까? 두 나무 사이에 그네를 설치하고 싶다. 3~4미터 높이로 밧줄을 동여매면 괜찮을까? 새로 이사할 집의 방 크기가 23제곱미터 남짓 된다던데, 그 정도면 충분할까? 지금 우리 집 방보다 넓을까? 배가 고프다. 인근 두 마을 중에 어디로 가야 좀 더 빨리 식사를 할 수 있을까?

시각은 우리의 판단 작용과 가장 밀접하게 관련된 감각이다. 보는 눈을 기르려면 오랜 시간이 걸린다. 시각을 촉각과 비교하는 지난한 과정을 겪은 뒤에야 비로소 눈이 전해 주는 형태와 거리를 믿을 수 있다. 손짓, 몸짓 없이는 아무리 날카로운 눈이라도 공간을 가늠할 수 없다. 실지로 걷고, 만지고, 셈하고, 측정하지 않고서는 크기를 알 수 없다. 그렇다고 항상 치수만 재고 있으려니 눈은 도구에 가려 정확하게 보는 법을 익히지 못한다. 나는 에밀이 처음 추정한 값을 실제 측정치와 서로 비교함으로써 자신의 잘못을 바로잡고 시각 능력도 개선되기를 바란다. 사람의 보폭, 팔 길이, 키와 같이 어디서나 통하는 자연의 척도가 있다. 아이는 집의 높이를 측정하면서 가정교사의 키를 척도로 삼을 수 있다. 종루의 높이를 추정할 때는 집이 척도가 된다. 도로의 길이를 알고 싶거든 그 길을 따라 걸은 시간을 헤아려 보라. 이때 아무도 아이를 대신해 그런 일을 해서는 안 된다. 아이가 전부 스스로 해야만 한다.

사물의 부피와 크기를 정확하게 판단하려면 그 형태를 알고 모사까지 할 수 있어야 한다. 이는 곧 원근법을 알아야 한다는 말인데, 원근법을 전혀 모르는 상태에서는 사물의 크기를 겉에서 보고 추정할 수 없다. 아이들은 타고난 모방꾼들로서 무엇이든 그려 보려고 한다. 나의 학생도 모사하는 능력을 기르면 좋겠다고 생각하는데, 그 솜씨가 탐나서가 아니라 정확한 눈과 기민한 손놀림을 익힐 수 있기 때문이다. 그렇다고 아이에게 데생 선생을 딸려 주지는 않을 테다. 그보다 자연을 스승 삼아 주위의 사물을 직접 그리도록 하리라. 눈앞에 사물을 대령하라. 사물을 모사한 종이 쪼가리는 사양하련다. 집을 보면 집을 그릴 테고, 나무를 보며 나무를 그릴 테며, 사람을 보면 사람을 그릴 테다. 그리하여 사물과 그 사물의 외관을 정확하게 관찰하는 일에 익숙해지리라.

물론 나의 학생은 오랫동안 도저히 알아볼 수 없는 것만 마구 그려 댈 테다. 데생 화가처럼 우아한 윤곽과 경쾌한 선은 여간해선 그려 내지 못한다. 어쩌면 아름다운 인상을 전혀 느끼지 못하거나 그림에 취미를 붙이지 못할지도 모른다. 하지만 아이의 눈은 한결 정확해지고, 아이의 손은 한층 정밀해질 것이다. 그뿐인가, 동식물을 비롯한 자연의 모든 사물을 볼 때 원근 효과를 염두에 두면서 크기와 모양의 비율을 정확하게 판단하게 될 것이다. 나는 아이가 사물을 잘 모사하기보다는 그 과정에서 사물을 잘 분간할 수 있기를 바란다.

앞에서 나는 아이들이 기하학을 감당할 수 없다고 말했다. 그런데 그건 어디까지나 교사가 잘못하기 때문이다. 아이들의 방법은 우리의 방법과는 다르다. 우리에게는 머리로 추론하는 능력이 아이들에게는 눈으로 보는 능력에 지나지 않는다. 아이들에게 우리의 방식을 가르치기보다 우리가 아이들의 방식을 사용하는 편이 낫다. 우리가 기하학을 배우는 과정은 추론에 못지않게 상상력을 요구한다. 하나의 명제를 증명하기 위해서는 그와 관련된 기존의 모든 명제를 머릿속에 떠올리면서 그로부터 적절한 것을 찾아야 한다. 이런 식이라면 아무리 주도면밀한 논객이라도 창의적이지 못하면 난관에 봉착한다. 결론적으로 아이들은 스스로 증명하는 방법을 찾지 못하고, 교사는 그 방법을 아이들에게 말로만 설명하고 만다. 교사는 아이들에게 추론하는 방법을 가르치지 않고, 자기가 대신 추론하면서 아이들의 기억력만 연습시킨다. 나와 에밀은 실물 모양의 도형을 몇 개 그린다. 그리고 그것들을 서로 짜 맞추거나 하나를 다른 하나 위에 포개 놓고 적정 비율을 따져 본다. 이런 식으로 관찰을 거듭하다 보면 자연스레 기하학의 기초를 다질 수 있다. 굳이 정의나 예제를 들먹이지 않아도 되고, 겹겹이 쌓인 증거 앞에서 증명의 형식을 문제 삼지도 않는다. 나는 에밀에게 기하학을 가르칠 생각이 없다. 에밀이 나에게 가르쳐 줄 테니까. 나는 무언가를 구하려는 시늉만 한다. 그러면 에밀이 얼른 대신 찾아 준다. 예컨대 나는 컴퍼스를 쓰지 않고 하나의 축을 중심으로 회전하는 실 끝에 연필을 달아 원을 그린다. 그런 다음, 내가 반지름을 서로 비교할 것 같으면 에밀은 웃으면서 그 팽팽히 당겨진 실에 매달린 연필은 언제나 중심축에서 똑같은 거리를 그린다고 일갈한다. 이번에는 내가 60도짜리 각을 잰다. 나는 각의 정점, 즉 꼭짓점을 축으로 완전한 원을 그린 뒤에 그 꼭짓점에 이웃하는 두 변을 잇는 원의 일부가 원둘레의 6분의 1이라는 사실을 알아낸다. 이번에는 똑같은 방식으로 더 큰 원을 그린 다음, 이 두 번째 호도 그 원둘레의 6분의 1이라는 사실을 알아낸다. 이후에도 나는 계속해서 동심원을 그리면서 에밀의 반응을 살핀다. 머지않아 에밀은 나의 어리석은 행동을 나무라듯, 각의 크기가 같으면 그 호는 크건 작건 원둘레의 6분의 1이라고 나에게 가르쳐 준다. 이제 우리는 각도기를 사용할 수 있다.

사람들은 도형을 정확히 그리는 일은 등한시하고 오로지 증명에만 열중한다. 그러나 나와 에밀에게는 선을 똑바로 정확하고 균등하게 그리는 일과, 완전한 정사각형과 아주 동그란 원을 그리는 일이 가장 중요하다. 도형이 정확한지 아닌지를 검증하려면 그 도형의 명시적 특성을 꼼꼼히 살펴야 한다. 이를테면 원을 지름에 따라 접어 두 개의 반원을 만들고 정사각형을 대각선으로 접어 양분한다. 그렇게 만든 두 도형을 서로 비교하면서 어느 쪽 도형의 가장자리가 더 정확하게 맞는지 확인한다. 나아가 평행사변형, 사다리꼴과 같은 도형도 언제나 이런 식으로 등분할 수 있는지 알아본다. 때론 그 예상치를 머릿속으로만 그려 본다. 나의 학생에게 기하학은 자와 컴퍼스를 능숙하게 다루는 기술에 불과하다.

청각. 앞에서 시각과 촉각에 대해 말했던 이야기는 다른 감각 훈련에도 본보기로 삼을 만하다. 앞에서 시각을 촉각과 비교했다면, 이번에는 같은 방식으로 시각을 청각과 비교해 보자. 하나의 물체에서 동시에 생기는 두 가지 인상 중 어느 쪽이 빨리 그 감관(感官)에 도달하는지 알아보는 식이다. 대포 불꽃을 보았을 때는 아직 도망갈 시간이 있다. 그러나 대포 소리를 들었을 때는 이미 늦었다. 탄환도 함께 도착했을 테니까. 얼마나 멀리서 천둥이 발생했는지 알고 싶거든, 번개가 치고 얼마 뒤에 우렛소리가 들렸는지 확인하면 된다. 이러한 모든 현상을 아이는 직접 경험을 통해 배우고, 그것이 여의치 않을 때는 추론을 통해 알아내야 한다. 그러나 당신들이 그런 것을 말로 알려 줄 것 같으면, 아이는 차라리 아무것도 모르는 편이 낫다.

우리는 청각에 상응하는 하나의 기관을 가지고 있다. 바로 발성이다. 그러나 시각에는 그런 것이 없다. 청각은 능동적인 기관과 수동적인 기관의 합동 훈련을 통해 발달한다.

사람은 세 종류의 소리를 낸다. 말하는 소리, 노래하는 소리, 표현하는 소리다. 그중 마지막은 정념의 언어로서 앞의 두 소리에 활력을 불어넣는다. 아이도 세 종류의 소리를 모두 내지만, 어른처럼 그것들을 조합하지는 못한다. 아름다운 음악 소리야말로 이들 세 가지 소리를 가장 잘 결합한 것이지만, 그런 음악적인 능력이 아이들에게는 없다. 그뿐인가. 아이들의 노랫소리에는 영혼이 실려 있지 않고, 그들의 말소리에는 감정 표현이 빠져 있다. 에밀은 더욱 단조롭고 무미건조하게 이야기할 텐데, 우리 학생의 정념은 휴면기에 있기 때문이다. 그런 아이에게 비극이나 희극풍의 배역을 맡겨서는 안 된다. 당연히 감성에 호소하는 연설도 가르치지 말라. 자기가 이해하지 못하는 것들을 어떻게 토로할 수 있으며, 자기가 경험한 적이 없는 감정을 어떻게 표현할 수 있겠는가.

에밀에게 가르치길, 단순하고 명료하게 말하고, 조음을 잘하고, 정확하고 꾸밈없이 발음하고, 적절한 말투를 찾아 연습하고, 상대방이 잘 알아들을 수 있는 음량으로 말하도록 하라. 노래할 때도 마찬가지다. 소리는 바르고 고르게 잘 울려 퍼지는 것이 좋고, 귀로는 박자와 화음을 쫓는다. 모방풍의 극적인 음악은 이 연령대에 적합하지 않다. 가사가 있는 노래도 바람직하지 않다. 굳이 가사가 필요하다면, 아이의 흥미와 수준을 고려해 내가 직접 노랫말을 만들어 주리라.

나는 읽고 쓰는 것 못지않게 악보 읽는 것도 서둘러 가르치고 싶지 않다. 아이가 상투적인 음악 부호를 배우는 일은 급하지 않다. 그런데 문제가 하나 있다. 언뜻 보기에 음표를 잘 몰라도 노래를 부르는 데 지장이 없을 것 같다. 글자를 꼭 알아야 말을 할 수 있는 것은 아닐 테니까. 그러나 그 둘 사이에는 분명 차이가 있다. 우리는 말을 할 때 자기 생각을 표현한다. 반면에 노래를 부를 때는 주로 타인의 생각을 표현한다. 그렇기에 우리는 읽을 줄 알아야 한다. 그러나 우선은 듣기가 읽기를 대신한다. 노래는 눈보다 귀를 통해 더 잘 배운다. 그 이상으로 음악을 배우고 싶거든, 노래를 부르지만 말고 직접 만들어야 한다. 이 두 과정을 함께 공부하지 않고서는 음악을 제대로 알 수 없다. 먼저 당신의 어린 음악가에게 규칙적인 운율의 악구를 여럿 만들게 하라. 이어 그런 악구들을 매우 쉬운 조바꿈을 이용해 서로 연결한 뒤에 그것들 간의 서로 다른 관계를 정확한 구두법으로, 종지와 휴지의 적절한 선택을 통해 보여 주라. 무엇보다 광적인 선율은 피하고, 애처롭거나 감정을 쥐어짜는 가락도 사양이다. 나는 단순한 멜로디로 안정적인 저음을 잘 표현하여 아이가 쉽게 알아듣고 따라 할 수 있으면 좋겠다. 아이의 소리와 듣기를 훈련하기 위해서는 언제나 클라브생의 반주에 맞춰 노래해야 하기 때문이다.

미각. 일반적으로 우리는 다른 어떤 감각들보다도 미각의 영향을 가장 크게 받는다. 세상에는 촉각, 청각, 시각을 통해 감지할 수 없는 것이 무수히 많다. 그러나 미각에 반응하지 않는 것은 거의 없다. 게다가 맛을 느끼는 작용은 전적으로 육체적이고 물질적이다. 이 감각만이 전혀 상상력에 호소하지 않는다. 이런 까닭에 사람들은 미각을 다른 감각들보다 열등한 것으로 여기고, 맛에 대한 우리의 취향을 저급한 것으로 치부한다. 그러나 내가 내린 결론은 정반대다. 나는 입맛을 통해서 아이들을 가장 잘 다룰 수 있다고 생각한다. 식탐이 허영심보다 훨씬 낫다. 식탐은 감각과 직접 관련된 자연적인 욕구다. 반면에 허영심은 인습의 산물로서 사람들의 변덕에 좌우되고 각종 오남용에 시달린다. 식탐은 아동기의 열정에 지나지 않는다. 어른이 되면 자연히 수그러든다. 그보다 강렬한 열정들이 음식에 대한 욕구를 대신한다. 반면에 허영심은 그런 강렬한 열정들로부터 생겨나서 이윽고 그것들을 모두 삼켜버린다.

나는 이런 저열한 동기를 무분별하게 이용하지 않으려다. 맛있는 음식 운운하며 바르게 행동하는 자긍심을 훼손하지도 않으리라. 다만 아이 때는 누구나 즐겁게 뛰놀고 하니까 그런 무해한 몸놀림에 물질적인 보상을 불허할 이유는 없다. 만일 마요르카섬의 아이가 나무 위에 있는 바구니를 보고 돌팔매질을 하여 떨어뜨렸다면, 그 아이가 바구니에 담긴 음식을 먹으면서 자신의 소모한 체력을 보충하는 일은 정당하지 않을까? 맛있는 음식을 포상이 아니라, 때때로 그것을 손에 넣으려는 노력의 결과로 제공하지 않을 이유는 없다. 에밀은 내가 돌 위에 놓은 케이크를,

자기가 달리기를 잘해서 받는 상이라고 여기지 않는다. 그저 케이크를 먹고 싶어서 다른 아이들보다 돌이 있는 곳까지 먼저 내달렸을 뿐이다.

아이들에게 소박한 식습관을 길러 주고 싶은가. 아이들이 좋을 대로 먹고 마음대로 뛰놀도록 내버려두라. 그래야만 과식을 삼가고 소화불량에도 걸리지 않는다. 만일 아이들이 줄곧 배고픔을 느낀다면, 그들은 곧 당신의 눈을 피해 허기를 채울 테고 이윽고 배가 터질 때까지 음식을 먹는다. 식욕을 억제하지 못하는 것은 자연의 규칙을 따르지 않기 때문이다. 농가에서는 부엌 찬장도 과일 창고도 언제나 열려 있지만, 아이와 어른 누구 하나 소화불량으로 고생하지 않는다.

후각. 후각과 미각의 관계는 시각과 촉각의 관계와 같다. 후각이 미각보다 먼저 작용하면서 이런저런 물질이 미각에 어떤 영향을 미치는지 경고한다. 내가 전해 듣기로, 미개인은 후각 작용이 우리와 같지 않아 좋은 냄새와 나쁜 냄새를 완전히 다른 식으로 판단한다. 꽤 그럴듯한 말이다. 냄새 그 자체는 미미한 감각이다. 냄새는 감각보다 상상력을 자극하고, 그것이 불러일으키는 상념을 통해 영향을 미친다. 이런 까닭에 후각은 아동기에 그다지 왕성하게 작용하지 않는다. 어릴 때는 상상력이 아직 정념에 이끌려 감정에 사로잡히거나 하지 않는다. 그리고 경험이 일천하여 하나의 감각이 감지하는 것을 다른 감각이 미리 알아차리지도 못한다. 그렇다고 아이들의 감각이 어른들처럼 예민하지 않다는 말은 아니다. 다만 감각과 연관된 관념의 부재로 인해 좋다거나 나쁘다거나 하는 감정이 잘 생겨나지 않을 뿐이다. 나는 냄새로 먹잇감을 찾아내는 사냥개처럼 아이들도 후각을 통해 음식을 알아맞히는 훈련을 한다면, 아이들의 후각도 사냥개만큼이나 발달할 수 있다고 생각한다. 그러나 후각이 미각과 어떤 관계에 있는지를 아이들에게 가르쳐 주었을 때 비로소 이 감각의 진면목을 알 수 있다.

에밀, 열두 살이 되다

지금까지 내가 자연의 방법을 충실히 따랐다면, 우리의 학생은 감각의 영역을 지나 초보적인 이성의 문턱에 다다랐을 테다. 그 너머로 내딛는 첫걸음은 아이를 어른의 세계로 인도하리라. 그러나 이 새로운 길로 접어들기 전에, 잠시 우리가 지나온 길을 되돌아보자. 인생의 각 시기는 그 연령대에 적합한 완벽함과 성숙함을 가지고 있다. 사람들은 종종 '완전한 어른'에 대해 말한다. 그러나 나는 '완전한 아이'에 대해 생각해 보련다. 이 개념은 다소 낯설지만, 그래도 제법 마음에 들 만하다.

열 살에서 열두 살 정도의 건강하고 튼튼하며 그 연령대에 맞게 잘 자란 아이가 있다면, 그 아이의 현재를 생각하든 미래를 생각하든 나는 마냥 기쁠 테다. 내가 보기에 그 아이는 생기와 활력이 넘친다. 아무런 근심 없이 오롯이 현재에만 몰두하여 생명의 충만함이 가득하다. 앞으로 이 아이의 감각, 마음, 능력은 나날이 발달하여 그때마다 새로운 모습을 보인다. 아이일 때는 아이로서 보고 기뻐하고, 어른이 되었을 때는 어른으로서 보고 기뻐할 일이다. 그의 뜨거운 피가 나의 피를 데워 주는 듯하다. 마치 내가 그의 삶을 살고 있다는 기분이 들고, 그의 쾌활함에 나는 다시 젊어진다.

시간을 알리는 종이 울리자 모든 것이 바뀐다. 순식간에 아이의 눈은 흐리멍덩해지고 쾌활함은 사라진다. 유쾌한 웃음소리도 더는 들리지 않고 천진스러운 놀이도 안녕을 고한다. 엄하고 냉랭한 교사가 아이를 데려가면서 엄숙한 어조로 '자아, 수업 시간이 되었어요'라고 말한다. 그들은 책만 잔뜩 있는 방으로 들어간다. 책뿐이라고! 어린 아이의 마음을 이보다 우울하게 만드는 광경도 없다. 아이는 말없이 끌려가면서 주위를 원망 섞인 눈길로 바라본다. 눈에는 눈물이 그득하지만, 감히 울지 못한다. 가슴에는 온통 비애뿐이지만, 감히 한숨도 쉬지 못한다.

나의 행복한 학생이여, 이리 와서 저 불행한 소년의 처지를 위로해 주렴. 그러자 에밀이 다가온다. 그 모습에 나는 기쁨을 감출 수 없다. 아마 에밀도 그러하리라. 자기와 함께 놀아 줄 친구와 동료가 있는 곳으로 왔을 테니까. 그의 용모, 태도, 표정에는 확신과 만족감이 묻어난다. 얼굴빛은 건강하고, 자신 있는 발걸음에는 힘이 넘친다. 안색은 은은하되 연약하지 않다. 태양과 바람에 의해 남성의 풍모를 갖추기 시작했건만, 아직 정념의 불꽃이 타오른 적 없는 두 눈은 태고의 평정을 간직하고 있다. 행동거지는 개방적이고 자유롭다. 무례하게 굴지도 않고, 허영심에 사로잡혀 있지도 않다.

에밀의 머릿속에 들어 있는 관념은 몇 개뿐이지만 정확하다. 암기를 통해 지식을 얻지 않는다. 그보다 경험을 통해 많은 것을 알고 있다. 다른 아이들처럼 능숙하게 책을 읽지 못하지만, 자연이라는 책은 훨씬 잘 읽을 수 있다. 혀로만 나불대기보다 머리로 생각한다. 기억하고 있는 것은 별로 없어도 사리 분별은 잘한다. 한 나라의 말밖에 할 줄 몰라도, 자기가 무슨 말을 하고 있는지 이해한다. 다른 아이들만큼 말솜씨야 좋지 않겠지만, 그래도 그들보다 행동은 훨씬 낫다.

에밀은 인습, 격식, 관례에 얽매이지 않는다. 어제 했던 일이 오늘 하는 일에 조금도 영향을 끼치지 않는다. 정형화된 규칙이라고 무조건 따르지 않고, 권위나 선례에 굴하지도 않는다. 자기에게 적합한 행동과 말만 한다. 이런 아이한테서 미사여구나 꾸민 듯한 태도를 바라는 것은 어불성설이다. 에밀은 자기가 알고 있는 것만을 충실히 표현하고, 자기 성향에 따라 행동할 뿐이다.

에밀은 자기 현재 상황과 관련해 약간의 도덕적 개념을 가지고 있다. 그러나 그가 관여해 본 적이 없는 어른들의 세상(사회)에 대해서는 아무것도 모른다. 그 아이에게 자유, 재산, 계약에 관한 이야기는 들려주어도 무방하다. 거기까지는 이해할 수 있을 테니까. 그러나 의무와 복종에 대해서는 아는 것이 없다. 무언가 명령을 내려도 본체만체한다. 그러나 당신이 "애야, 네가 이번에 내 부탁을 들어준다면, 다음번에는 내가 그렇게 하마"라는 식으로 말한다면 아이는 바로 당신의 바람대로 움직일 테다. 아이는 도움이 필요하면 그게 누구든 상관없이 바로 옆에 있는 사람에게 부탁한다. 그 사람이 부탁을 들어주면 아이는 고맙다고 생각하기보다 그에게 빚을 졌다고 느낀다. 설령 거절을 당했어도 아이는 서운해하거나 고집을 피우지 않는다. 그냥 "그 일은 원래 할 수 없었어"라고 덤덤히 말한다. 그게 순리라면, 그것을 어길 어떤 이유도 없을 테니까.

에밀에게는 일과 놀이의 경계가 불분명하다. 놀이가 곧 일이다. 그 둘 사이에 아무런 차이도 없다. 매사 즐겁고 자유분방하게 뛰논다. 한 귀여운 아이가 거리낌 없는 쾌활한 얼굴로 무언가를 열심히 하거나 어른들이 보기에는 아주 하찮은 놀이에 열중해 있는 모습, 이 얼마나 멋진 광경인가.

지금까지 에밀은 아이답게 지냈다. 이제 아동기의 끝자락에 이르렀다. 그간 이룬 성과는 그 아이의 행복을 희생한 대가가 아니다. 그는 나이에 맞는 이성을 습득했고, 그 과정에서 자연이 허락한 만큼 자유롭고 행복하게 살았다. 설령 운명의 낫이 우리의 희망의 꽃을 베어 간들, 우리는 그의 삶과 죽음을 비통해하지 않으리. 우리가 그 아이에게 주었던 고통의 기억으로 슬퍼하지도 않으리. 그저 말하리라, 그래도, 그 아이는 자신의 아동기를 즐겁게 보냈고, 우리는 자연이 그에게 부여한 것을 아무것도 빼앗지 않았다고.

제3부
전(前) 청소년기

머리말

 루소에 따르자면, 열두 살이 지나고도 한동안은 아동기에 속한다. 에밀은 아직 사춘기로 들어서지 않았다. 그러나 육체적으로 힘이 세지면서 새로운 변화가 일어난다. 생애 처음으로 필요를 충족하고 남을 만한 힘이 생긴다. 그리고 지금까지 주로 육체적인 영역에 머물렀던 활동 욕구가 정신적인 영역까지 확대된다. 집중력이 눈에 띄게 좋아진다. 사고는 여전히 감각적인 사실에 근거하지만, 전적으로 감각 작용에만 의존하지 않는다. 한 번에 한 가지 이상을 마음속에 그릴 수 있고, 나아가 자신의 경험에 비추어 현상을 비교하고 추리할 수 있다. 그 결과, 미래를 내다보고 예견할 수 있다. 아직 미학적 · 도덕적인 통찰은 부족하고, 사회적인 관계도 제대로 이해하지 못한다. 그러나 이제 사물의 쓰임새를 이해할 수 있고, 사회 구성원들이 노동 분화라는 이름으로 서로 돕는 행태를 이해할 수 있다. 또한 왜 노동을 해야만 하는지 스스로 깨닫는다. 노동은 하고 싶지 않은 일을 하는 것이지만, 그로 인해 미래의 더 큰 폐단을 막을 수 있다고 여긴다.

 이러한 새로운 이해에 상응하는 이상적인 사회의 모습은 로빈슨 크루소의 이야기로 구체화된다. 이 고독한 자기충족적인 사람은 자신의 능력을 십분 활용해 섬 생활의 난관을 스스로 극복한다. 에밀의 섬은 세상이다. 그는 세상을 탐구하는 일에 전념하고, 자기가 여태껏 배웠던 것을 이용해 어떤 분야에서건 솜씨 좋은 장인이 된다. 이제부터 본격적으로 공부를 시작한다. 과학과 수공업을 주로 배운다. 예술, 역사, 문학, 사회과학, 종교 등을 학습하는 데는 아직 정신적으로 제약이 따른다.

아동기의 세 번째 단계

청소년기에 이르기까지 인생은 전체적으로 쇠약한 시기이지만, 그 기간 안에 아이의 힘이 필요를 능가하는 때가 있다. 여전히 성장 과정에 있는 미약한 존재가 상대적으로 강해진다. 아이가 가진 힘만으로도 현재의 필요를 충족하고 남는다. 어른으로서는 지극히 약한 존재일지라도 아이로서는 매우 강한 존재다. 이것이 유년기의 세 번째 단계다. 달리 표현할 적당한 말이 없어 그냥 아동기로 통칭한다. 이 시기는 청소년기에 가까우나 아직 사춘기는 아니다.

열두세 살쯤에는 아이의 힘이 그의 필요보다 훨씬 빠르게 증가한다. (성욕처럼) 아주 강렬한 욕구는 아직 깨어나지 않았다. 아이는 혹독한 날씨와 계절을 아무렇지도 않은 듯 견딘다. 아이의 체온이 올라가면서 옷차림은 가벼워진다. 식욕이 조미료를 대신하고, 음식은 무엇이든 맛있게 먹는다. 피곤하면 땅바닥에 누워 잠을 잔다. 가상의 욕망에 사로잡혀 괴로워하지 않는다. 남들이 어떻게 생각하든 개의치 않는다. 자기 일은 자기가 할 수 있고, 자신의 필요를 충족하고도 남을 만한 힘이 있다. 이 시기는 인생에서 가장 소중한 시간이고 단 한 번밖에 찾아오지 않는다. 또 매우 짧은 만큼, 이 기간을 알차게 보내는 일이 무엇보다 중요하다. 이때야말로 일하고 배우고 공부할 시간대라고 자연은 넌지시 일러 준다.

인간의 지적인 능력에는 한계가 있다. 사람은 모든 것을 알 수 없다. 그뿐인가, 다른 사람들이 알고 있는 적은 양의 지식조차 완전히 이해할 수 없다. 그러므로 학습의 적기를 선택해야 함은 물론 학습 내용도 엄선해야 한다. 우리의 지식 중에 일부는 잘못된 것이고, 일부는 쓸모없는 것이고, 일부는 허영심만 부추길 뿐이다. 지혜로운 사람은 행복한 삶에 이바지하는 소수의 지식만을 공부한다. 장차 지혜로운 사람으로 성장해야 하는 아이도 그래야만 한다. 모든 것을 아는 것보다, 쓸모 있는 것을 아는 것이 중요하다. 이때 아이에게 오성의 작용을 강제하는 인간관계에 대한 지식은 제외하기로 한다. 아이에게는 아직 그만한 능력이 없다.

이러한 유용성의 관점에서 우리의 마음속에 선과 악을 구별하는 도덕적인 관념이 어떻게 자리를 잡는지 지켜보자. 지금까지는 아이의 교육에서 필연의 법칙밖에 몰랐는데, 앞으로는 유용한 것에 관심을 가져야 한다. 그러면 머지않아 적합하고 좋은 것이 뒤따른다.

인간의 다양한 능력을 자극하는 본능도 매한가지다. 몸의 발달을 추구하는 육체적 활동에 이어, 배움을 갈망하는 마음의 활동이 나타난다. 아이들은 처음에 잠시도 가만히 있지 못한다. 그러다가 차츰 그들에게 호기심이 싹튼다.

이 호기심이야말로 바르게 인도할 수 있으면 현 단계에서 발달의 원동력이 된다. 언제나 자연에서 비롯되는 욕구와 타인의 시선을 염려하는 욕망을 구별하자. 지식욕은 박식한 사람으로 대접받고 싶은 욕망에 기인하기도 하고, 흥미 있는 것을 알고 싶은 자연적인 호기심에서 비롯되기도 한다. 행복은 인간 본유의 욕망인데, 그것을 완전하게 충족할 수 없어서 인간은 끊임없이 새로운 수단을 강구한다. 이것이 호기심의 근원이다. 호기심은 인간의 타고난 속성이지만, 그 정도는 우리의 정념과 지성의 발달에 비례한다. 만일 한 명의 과학자가 자신의 실험 기구와 책만 가지고 외딴섬에 고립된 채 그곳에서 여생을 혼자 보내야 한다면, 그 과학자는 더는 태양계와 인력의 법칙, 또는 미분법 등으로 골머리를 앓지 않을 테다. 책 따위는 아예 거들떠보지도 않고, 앞으로 자기가 살아갈 섬을 구석구석 탐험할 뿐이다.

에밀의 학문 연구

인류의 섬은 지구다. 그리고 우리 눈에 가장 잘 보이는 물체는 태양이다. 우리 자신에게서 벗어나기 시작하면 자연스레 지구의 땅덩어리와 태양이 시야에 들어온다.

참으로 급작스러운 변화라고 사람들은 말한다. 조금 전

까지도 우리를 직접 둘러싸고 있는 것만 문제 삼지 않았던가. 그런데 갑자기 둥근 지구를 헤집고 다니고 우주의 경계까지 시계가 확장된다. 이러한 변화는 우리의 힘이 강해지고 정신이 새로운 국면으로 접어들었다는 방증이다. 우리는 약하고 부족한 상태에서는 자기 보존을 위해 내부에 집중한다. 그런데 지금처럼 힘과 능력이 생긴다면 더 넓은 세상에 대한 욕망에서 우리 자신을 밖으로 끌어내 우리의 시선이 미치는 곳까지 멀리 데려간다. 그러나 지적인 세계에 대해서는 아직 알지 못하므로, 눈에 보이는 만큼 사고하고, 그 범위 안에서만 오성이 발달한다.

우리의 감각을 관념으로 바꾸자. 그렇다고 갑자기 감각적인 것에서 지적인 것으로 건너뛰지는 말자. 감각적인 것을 통하지 않고서는 지적인 것에 도달할 수 없을 테니까. 이성이 깨어날 즈음에는 감각의 안내를 따르는 편이 좋다. 세상이라는 책 안에서 사실만을 가르치라. 책만 읽는 아이는 생각할 줄 모른다. 그냥 읽기만 한다. 당연히 글자만 익힐 뿐, 지식은 얻지 못한다.

아이에게 자연 현상을 관찰하도록 하라. 그러면 곧 호기심이 발동하리라. 그러나 조심하라, 서둘러 이 호기심을 충족하려다가는 그것을 길러 주기는커녕 역효과만 부른다. 그보다 아이에게 질문을 던지고 문제를 스스로 해결하도록 하라. 무엇이든 아이는 당신이 말해 주어서가 아니라 혼자 궁리한 끝에 알아야만 한다. 아이의 머릿속에 학문적인 지식을 넣어 줄 것이 아니라 아기가 스스로 그것을 발견하도록 하라. 그러지 않고, 권위가 이성의 자리를 차지한다면 아이는 생각하는 일을 멈추고 남들의 생각에 이리저리 놀아날 뿐이다.

이 아이에게 지리학을 가르칠 요량으로 지구본, 천구의, 지도 등을 가져왔다고 하자. 참으로 용의주도한 준비 아닌가? 그런데 어째서 모두가 대용품이어야 하는가? 처음부터 아이에게 사물 자체를 보여 주면, 적어도 지금 무엇에 관한 이야기라는 것쯤은 아이도 알 수 있지 않을까?

어느 맑은 날 저녁, 우리는 태양이 지는 모습을 똑똑히 볼 수 있는 지평선으로 산책을 나간다. 그리고 태양이 사라지는 지점을 잘 보아 둔다. 이튿날, 태양이 뜨기 전에 우리는 상쾌한 아침 공기를 마시며 그 장소를 다시 찾는다. 태양이 찬란한 빛을 뿜으며 솟아나려 한다. 아침놀이 장관이다. 동쪽 하늘은 붉게 물든다. 언제든 태양이 모습을 드러낼 기세다. 마침내 태양이 떠오른다. 빛나는 한 점이 광채를 뿜자 주변이 순식간에 환해진다. 어둠의 장막이 걷히고 세상은 본연의 아름다움을 되찾는다. 간밤에 초록은 싱그러워지고, 거기에 금빛을 머금은 새벽이슬이 영롱함을 뽐낸다. 새들은 하나둘 모여들어 생명의 아버지를 찬양하는 노래를 부른다. 이 모든 것에서 영혼에까지 달하는 상쾌함이 느껴진다. 짧고도 심금을 울리는 반 시간 남짓 황홀경이다.

열의에 찬 교사는 자신이 받은 감동을 아이에게 고스란히 전해 주고 싶다. 그래서 자신의 마음을 움직인 감각을 마중물 삼아 아이의 마음을 움직이려 한다. 참으로 어리석은 생각이다. 자연의 장대한 광경은 사람의 마음속에 있다. 그러한 광경은 보기 전에 느끼는 것이다. 아이는 이런저런 대상들을 감지할 수 있지만, 그것들을 서로 관련지어 생각하지 못하고, 또 그것들 상호 간의 조화로운 선율도 듣지 못한다. 이런 개별 감각들의 작용으로부터 생겨나는 복합적인 인상은 아이가 여태껏 느끼지 못했던 감정상의 경험을 요한다.

아이가 이해할 수 없는 것은 절대 입 밖에 내지 말라. 묘사, 웅변, 비유, 시 따위는 금물이다. 아직은 감정과 기호를 운운할 단계가 아니다. 지금까지 그러했던 것처럼 명확하고 직접적이고 담담하게 이야기하라. 머지않아 다른 어조로 말할 때가 올 테니까.

적당할 때 아이에게 사물을 보여 주라. 아이의 호기심이 동하면 간단한 질문을 몇 개 던지고 그가 스스로 답을 구하도록 하라. 지금처럼 당신과 아이가 일출 장면을 함께 목격한 경우에는, 아이의 주의를 그 주변 산자락이나 인근 사물들로 돌리라. 아이가 자기 눈에 들어온 것들에 대해 자유롭게 이야기하도록 하라. 당신은 잠시 꿈이라도 꾸고 있는 것처럼 아무 말도 하지 않고 있다가 이렇게 말한다. "나는 엊저녁 저기로 넘어간 태양과 오늘 아침 이곳에서 다시 떠오른 태양을 생각하고 있단다. 이런 일이 도대체 어떻게 일어나는 것일까?" 그 이상의 말은 필요 없다. 아이가 무엇인가를 물어 와도 일절 대꾸하지 말라. 아이를 혼자 내버려두라. 그래야만 그는 생각이라는 것을 한다.

아이가 감각 경험을 통해 진리에 도달하려면 며칠 동안 스스로 궁리하는 시간을 가져야 하는데, 그러고도 잘 알지 못한다면 그에게 도움이 되는 더 확실한 방법이 있다. 바로 문제를 거꾸로 뒤집어 생각해 보는 것이다. 아이는 태양이 지고 나서 어떻게 다시 떠오르는지 모를 수 있지만, 적어도 태양이 떠오른 다음 어떻게 다시 지는지는 알고 있다. 그것은 눈으로 보면 알 수 있으니까. 당신의 학생이 바보가 아니라면 그 사태를 역으로 유추할 수 있다. 이런 식으로 아이는 천지학 수업을 시작한다.

감각적인 관념은 하나씩 천천히 익혀 나가야 한다. 아이는 하나의 관념에 익숙해진 뒤에 다른 관념으로 옮겨 가야 한다. 아이의 주의를 강제로 끌지 말라. 방금 말한 첫 번째 수업으로부터 태양의 궤도나 지구의 형상을 제대로 알기까지 갈 길이 멀다. 그러나 천체의 운동은 외관적으로 언제나 동일한 원리를 따르고 첫 번째 관찰이 다른 모든 관찰을 차례대로 인도하므로, 지구의 자전에서부터 일식을 계산하는 것이 낮과 밤을 완전히 이해하는 것보다 시간은 오래 걸려도 그만큼 힘든 일은 아니다.

학문을 연구할 때 분석과 종합 중 어떤 방법을 따라야 하는가? 이 문제에 대해 사람들은 논쟁을 벌인다. 그러나 그중 어느 하나를 반드시 선택할 필요는 없다. 때로는 한 조사 과정에서 분석과 종합의 방법을 모두 사용할 수 있다. 그러므로 아이가 분석에만 열심일 때도 이런 식의 교육은 가능하다. 그 두 가지 방법을 동시에 사용하다 보면, 하나가 다른 하나의 결과를 확인해 준다. 서로 반대되는 두 지점에서 출발하였지만 같은 길을 걷고 있는지는 모르는 아이가 나중에 그것들이 한 지점에서 만나는 것을 목격하면 무척 놀랍고도 유쾌할 것이다. 예컨대 나는 지리학을 이런 상반되는 측면들로부터 접근하고 싶다. 그래서 지구의 공전을 연구하는 동시에 지구 각 부분을 조사하고 싶다. 물론 그 시작점은 아이가 사는 곳이다. 아이는 천구를 연구하고 천상계를 넘나들겠지만, 이런 그의 마음을 지상으로 끌어내려 먼저 자신이 사는 장소를 보여 주라.

아이의 지리학 수업이 시작하는 두 출발점은 그가 사는 마을과 아버지의 시골집이다. 차츰 그 두 지점 사이에 있는 장소들, 가까운 곳에 있는 강들, 그리고 마지막으로 방향을 알려 주는 태양의 위치가 눈에 들어 온다. 그로부터 아이는 모든 지점을 유추한다. 아이는 자기만의 지도를 그려야 한다. 그것은 아주 간단한 지도로서, 처음에는 단 두 지점만 표시되어 있다. 그러다가 아이가 다른 지점들의 위치를 알게 되고 그것들까지의 거리를 추정하면서 지도에 그려 넣는 장소들도 점차 늘어난다. 여기서도 아이의 목측 능력은 참으로 유용하다.

그렇지만 아이를 여전히 조금 도와줄 필요는 있다. 물론 그것은 눈에 띄지 않을 정도로 미미한 수준이어야 한다. 아이가 틀린 부분이 있어도 대신 고쳐 주지 말라. 아이가 알아서 보고 고칠 때까지 아무 말도 하지 말라. 기껏해야 정황만 일러 주고, 아이가 스스로 사태를 파악하도록 하라. 아이는 실수를 통해 제대로 배운다. 항상 중요한 것은 아이가 지형을 정확히 아는 것이 아니라, 혼자서 필요한 정보를 얻을 수 있느냐는 것이다. 아이의 머릿속에 지도가 들어 있는지 아닌지는 아무래도 좋다. 지도가 나타내는 것을 이해하고, 그것을 올바르게 그릴 수만 있으면 된다.

나의 방법에서 가장 중요한 원칙은 아이에게 많은 것을 가르치는 것이 아니다. 아이가 자신의 머릿속에 명료하고 정확한 관념을 형성하는 것이다. 아이가 제대로 생각할 줄만 안다면 아는 것이 하나도 없어도 괜찮다. 내가 아이에게 진리를 가르치려는 것은 그 자리를 대신 차지하려는 오류로부터 아이를 보호하기 위해서다. 이성과 판단력은 천천히 걸어오는 반면에, 편견은 떼를 지어 몰려온다. 그런 편견으로부터 아이를 보호할 필요가 있다.

어릴 때는 시간이 많았다. 그때는 시간이 빨리 흘러가기만을 바랐다. 나쁜 일에 시간을 허비하고 싶지 않았기 때문이다. 그런데 지금은 완전히 반대다. 쓸모 있는 것들을 가르칠 시간이 충분하지 못하다. 정념이 가까이에 와 있고, 혹여나 대문이라도 두드릴 것 같으면, 당신의 학생은 다른 것들은 전혀 아랑곳하지 않을 테다. 지성의 평온한 시절은 너무나도 빨리 지나가 버리고, 이 짧은 시기에 할 일은 너무나도 많다. 그러므로 아이의 머릿속에 지식만 잔뜩 넣어 주면 그만이라는 생각은 집어치우라. 아이에게 학문을 가르치는 것이 문제가 아니다. 아이가 학문을 좋아하고, 그런 취향이 무르익었을 때 학문하는 방법을 아는 것이 중요하다. 이것이 확실히 모든 교육의 가장 기본적인 준칙이다.

모든 학문의 공통 원리이자 발달의 근거가 되는 추상적인 진리 체계가 존재한다. 이것은 철학자들의 방법으로서 여기서 우리가 논의할 사안이 아니다. 우리의 방법은 전혀 다르다. 그것은 구체적인 사례를 통해 사물 간의 상호 관련성을 보여 주는 것이다. 이 일련의 과정은 사람의 호기심을 자극하고 그에 상응하는 주의력을 길러 준다. 특히 아이들의 경우에 그러하다.

이를테면, 지도를 만들기 위해 방향을 정하면서 우리는

자오선을 그려야만 한다. 나와 에밀은 이미 호박, 유리, 밀랍과 같은 물체에 마찰을 가하면 어떤 일이 벌어지는지 알고 있다. 그로부터 우리는 자석 놀이를 한다. 어느 날 우리는 시장에 간다. 한 마술사가 밀랍으로 만든 오리를 대얏물에 띄워 놓고 한 조각 빵으로 낚고 있었다. 당연히 그 빵에는 자석이 숨겨져 있었다. 집으로 돌아온 우리는 그와 비슷한 장치를 만들었다. 우리는 자석이 들어 있는 오리가 움직이지 않을 때는 언제나 남쪽에서 북쪽으로 방향을 가리키고 있다는 사실을 알아냈다. 이렇게 해서 우리는 나침반, 또는 그에 준하는 발견을 했다. 그리고 물리학 연구의 첫발을 떼었다.

지구상에는 다양한 기후대가 존재한다. 극지방에 가까워질수록 계절적 변화가 뚜렷하다. 모든 물체는 차가워지면 수축하고 뜨거워지면 팽창한다. 이런 현상은 액체에서 한결 측정하기 쉽다. 특히 알코올성 액체에서 가장 뚜렷하게 나타난다. 이런 성질을 이용하여 온도계를 만들었다. 바람은 얼굴에 닿는다. 공기는 유체라는 말이다. 사람이 볼 수는 없어도 느낄 수는 있다. 유리잔을 물속에 거꾸로 집어넣고 공기가 빠져나갈 틈을 주지 않으면, 물은 컵을 채울 수 없다. 공기는 저항력이 있다는 말이다. 유리잔을 물속으로 더 깊게 밀어 넣으면, 물은 공기가 있는 공간으로 조금 더 들어가겠지만, 완전히 그 공간을 채우지는 못한다. 공기는 어느 정도까지 압축할 수 있다는 말이다. 공에 압축된 공기를 넣으면 다른 어떤 물질을 넣었을 때보다 잘 튀어 오른다. 공기는 탄성체라는 말이다. 욕조에 드러누워 팔을 물 밖으로 꺼내 수평으로 들어 올리면, 팔이 무척 무겁다고 느낀다. 공기는 무게가 있다는 말이다. 공기는 다른 유체와 균형 상태에 놓고 그 무게를 잰다. 이런 성질을 이용해 기압계, 수관, 공기총, 공기펌프를 만들었다. 정역학과 수리역학의 모든 법칙이 이와 같은 실험들을 통해 알려졌다. 그런 간단한 원리를 발견하겠다고 나의 학생을 으리으리한 실험실로 보내고 싶지는 않다. 학구적인 분위기는 학문을 죽일 뿐이다.

내 말은, 실험에 필요한 기구는 우리가 모두 직접 만들어야 한다는 것이다. 그러나 무턱대고 실험실부터 꾸미지는 않으련다. 내 계획은 우연히 어떤 가설을 습득한 뒤에 그것을 검증하기 위한 장치를 하나씩 만들어 가는 것이다. 우리의 실험 기구가 아주 정밀할 필요는 없다. 그러나 그것이 어떤 기계이고, 그로부터 어떤 결과를 얻을 수 있는지는 명확해야 한다. 나는 정역학 첫 수업부터 저울을 사용하고 싶지 않다. 의자 등받이에 막대 하나를 수평으로 올려놓고 균형을 잡은 뒤에 그 막대의 가운데서 양쪽 끝까지의 길이를 재거나, 어느 한쪽에 똑같은 또는 서로 다른 무게를 가한다. 그러면서 막대를 필요한 만큼 끌어

당기거나 밀면서 균형은 지렛대의 길이와 외부에서 가하는 무게 사이에 역비례한다는 사실을 발견한다. 이런 식으로 나의 어린 물리학도는 저울을 보지 않고도 그 작동 원리를 알 수 있다.

이러한 느리고 수고스러운 탐구 활동의 장점은 사변적인 논의를 하는 동안에도 몸을 언제나 놀리고 인간에게 유용한 수작업을 연마한다는 것이다. 우리의 실험을 안내하고 감각 사용을 돕겠다고 만들어진 많은 장치가 오히려 우리의 감관 훈련에 부정적인 결과를 초래한다. 우리의 도구가 정밀할수록 우리의 감각 작용은 조악하고 어설퍼진다. 우리 주변에 인위적인 기계들이 넘쳐 날수록, 자연이 우리에게 부여한 기계는 쓸모가 없다.

그러나 지금까지 기계 구실을 하던 우리의 재능을 그 기계를 만드는 일에 사용한다면, 우리는 자연에 기술을 더하며 능수능란한 면모를 보일 것이다. 아이는 책에만 파묻혀 지내지 말고 작업실에서 일하면서 시간을 보내면 좋다. 아이의 수작업은 마음의 발달에도 도움을 줄 테니까. 아이는 일하면서 철학자가 된다.

앞서 말했듯이, 순전히 이론적인 지식은 심지어 청소년기에 근접한 아이들에게도 그다지 적합하지 않다. 그러나 물리학 이론 운운하지 않고도 일련의 추리 과정을 거쳐 아이들이 실험한 것들이 서로 연결되어 있음을 보여 주는 일련의 추리 과정은 필요한데, 그래야만 아이들이 그것들을 머릿속에 차례대로 정리해 놓았다가 필요할 때 밖으로 소환할 수 있기 때문이다. 따로 떨어져 있는 사실이나 주장을 기억하기란 대단히 어렵다. 특히 그것들을 불러낼 단서가 하나도 없을 때 그러하다.

자연의 법칙을 탐구할 때는 언제나 가장 흔하고 가장 확실한 현상으로부터 시작하는 것이 좋다. 당신의 학생은 이런 현상을 하나의 물리적 사실로서 받아들여야지, 그것에 대한 이론적 설명을 요구해서는 안 된다.

나는 돌멩이 하나를 집어 들고 공중에서 떨어트리는 시늉을 한다. 그러다가 돌멩이를 쥔 손바닥을 편다. 돌멩이는 떨어진다. 에밀은 이런 나의 행동을 유심히 살핀다. 나는 그에게 말한다. "왜 돌멩이가 떨어졌을까?" 이런 질문에 답을 하지 못할 아이가 있을까? 어디에도 없다. 심지어 에밀도 답할 수 있다. 모두들 돌멩이가 무거워서 아래로 떨어졌다고 답하리라. 그럼, 나는 다시 묻는다. "무거운 것이란 무엇일까?" 그것은 떨어지는 것이라고 말한다. 그렇다면 돌멩이는 떨어지는 것이어서 떨어지는 것인가. 여기서 나의 어린 철학자는 말문이 막힌다. 이것이 그의 첫 번째 물리학 수업이다.

유용성의 원칙

아이의 지성이 발달함에 따라, 우리는 다른 중요한 사항들을 고려하면서 아이가 할 일을 신중하게 선택해야 한다. 아이에게 자아의 개념이 생겨나서 자기에게 행복한 생활이 어떤 것인지 알고, 자기에게 적합한 것과 적합하지 않은 것이 무엇인지 판단할 수 있게 되면, 아이는 일과 놀이의 차이를 인식하고 놀이를 일하는 중간의 휴식 정도로 여긴다. 그때부터 아이는 현실적으로 쓸모가 있는 것들을 공부하려 한다. 그리고 단순한 재미 이상으로 자신의 공부에 열중한다. 사람은 언제나 마음에 내키는 일만 할 수 없다. 그랬다가는 나중에 더 곤란한 처지에 놓인다. 이런 필연의 법칙을 우리는 곧 깨닫는다. 앞날에 대한 예언이랄까, 아무튼 그 효용성으로부터 인간의 모든 지혜와 모든 불행이 생겨난다.

아이들이 자신들의 필요를 예견한다면, 이미 지적으로 매우 발달한 상태다. 그들은 시간의 가치를 알기 시작한다. 그러므로 시간을 그들이 쓸모 있다고 여기는 일을 하면서 보내야 한다. 도덕적 질서와 사회적 관습은 아직 배울 때가 아니다. 그런 것들을 아이들은 이해할 수 없기 때문이다. 어째서 아이에게 당장 필요한 공부는 시키지 않으면서, 그 아이가 나중에 도달할지 어떨지도 모르는 연령대의 공부를 시키려고 안달인가? 그러면 당신은 물을 테다. "아이가 꼭 알아야 하는 것을 나중에 그것을 사용할 때 배운다면 너무 늦지 않을까?" 나는 모르겠다. 내가 아는 것은, 아이가 자연이 정해 놓은 시기를 앞당겨 무언가를 배울 수 없다는 것이다. 우리의 참된 교사는 경험과 감각이다. 인간은 누구나 현재 상태에서만 그 자신에게 적합한 것이 무엇인지 느끼고 알 수 있다. 아이는 자신이 자라서 어른이 된다는 사실을 안다. 아이가 이해하고 있는 인간의 삶과 관련된 모든 관념은 교육적으로 유효하다. 그러나 그의 이해력을 뛰어넘는 다른 관념들에 대해서는, 아이는 아무것도 몰라야 한다. 이것이 내가 이 책에서 줄기차게 주장하는 단 하나의 교육 원칙이다.

우리의 학생이 '유용성'이라는 단어를 알기 시작하면 그를 지도할 수 있는 또 하나의 강력한 수단이 생겨난 것이다. 이 단어가 그에게 강한 인상을 주려거든, 그것을 그의 나이에 맞는 의미로 사용하고, 그 말이 그의 현재의 삶과 어떤 식으로든 관련되어야 한다. "그것은 어디에 쓸모가 있지요?" 앞으로는 이 질문이 신성한 공식이 된다. 그로부터 나의 학생과 나는 우리 생활의 모든 행동을 판단할 테다. 그의 모든 질문에 이런 식으로 반문하다 보면, 아이들이 주변 사람들을 귀찮게 만드는 많은 어리석은 질문들은 저절로 사라진다. 이것이야말로 당신들의 학생을 통제할 수 있는 강력한 수단이 아닐 수 없다. 무엇이든 그 이유를 제시하지 못하면 학생은 침묵할 수밖에 없다. 반면에 당신은 그간의 지식과 경험을 바탕으로 당신들이 학생에게 제안하는 모든 것이 얼마나 유용한지 알려 줄 수 있다. 그렇다고 오판하지는 말라. 당신들이 학생에게 하는 질문은, 반대로 학생이 당신들에게 던지는 질문이 될 테니까. 얼마 지나지 않아, 학생도 당신들을 본받아 "그것이 어디에 쓸모가 있지요?"라고 말하리라.

나는 말로 하는 설명을 좋아하지 않는다. 어린아이들은 말이 길어지면 주의가 흐트러지고 기억도 잘 하지 못한다. 그보다 아이들의 눈앞에 실물을 대령하라! 앞에서도 계속 말했지만, 우리의 교육은 너무 수다스럽다. 그러다 보니 수다쟁이들만 잔뜩 길러 낸다.

가령 내가 나의 학생과 함께 태양의 움직임을 관찰하면서 우리의 방향을 찾고 있다고 하자. 갑자기 에밀은 내게 이런 것을 알면 어디에 쓸모가 있는지 묻는다. 나는 여행의 장점, 상업의 이점, 각 지역의 특산품, 여러 민족의 풍습, 달력의 이용, 농사 절기, 항해술에 대하여 일장 연설을 늘어놓을 텐데, 특히 누군가 우리의 대화를 귀담아듣는다면 더욱 그렇다. 이때 정치학, 자연사, 천문학, 윤리학, 국제법에 대한 설명도 곁들인다. 그리하여 나의 학생의 머릿속에는 제 학문의 관념들이 하나둘 자리를 잡고, 그의 학구열은 불타오르리라. 그러나 우리의 소년은 나의 거창한 설명을 한 부분도 이해하지 못한다. 그의 마음속에 그와 관련된 어떤 관념도 들어 있지 않기 때문이다. 여전히 그는 태양의 운동 방향을 아는 것이 어떤 쓸모가 있는지 묻고 싶지만, 내가 화를 내는 것이 두려워 그만둔다. 에밀은 시골에서 자라나서 그런지 어떤 하나의 관념을 얻을 때도 수고스러운 방법을 거친다. 자기가 모르는 타인의 말을 통해 대충 습득하는 법이 없다. 처음부터 한마디라도 이해하지 못하겠으면, 그것으로 끝이다. 그는 이미 도망가고 없다. 나만 혼자 덩그러니 남아 장광설을 늘어놓는다. 나의 학자연하는 방법은 그에게 아무런 효용도 없으니, 우리는 좀 더 일상적인 해결 방안을 찾아야 한다.

에밀이 몽모랑시 북쪽에 있는 숲의 위치를 아는 것이 무슨 쓸모가 있는지 알고 싶다고 묻길래, 나는 이튿날 아침 식사 전에 그 아이를 데리고 그곳으로 산책을 떠났다. 그랬다가 우리는 길을 잃었다. 주변을 헤매 돌아다니면서 우리는 점점 지치고 배가 고파졌다. 우리는 잠시 앉아 쉬면서 어떻게 하면 길을 찾을 수 있는지 생각해 보았다. 울고불고 난리를 피워 봤자 아무 소용도 없었다. "애야, 시계를 봐라. 지금 몇 시지?" 에밀은 대답한다. "정오예요. 너무 배가 고파요." 나는 에밀에게 어제 정오에 우리가 몽모랑시 북쪽에 있는 숲의 위치를 관찰하고 있었다는 사실을 상기시킨다. "그때 우리가 살펴본 숲의 위치는…?" "몽모랑시 북쪽이요," 에밀은 얼른 말한다. "그렇다면 몽모랑시가 있는 곳은…." "그 숲의 남쪽이요." 우리는 정오에 북쪽이 어디인지 알아낼 수 있다. 에밀은 말한다. "물론이에요, 그림자의 방향을 보면 돼요." 그렇게 해서 우리는 그림자의 반대 방향으로 길을 잡고 도시로 무사히 돌아올 수 있었다. 이런 경험을 통해 아이는 천문학도 쓸모가 있다는 결론에 도달한다.

로빈슨 크루소 게임

나는 책이 싫다. 책은 우리가 알지도 못하는 것을 단지 말로만 가르칠 뿐이다. 헤르메스는 자기가 발견한 것들이 대홍수로 소실되지 않도록 학문의 제반 내용을 돌기둥에 새겨 놓았다고 한다. 그런데 그가 돌기둥이 아닌 인간의 마음을 선택했다면, 그것들은 하나의 전통으로 자리매김했을 것이다.

이 책 저 책에 흩어져 있는 교훈들을 모두 가져다가 하나의 사태―이만큼 자란 아이도 쉽고 재미있게 따라가면서 공상의 나래를 펼 수 있는―를 중심으로 다시 조직할 수는 없을까? 아이가 인간의 모든 자연적인 필요를 명명

백백하게 보고 느낄 수 있고, 이러한 필요를 충족하는 방법도 명료하게 드러나 보이는 상황을 창조할 수는 없을까? 그런 소박한 삶에 대한 생생한 묘사를 통해 아이는 자신의 상상력 수업을 시작한다.

열정적인 철학자여! 벌써 당신의 상상력이 불타오르는 것이 보인다. 그러나 너무 애쓰지 말라. 이런 상황은 이미 존재하고 있으니까. 당신이 묘사하는 것 이상으로 진정성 있고 소박한 모습이다. 아무래도 책이 한 권 있어야 하는데, 마침 자연에 따르는 교육을 훌륭하게 보여 주는 책이 있다. 당연히 에밀이 읽을 첫 번째 책이고, 한동안 그의 서가에는 이 책 한 권만 있으리라. 그리고 언제나 특별한 지위를 차지할 테다. 자연과학에 관한 우리의 모든 이야기는 이 책을 텍스트 삼아 켜켜이 쌓아 놓은 주석에 불과하다. 이 책은 우리의 판단력을 가늠해 보는 시금석이고, 우리의 성정이 자연의 상태 그대로라면 여전히 즐거움을 선사할 것이다. 대체 그런 훌륭한 책은 무엇인가? 아리스토텔레스의 책인가, 아니면 플리니우스를 말하는가? 그도 아니면, 뷔퐁인가? 오, 그런 사람들이 아니다. 그것은 로빈슨 크루소다.

로빈슨 크루소는 외딴섬에 혼자 산다. 도움을 청할 사람도 없고, 변변히 사용할 도구도 없다. 그런데도 그는 식량을 구하고, 생명을 부지하고, 심지어 약간의 안락함마

저 느낀다. 이런 이야기는 나이와 상관없이 모두가 좋아하며, 거기에는 아이들의 흥미를 끌 수 있는 내용이 수없이 많다. 물론 이것은 사회적인 존재와는 거리가 멀다. 또, 에밀이 그런 상태에 있는 것도 아니다. 하지만 그런 고립된 상태에 견주어 그는 다른 모든 상태를 평가할 수 있다. 그가 편견에서 벗어나고, 참된 사물의 관계에 기초해 스스로 판단을 내리는 가장 확실한 방법은, 자기 자신을 고립무원의 위치에 가져다 놓고 오직 유용성의 관점에서만 주위의 모든 것을 판단하는 것이다.

　잡동사니 이야기들을 생략하면, 이 소설은 로빈슨이 조난을 당하는 장면부터 그가 배를 타고 섬을 탈출하는 장면까지 에밀 또래의 아이에게 끊임없이 즐거움과 교훈을 준다. 에밀은 온통 소설 생각뿐이다. 그의 머릿속에서 주인공의 궁전, 염소, 농장의 모습이 떠나질 않는다. 나는 에밀이 그런 상황에서 반드시 알아야만 하는 모든 것을 책이 아닌 경험을 통해 배우기를 바란다. 스스로 로빈슨이 된 것처럼 모피를 몸에 두르고, 큰 모자를 뒤집어쓰고, 긴 칼을 차고, 파라솔까지는 아니더라도 주인공의 기이한 몸차림을 재현한 자신의 모습을 상상하기를 바란다. 그중 어떤 것 하나라도 없어지면 어떻게 하면 좋을지 고민하고, 주인공의 행동을 꼼꼼히 살펴보면서 무언가 잊은 것은 없나, 좀 더 잘 할 수는 없는지 궁리한다. 그 아이도 분명 어딘가에 크루소의 궁전과 같은 자신의 거처를 지으려고 할 테니까. 이것은 그 나이에만 허락된 행복한 백일몽이다. 이때는 자유가 있고, 의식주만 해결되면 마냥 행복하리라.

아이의 이러한 환상은 그것을 잘 이용할 줄 아는 노련한 교사의 눈에는 참으로 좋은 기회가 아닐 수 없다. 아이는 섬에 필요한 창고를 지을 생각에 교사의 바람 이상으로 학습에 열중한다. 그는 자신의 목적에 유용한 것은 무엇이든 열심히 배울 것이다. 그런 아이는 굳이 지도할 필요가 없다. 그저 고삐를 꽉 잡고 있으면 된다. 그 외에는 그가 섬 생활에서 행복을 느끼는 동안 서둘러 그의 정착을 돕자. 머지않아 아이가 혼자서는 살고 싶지 않다고 생각할 날이 올 테니까. 여생을 프라이데이하고만 보낼 수는 없다.

직업의 선택

자연적인 일들은 혼자서도 감당할 수 있다. 그러나 점차 여러 사람의 협업이 필요한 기술적인 일들이 생겨난다. 전자가 고독한 은자도 미개인도 자기 힘만으로 완수할 수 있는 일들이라면, 후자는 사회 속에서 사람들이 함께 해결해야만 하는 일들이다. 오직 육체적 필요만 충족할 요량이면, 인간은 자기충족적인 존재임이 틀림없다.

그러나 그 이상의 군것들이 필요하다 보니 사람들이 서로 일을 나누어 맡는 노동 분화가 일어난다.

당신들이 특히 유념해야 할 점은, 당신의 학생이 이해할 수 없는 모든 사회적 관계에 대한 관념을 멀리하는 것이다. 그러나 지식의 증가로 인간의 상호 의존성도 덩달아 높아졌다면, 당신 학생에게 도덕적 뉘앙스는 풍기지 말고 그의 주의를 온통 기술공학적인 측면 — 인간이 서로에게 얼마나 유용한 존재인지 보여 주는 — 으로만 돌리라. 당신의 학생을 이런저런 작업장으로 데리고 다니라. 그는 단지 견학만 하는 것이 아니라 손수 그 일을 해 볼 것이다. 그리고 어떤 일이든 자기가 보았던 것의 그 이유를 완전히 깨달을 때까지 자리를 떠나지 않으리라. 그러기 위해서는 당신들이 모든 일에 직접 모범을 보여야 한다. 당신들 스스로가 도제의 과정을 마다치 않을 때, 당신의 학생은 장인이 되리라. 온종일 귀에 딱지가 앉도록 설명을 듣기보다 한 시간 동안 작업장에서 일하면서 훨씬 많은 것을 배울 테니까.

대중적인 평가는 현실적인 쓸모와 반비례한다. 가장 유용한 기술이 가장 벌이가 적은데, 모두에게 필요한 일은 가난한 사람도 그 노동의 값을 지불할 수 있을 만큼 가격이 낮아야 하기 때문이다. 반면에, 장인이 아니라 예술가로 불리는 중요 인사들은 부유한 한량들을 위해 일을 하면서 그들의 시시콜콜한 작품들에 터무니없는 가격을 매긴다. 나는 어떤 경우에도 가장 일반적으로 쓸모 있고 가장 필수불가결한 기술이야말로 가장 가치 있다고 생각한다. 그리고 다른 기술에 의존할 필요가 없는 기술일수록 가장 좋은 것이라고 말하련다. 그런 기술 가운데 단연 으뜸은 농업이다. 그다음은 대장간 일이고, 세 번째는 목공이다. 그리고 나머지도 그런 식이다. 아이가 아직 세속적인 편견에 물들지 않았다면, 그의 평가도 틀림없이 나와 같을 테다. 우리의 에밀은 외딴섬 생활을 염두에 두면서 분명 로빈슨의 관점에서 이 문제를 판단할 것이다.

독자여, 우리 학생의 신체 활동과 손재주에만 너무 관심을 두지 말라. 그보다 우리가 어떤 식으로 그의 아이다운 호기심을 불러일으키는지 유념하라. 아이의 감성, 창조성, 예지력, 지성을 생각해 보라. 그는 자기가 보고 하는 것은 무엇이든 전부 알고 싶고, 어느 것 하나 당연시하지 않는다. 어떤 것을 배울 때 사전 지식이 필요하다면, 먼저 그것부터 알려고 한다. 이를테면 용수철 만드는 것을 보면 철을 광산에서 어떻게 채굴했는지 알고 싶고, 널빤지로 상자를 조립할 때는 나무를 어떤 식으로 잘라야 하는지 궁금해한다. 그 자신이 연장을 사용하여 일할 때는 틀림없이 이렇게 말하리라. "이런 도구가 없다면, 그런 물건은 만들 수 없을 텐데, 그러면 어떻게 해야 할까?"

이 시기에는 우리 자신의 욕구를 감당하고도 남을 만한

힘이 있다. 그리하여 우리는 바깥세상으로 주의를 돌렸다. 하늘을 살피고, 대지를 둘러보았다. 자연의 법칙을 배웠다. 한마디로, 우리의 섬 전체를 답사하였다. 이제 다시 우리 자신의 거처로 천천히 돌아온다. 우리를 둘러싸고 있는 것들을 모두 배웠다면, 그다음에는 무엇을 해야만 할까? 그렇게 얻은 지식을 우리 자신에게 쓸모 있게 사용해야 한다. 지금까지 우리는 갖은 도구들을 습득하는 데만 열중했다. 정작, 그것들 가운데 어떤 것이 우리에게 필요한지 몰랐다. 어떤 도구는 우리가 아닌 다른 사람에게 쓸모 있을지도 모른다. 어쩌면 다른 사람의 도구가 우리에게 유용할 수도 있다. 이런 식으로 우리에게 교환의 개념이 생겨난다. 이를 위해서는 먼저 서로에게 필요한 것이 무엇인지 알아야 한다. 누가 무엇을 가지고 있고, 어떤 것을 서로 교환할지 정해야 한다. 여기 열 명의 사람이 있다. 각자 필요한 것이 열 가지라면, 사람마다 그 열 종류의 일을 모두 하면서 생필품을 조달할 테다. 그런데 그 열 사람은 타고난 소질과 재능에 따라 서로 잘하는 일이 다르다. 그런데도 각자 알아서 모든 일을 해야 한다면, 그 결과는 모두의 이익에 반할 것이다. 한편 이 열 사람으로 사회를 구성하고, 저마다 자기 자신과 다른 아홉 명의 이익을 위해 본인에게 가장 적합한 일을 한다고 하자. 그러면 열 사람 하나하나가 타인의 재능으로부터 이익을 얻어 혼자서도 모든 재능을 다 가진 것처럼 된다. 그리고 각자 자기 일을 열심히 하면서 타고난 재능을 꽃피울 것이다. 그리하여 열 사람 모두 자기에게 필요한 것을 충분히 얻고, 그 나머지는 다른 사람들에게 줄 수 있다. 이것이 모든 사회제도의 기초다.

이리하여 아이가 실제로 사회의 일원이 되기 전부터 그의 마음속에는 사회적 관계에 대한 관념이 조금씩 자리를 잡는다. 에밀은 필요한 것을 얻으려면 자기에게도 다른 사람들과 교환할 수 있는 어떤 것이 있어야 한다고 생각한다. 그는 어렵지 않게 이런 교환의 필요성을 느끼고 그로부터 이익을 얻으리라.

에밀이 살아 있는 것의 의미를 알기 시작하면, 가장 먼저 자신의 생명을 보존하는 방법을 가르쳐야 한다. 지금까지 나는 신분, 지위, 재산에 의한 차별을 인정하지 않았다. 앞으로도 내 입장은 크게 다르지 않으리라. 사람은 어떤 자리에 있든 모두 똑같다. 부유한 사람이라고 가난한 사람보다 밥주머니[胃]가 크지도 않고 소화를 잘 시키는 것도 아니다. 주인이라고 노예보다 팔이 길고 튼튼한 것도 아니다. '고귀한' 집안에서 태어났다고 범부의 자식보다 몸집이 크지도 않다. 자연적인 욕구는 어디서나 똑같다. 그러므로 그것을 충족시키는 방법도 어디서나 똑같아야 한다. 인간을 그 본연의 모습대로 교육하라. 인간을 어느 한 신분에만 적합한 존재로 길러 낸다면, 그는 다른 모든 종류의 삶에는 하등 쓸모없는 존재가 되지 않겠는가? 당신들은 현재의 사회질서를 너무 맹신하는 나머지 그 체제가 점차 혁명의 회오리 속으로 빨려 들어가고 있음을 감지하지 못한다. 당연히 아이들에게 심대한 영향을 미칠 그런 격동의 시대를 예견하지도 예방하지도 못한다. 우리는 위기와 혁명의 시대로 들어가고 있다. 유럽의 왕국들은 오래 버티지 못할 것이다. 누가 감히 그자들의 운명을 점칠 수 있겠는가? 인간이 만든 것을 인간이 도로 부수어 버린다. 자연의 직인이 새겨져 있어야만 파멸을 모면할 텐데, 안타깝지만 제후, 부자, 귀족은 자연이 만들어 놓은 것이 아니다.

인간의 모든 생업 가운데 손으로 하는 일이야말로 자연의 상태에 가장 가까운 노동이다. 장인은 운명과 타인의 지배로부터 자유로운 신분이다. 장인은 자유민으로서 오로지 자신의 노동에만 의존한다. 농토에 매여 살며 자신의 수확물을 남이 빼앗아 갈지도 모르는 농부와는 다르다. 그러나 농업은 인간의 가장 오래된 직업이다. 그것은 다른 어떤 것보다 정직하고, 쓸모 있고, 고귀한 직업이다. 에밀은 굳이 농업을 배울 필요가 없다. 그는 이미 어느 정도 농업에 친숙하다. 농촌에서 자랐기 때문에 처음부터 각종 농사일에 익숙하고, 또 그런 일을 자주 했다.

그러므로 그에게 이렇게 말할 뿐이다. "조상들의 땅을 경작해라. 하지만 물려받은 땅이 없거든 다른 일을 배우거라."

에밀이 어떤 직업을 선택하든 그리 중요하지 않다. 그것이 손으로 하는 일이기만 하면 된다. 물론 도제 수업이 필요하지만, 그것도 그가 여태껏 받은 훈련으로 절반 이상은 끝난 상태다. 에밀에게 어떤 일을 시키든 그는 준비가 되어 있다. 이미 삽질과 괭이질을 할 줄 안다. 그리고 선반을 돌리고, 망치질을 하고, 대패로 깎고, 줄을 사용할 수 있다. 그는 여타 직업에서 필요한 이런 연장들에 친숙하다. 다만 그 도구들을 아직 장인들처럼 민첩하고 능숙하게 다루지 못할 뿐이다. 그러나 그들보다 몸이 유연하고 손발을 자유자재로 움직일 수 있다는 커다란 장점도 있다. 그뿐인가. 신체의 감각들은 잘 훈련되어 있고, 여러 가지 기술의 원리를 터득하고 있다. 여기에 실천적인 경험만 쌓이면, 그는 조만간 장인의 솜씨를 뽐낼 테다. 그것은 시간이 해결해 줄 문제다.

이런저런 궁리 끝에 나의 학생에게 가장 적합한 직업은 목공이라는 결론에 도달했다. 목공은 청결하고 유익하고 집 안에서도 할 수 있다. 그 자체로 운동이 되고, 손재주와 근면을 길러 준다. 쓸모 있는 물건을 만들면서도 거기에 우아함과 고상함을 가미할 수 있다. 만일 당신의 학생이 학자의 기질을 타고났다면, 당연히 그런 천부적 소질에 적합한 직업을 구해야 한다. 이를테면 그는 수학적 장치, 안경, 망원경 등을 제작하는 일을 배워야 한다.

나의 학생은 온종일 목공실에만 있을 수 없다. 목공 기술을 익히는 것 못지않게 목수로 살아가는 법도 배워야 한다. 후자가 전자보다 훨씬 힘들고 시간도 오래 걸리는 일이다. 내 생각에는, 적어도 매주 하루나 이틀 정도는 장인의 집에서 하루를 함께 보내는 것이 좋다. 장인과 같은 시각에 일어나고, 그보다 일찍 일을 시작하고, 식사를 함께 하고, 그가 시키는 대로 일한다. 그리고 그의 식구들과 저녁 식사를 한 뒤에, 원한다면 집으로 돌아가 딱딱한 침상에서 잠을 잔다. 이런 식으로 당장에 몇 가지 직업을 배우고, 인생 수업에 소홀하지 않으면서도 손으로 하는 일을 연마할 수 있다.

에밀, 열다섯 살이 되다

이쯤에서 우리의 아이는 자기만의 개인적인 삶을 살면서 점차 아이 같은 모습에서 벗어난다. 그는 어느 때보다 주변 사물과의 필연적 관계를 절감한다. 우리는 아이의 몸과 감각을 훈련한 뒤에 그의 마음과 판단력을 연습했다. 그리고 마지막으로, 손발의 움직임을 제반 능력의 사용과 서로 결합했다. 그리하여 아이는 효율적으로 생각할 줄 아는 존재가 되었다. 이제 남은 일은 아이를 다정다감한 존재로 만들어 그의 이성을 감정을 통해 완성하는 것이다. 그러나 이런 새로운 단계로 넘어가기 전에 지금 우리의 현주소를 다시 한번 확인해 두자.

처음에 우리의 학생은 감각에만 의존했는데, 지금은 관념이 생겼다. 처음에 그는 단지 느낄 뿐이었는데, 지금은 이성적으로 판단한다. 연속적이거나 동시다발적인 몇 가지 감각 작용들을 서로 비교하고, 그것들을 판단하는 과정에서 일종의 혼성 또는 복합 감각이 생겨나는데, 그것을 나는 관념이라고 부른다. 인간의 마음이 어떠냐에 따라 관념을 형성하는 방식은 서로 다르다. 마음이 견실한 사람은 사실적 관계에 따라 관념을 형성하지만, 그렇지 못한 사람은 피상적인 겉모습에 현혹된다. 여러 관념을 비교하고 서로 관계를 맺는 능력이 뛰어날수록 마음의 역량이 출중한 사람이다.

감각의 영역에서, 판단은 수동적인 역할만 한다. 즉, 우리가 무엇인가를 느끼고 있다는 사실을 확인해 줄 뿐이다. 그러나 지각이나 관념의 영역에서, 판단은 서로 연결 짓고, 비교하고, 구분하는 능동적인 역할을 한다. 자연은 결코 우리를 속이지 않는다. 우리가 우리 자신을 속일 뿐이다. 아이는 차가운 아이스크림을 입에 대는 순간 불처럼 뜨겁다고 느낀다. 이런 아이의 반응은 자연스러운 것이다. 다만 그 판단이 잘못되었을 뿐이다. 사람들은 거울을 처음 보았을 때, 한여름에 지하실로 내려갔을 때, 뜨겁거나 차가운 손을 미지근한 물에 집어넣었을 때 그런 판단 착오를 경험한다. 마치 가만히 있는 구름 위로 달이 지나간다고 느끼거나, 반쯤 물에 잠겨 있는 막대기가 꺾여 있다고 생각하는 것과 같다. 이런 모든 실수는 우리의 판단에서 비롯된다. 인간은 사회생활을 하면서 어쩔 수 없이 매 순간 판단의 갈림길에 선다. 그러므로 그는 올바르게 판단하는 법을 배워야 한다.

사람들은 아이의 판단력을 훈련하는 일이 자연의 길에서 벗어나는 처사라고 수군댈지도 모른다. 그러나 나는 그렇게 생각하지 않는다. 자연은 언제든 꼭 필요한 일을 선택하고 실행한다. 거기에 변덕스러운 기분이 비집고 들어갈 틈은 없다. 자연 상태에서 살아가는 자연인과 사회 속에서 살아가는 자연인은 엄연히 다르다. 에밀은 아무도 없는 곳에서 혼자 살아갈 미개인이 아니다. 그는 도시에서 살아갈 미개인이다. 그러므로 도시에서 삶을 영위하는 방법을 터득해야 하고, 주변 사람들과 어울리면서 그들만큼은 아니더라도 어쨌든 사회 속에서 살아가는 방법을 배워야 한다.

판단력을 기르는 가장 좋은 방법은 우리의 경험을 단순화하는 것이다. 이를 위해 우리는 각각의 감각이 느낀 결과를 다른 감각들의 도움을 빌리지 않고 그 자체로 찬찬히 검증하는 시간을 가져야 한다. 그래야만, 하나의 감각 경험을 통해 진실에 부합하는 하나의 관념을 얻을 수 있다. 인생의 세 번째 시기에는 이런 종류의 지식을 습득해야 한다.

에밀은 무엇이든 자신의 힘으로 배우고 혼자서 생각해야 한다. 그러므로 많은 양의 지식을 가지고 있지 못하다. 그러나 자기가 알고 있는 것은 확실히 자기 것으로 만든다. 무엇 하나 어중간하게 아는 것이 없다. 그가 가지고 있는 약간의 지식 가운데 가장 중요한 것은, 지금은 모르지만 언젠가는 알게 될 것이 많다는 사실, 자기는 몰라도 다른 사람들은 알고 있는 것이 많다는 사실, 그리고 세상 누구도 알 수 없는 것이 무수히 많다는 사실이다. 그의 마음은 지식이 아닌 지식을 습득하는 능력을 통해 넓어진다. 몽테뉴의 말처럼, 그는 배움이 많다고 할 수는 없어도 무엇이든 배울 수 있는 개방적이고, 총명하고, 수용적인 마음을 가지고 있다. 나는 그가 '무엇 때문에' 그런 행동을 하고, '왜' 그런 말을 믿어야 하는지 알고 있기를 바란다.

이 시기에 에밀은 자연과 사물에 대해서만 안다. 그는 역사라는 단어조차 모르고, 형이상학과 윤리학에도 문외한이다. 인간과 사물의 관계는 알고 있지만, 인간 대 인간의 도덕적 관계에 대해서는 아는 것이 없다. 그에게는 아직 일반적인 관념을 형성하거나 추상적으로 사고하는 능력이 거의 없다. 어떤 물체들의 공통적인 성질은 인지하지만, 그 성질 자체에 대해서 생각하지는 않는다. 그는 기하학의 도형을 통해 공간에 대한 추상적인 관념을 얻고, 대수학의 기호를 통해 양에 대한 추상적인 관념을 얻는다. 이런 도형과 기호는 그의 추상적 사고와 감각 작용의 토대다. 그는 만물의 본성을 알려고 하지 않는다. 그보다 그것을 자신과의 관계 속에서 알려고 한다. 그는 바깥 사물의 가치를 그 자신과의 관계에 의해서만 판단한다. 그러나 그의 판단은 정확하고 확실하다. 거기에는 변덕과 관습이 끼어들 여지가 없다. 그는 자기에게 쓸모 있는 것만 중요시하고, 이런 평가 잣대를 고수한다. 당연히 세간의 의견은 아랑곳하지 않는다.

에밀은 부지런하고 절제하고 진득하고 꿋꿋하고 용감한 아이다. 그의 상상력은 아직 잠에서 깨어나지 않았다. 그래서 멋대로 위험을 부풀리지 않는다. 괴롭고 힘든 일이 있어도 의연하게 대처한다. 운명을 거스르지 말라고 배웠기 때문이다. 죽음과 관련해, 그는 아직 죽는 것이 무엇인지 잘 모른다. 그러나 자연의 법칙에 순응할 줄 알기에 그는 죽음의 순간에 앓는 소리를 내지 않고 몸부림도

치지 않는다. 자유롭게 살고, 인간사에 너무 연연하지 말라. 그것이 죽음을 준비하는 최고의 방법이다. 한마디로 에밀은 그 자신과 관련된 개인적인 덕목을 모두 갖추고 있다. 거기에 사회적인 덕목까지 갖추려면, 그에 상응하는 사회적인 관계를 알아야만 한다. 그것이 앞으로 그에게 필요한 지식이다.

그는 여전히 자기 자신에 대해서만 생각한다. 남을 생각하는 일이 없다. 그리고 다른 사람들도 자기처럼 살기를 바란다. 남에게 아무런 부탁도 하지 않으므로 세상 누구에게도 빚진 것이 없다고 믿는다. 그렇게 그는 인간 사회에서 홀로 살아간다. 또래에서 가장 자기 의존적인 아이다. 그가 범하는 실수와 오류는 누구도 피할 수 없는 것들이다. 몸은 튼튼하고, 손발은 기민하다. 마음은 편견에서 자유롭다. 정념은 아직 깨어나지 않았는데, 그중 가장 먼저 자연스럽게 생겨나는 자존감도 그러하다. 다른 누구의 안식도 방해하지 않으면서 그는 스스로 행복하고, 자연이 허락하는 만큼 만족스럽고 자유롭게 삶을 살았다. 당신들은 이런 식으로 열다섯 해를 살아온 아이가 그동안의 세월을 낭비했다고 생각하는가?

제4부
청소년기

머리말

청소년기는 아이가 어른이 되기 위해 새롭게 태어나는 시기다. 몸과 마음이 모두 성(性)적인 변화를 겪는다. 지금까지 아이는 오직 자기 자신과 자연 세계에만 관심을 가졌다. 이제 그는 새로운 정념과 이해를 바탕으로 도덕적인 세계로 들어간다. 여태껏 자기중심적이었던 자기애는 사회적인 형태인 자존감으로 변화된다. 그리고 주변 사람들과 개인적인 관계를 맺는다. 이 시기에는 무엇보다 이성(異性)에 대한 욕구가 발생하여 점차 의식의 영역까지 침투하고, 종국에는 인생의 가장 강력한 요인으로 자리 잡는다. 앞에서와 마찬가지로 루소는 아이의 점진적 발달을 주장한다. 청소년기의 건강한 자연적인 성향이 인위적인 사회의 편견에 의해 왜곡되는 것을 방지하기 위해서다. 이런 관점에서 에밀은 공동체 생활을 천천히 시작한다. 먼저, 개인적인 친분 쌓기와 인간의 상호부조를 배운다(16세). 그런 뒤에 차츰 인류의 유구한 역사와 종교를 참여자가 아닌 관찰자의 시각에서 들여다본다(18세). 마지막으로, 도시의 사교 생활로 입문하며 문학과 드라마를 통해 훌륭한 취향을 함양한다(20세).

이 시기의 교육 계획은 18세기 유럽의 상류층 젊은이가 일반적으로 따르는 것과 같다. 그 시대 교양인들이 권고하는 교육과정을 답습한다. 문학과 언어를 중점적으로 배운다. 에밀은 그랜드 투어를 통해 세상에 대한 안목을 넓힌다. 그리고 신사에게 어울리는 취향을 습득한다. 사회의 제반 사항들을 배우는 교과들이 전(前) 청소년기의 과학 교과들을 대신한다. 학습 동기로 말할 것 같으면, 특정 직업을 준비하기보다는 이상적인 결혼을 준비하는 것이다. 교사는 아이를 여전히 금욕적인 생활로 옥죄려 하지만, 그는 이미 동시대 또래 학생들과 크게 다르지 않다.

에밀, 열여섯 살이 되다 – 우정의 시대

청소년기의 시작

우리는 두 번 태어난다. 첫 번째는 세상에 존재하기 위함이고, 두 번째는 인생을 살아가기 위함이다. 한 번은 인간으로 태어나고, 다음은 남성이나 여성으로 태어난다. 사춘기에 이르기까지 아이들을 성적으로 구분할 수 있는 외관인 특질은 전혀 나타나지 않는다. 그들의 생김새, 얼굴색, 목소리는 성별에 따라 거의 다르지 않다. 남자아이도 여자아이도 없다. 아이들만 있을 뿐이다. 똑같은 존재들이니 이름도 하나면 된다.

그러나 언제까지 아이로만 남아 있을 수 없다. 자연의 처방에 따라 그는 아동기를 벗어난다. 폭풍우가 덮치기 전에 바닷물이 거칠어지듯, 정념의 솟구침이 과격한 변화를 예고한다. 아이는 심한 감정 기복과 빈번한 짜증 그리고 마음의 끝없는 동요로 말미암아 통제 불능의 상태에 빠진다. 더는 교사의 목소리에 순종하지 않는다. 마치 몸이 달아오른 사자와 같다. 교사의 안내를 뿌리치고 간섭받기를 거부한다.

이러한 정서적인 변화와 함께 외관상의 변화도 뚜렷해

진다. 얼굴에 특징적인 변화가 감지된다. 양쪽 뺨 아래로 듬성듬성 나기 시작한 솜털이 점차 진하고 뻣뻣하게 자란다. 목소리가 갈라지면서 쉰 소리를 낸다. 아이의 목소리도 어른의 목소리도 아닌 어정쩡한 상태가 된다. 눈은 영혼의 거울이라지만 여태껏 아무 말도 하지 못하고 있다가 이제야 샘솟는 열정에 생기를 되찾아 말과 표현을 서슴지 않는다. 눈이 입 이상으로 많은 말을 할 수 있다는 생각에 눈은 내리깔고 얼굴은 붉어진다. 그리고 마음은 아무런 이유 없이 두근거린다.

이것이 내가 말하는 두 번째 태어남이다. 그로부터 인간의 진짜 삶이 시작된다. 앞으로는 인간의 그 어떤 정념도 생소하지 않으리. 지금까지 교사가 아이의 놀이만 책임졌다면, 앞으로의 역할은 훨씬 중요하다. 이쯤에서 보통의 교육은 끝나지만, 우리의 교육은 비로소 시작된다.

정념은 우리의 자기 보존을 위한 중요한 수단이다. 아이의 첫 번째 감정은 자기애로서 인간 본유의 감정이다. 그로부터 두 번째 감정이 싹튼다. 그것은 자기를 도와주는 주변 사람을 좋아하는 것이다. 바로 이런 호의로부터 인류애가 발달한다. 그렇지만 당장은 필요한 것이 늘어나고 타인에 대한 의존이 커지면서 사회적 관계를 의식하고 의무감이나 호불호의 감정이 생겨난다. 이제부터 아이는 명령적이 되고, 질투를 느끼고, 속임수를 쓰고, 앙심을 품게 된다. 자기애는 오직 자기 자신만을 향한 감정으로서 욕구가 충족되면 그만이다. 그러나 자존감은 타인과의 비교를 상정하므로 결코 만족을 모른다. 다른 사람에게도 그 자신보다 자기를 더 인정해 달라고 우긴다. 그러나 이것은 불가능한 요구다. 그래서 자기애는 온화한 감정을 수반하지만, 자존감은 증오와 화를 동반한다. 인간의 마음이 사회생활의 새로운 욕구에 사로잡혀 타락하지 않으려면 그에 상응하는 솜씨 좋은 보살핌이 필요하다.

인간은 그 자신을 둘러싼 세계와의 관계를 살펴보아야 한다. 아동기처럼 아직 물리적인 존재에 불과할 때는 주변 사물과의 관계를 조사해야 한다. 그러나 일단 도덕적인 의식이 싹트기 시작하면 동료 인간들과의 관계를 정립해야 한다. 이것은 지금 우리가 도달한 시점부터 전 생애에 걸쳐서 하는 일이다.

정념의 발달

인간은 배우자가 필요하다고 느낄 때 고독의 그늘에서 벗어난다. 그 순간부터 각종 인간관계를 맺고, 인간을 향한 애정 어린 마음이 생겨난다. 그 최초의 정념은 머지않아 다른 모든 정념도 일깨우리라.

자연은 아동기에서 청소년기로 전환되는 시기를 특정하지 않았다. 개인마다 기질에 따라 다르고, 인종마다 기후에 따라 다르다. 이와 관련해 더운 나라와 추운 나라에서 차이가 목격되고, 다혈질인 사람이 그렇지 않은 사람보다 일찍 성숙해진다. 그러나 그 원인을 잘못 헤아려 종종 정신적인 것을 육체적인 것과 혼동한다. 이것은 현대 철학의 흔한 오류 중 하나다. 자연의 가르침은 서두르지 않는다. 오직 인간만이 조바심을 낸다. 자연의 경우에는 감각이 상상력을 불러일으키지만, 인간의 경우에는 상상력이 감각을 부채질한다. 사춘기와 성적인 욕망은 무지하고 야만적인 사람들보다 교육받고 개화된 사람들에게서 항상 먼저 목격된다. 아이들은 가식적인 예의범절을 금방 꿰뚫어 본다. 세상이 강제하는 고리타분한 말투, 품위 있는 행동, 위선의 장막은 단지 그들의 호기심을 자극할 뿐이다. 그래서 아이들은 우리가 애써 감추고자 하는 것들만 골라서 배울 테다. 당신들의 가르침이 그런 식으로만 쓸모가 있다.

그동안의 경험으로 알 수 있는 것은, 당신들의 이런 어리석은 방법이 자연의 길을 재촉하고 그 본연의 특질을 파괴했다는 사실이다. 이것이 도시 사람들의 신체적 퇴보를 불러온 주된 원인 중 하나다. 어려서부터 힘을 모두 소진한 아이들은 이후 성장을 멈추고 작고 약한 보잘것없는 존재로 늙어 간다. 마치 봄에 억지로 열매를 맺은 포도나무가 가을이 오기 전에 시들어 죽는 것과 같다.

인간이 성에 눈을 뜨는 시기를 자연의 섭리 외에 교육을 통해서도 조절할 수 있다면, 아이들이 어떤 종류의 교육을 받느냐에 따라 그 시기를 앞당기거나 늦출 수 있을 것이다. 그리고 그 진행을 늦추거나 앞당기는 것을 통해 아이들의 육체적인 발육이 달라진다면, 이 시기를 되도록 늦추는 것이 몸의 원기와 힘을 북돋는 데 훨씬 이로울 것이다.

이쯤에서 나는 늘 논란거리인 한 문제를 거론하련다. 그것은 아이들이 성적으로 궁금해하는 것을 일찍부터 설명해 주는 것이 좋은지, 아니면 그것을 점잖은 말로 에두르며 아이들을 속이는 것이 좋은지의 문제다. 나는 그중 어느 한쪽 편도 들고 싶지 않다. 전자의 경우, 이런 호기심이 발생하지 않도록 그 실마리 자체를 없애 버리면 그만이다. 후자의 경우, 아무래도 좋을 문제를 가지고 아이들을 기만할 이유가 없다. 이럴 때는 아이에게 거짓말을 하기보다 그의 침묵을 종용하는 편이 낫다. 그런데도 꼭 대답해야 한다면, 아주 간단명료하게 말하라. 일말의 난처함도 웃음기도 보이지 말라. 아이의 호기심을 자극하기보다는 충족시켜 주는 편이 훨씬 안전하다. 물론 당신들은 진실만을 이야기해야 한다. 아이들에게 거짓말의 위험을 경고하려거든, 당신들부터 거짓말을 하지 말아야 한다. 교사의 거짓말이 들통나면 그동안의 가르침은 모두 물거품이 된다.

어떤 문제들은 아이들이 전연 모르는 것이 가장 좋다. 그러나 언제까지 숨길 수 없다면 차라리 아주 일찍부터 알려 주는 편이 좋다. 아이들의 호기심을 끝까지 잠재우거나, 아니면 그것이 위험의 실마리가 되지 않는 시기에 충족시켜 주어야 한다. 이를테면 당신의 학생이 열여섯 살이 될 때까지 성의 문제에 완전히 문외한으로 남아 있을 수 없다면, 그는 열 살이 되기 전에 성의 차이에 대해 배워야 한다.

아이의 순수함을 보전하는 가장 좋은 방법은 그의 주위에 아이를 아끼고 사랑하는 사람들을 두는 것이다. 그렇지 않으면, 그것을 지키려는 우리의 노력은 결국 실패하고 만다. 우리의 머쓱한 미소와 눈짓, 그리고 부주의한 몸짓이 아이에게는 무언가를 숨기고 있다는 인상을 준다. 아이의 순진무구함을 정말로 아끼고 사랑한다면 천진난만한 자에게 어떤 식으로 말해야 하는지도 금방 알 수 있을 것이다. 꾸밈없는 소박한 말투, 그것이 아이들을 위험천만한 호기심으로부터 지켜 준다.

"아기는 어디에서 나오나요?" 아이들의 마음에 자연스레 생겨나는 질문이다. 이 성가신 질문에 우리가 얼마나 지혜롭게 또는 어리석게 대답하느냐가 아이의 한평생 도덕관념과 건강에 지대한 영향을 끼치리라. 어머니가 그런 아들에게 거짓말을 하지 않으면서 곤경에서 벗어나는 가장 쉬운 방법은 그에게 침묵을 종용하는 것이다. 평상시 아이의 대수롭지 않은 질문들에 어머니가 늘 그런 식으로 대처했다면, 또 아이가 어머니의 다소 생소한 말투를 미심쩍어하지 않는다면, 이것도 나름 괜찮은 방법이다. 여기서 무례가 되지 않는다면, 내가 일찍이 감명 깊게 들었던 한 점잖은 부인의 전혀 다른 답변을 소개하련다. 그녀는 평소 말과 행동이 조심스러운 여성이었다. 그러나 자기 아들의 행복을 위해서는 사람들의 쓸데없는 비난이나 세간의 풍문 따위는 전연 개의치 않았다. 하루는 아이가 불쑥 물었다. "엄마, 아기는 어디서 나와요?" 그러자, 어머니는 일말의 망설임도 없이 대답했다. "아들아, 여자는 소변을 보는 것처럼 아이를 낳는단다. 그것은 무척 아프지. 그래서 때론 죽는 일도 있단다." 우매한 사람은 이런 대답을 듣고 웃거나 눈살을 찌푸릴 테다. 그러나 지혜로운 사람이라면 이보다 분별 있고 우리의 목적에 부합하는 대답은 어디에도 없다고 생각할 것이다.

  이 시기에 깨어나는 여러 가지 정념이 제자리를 찾으려면 그것들의 발달 기간을 길게 잡고 특정 정념이 생겨날 때마다 적응의 시간을 충분히 가져야 한다. 그러면 인간이 아닌 자연이 정념을 알아서 잘 통제하리라. 자연이 자기 일을 잘하도록 돕는 것, 그것이 당신들의 과제다. 아이가 혼자 있을 때 당신들이 할 일은 하나도 없지만, 주위에 있는 모든 것이 그의 상상력에 불을 지핀다. 아이는 관습의 급류에 휩쓸린다면, 당신들은 아이를 반대 방향으로 밀어 주면서 중심을 되찾는다. 상상력에 감정의 굴레를 씌우고, 인습의 외침을 이성으로 잠재우라. 모든 정념은 감성에서 비롯되지만, 그 방향을 결정하는 것은 상상력이다. 그러므로 잘못된 상상력이 정념을 부덕으로 몰아간다.

첫 번째 사회적 감정

아이가 오직 자기 자신만을 의식할 때는 도덕적이라고 부를 만한 행동도 없다. 아이가 그 자신의 테두리를 벗어나야 비로소 선과 악의 감정이 생겨나고, 그로부터 도덕적 관념을 형성하여 인류의 참된 일원이 된다. 그러므로 이 문제를 가장 먼저 살펴보아야 한다. 이를 위해 우리는 어려서부터 생각만 어른 같은 조숙한 아이들의 예를 멀리하고, 자연이 정해 놓은 순서대로 자라나는 아이들의 사례를 눈여겨보아야 한다.

자연의 과정은 느리고 완만하다. 서서히 피가 달구어지

고, 기운이 샘솟고, 체질이 완성된다. 지혜로운 직공은 작업 준비가 모두 끝났을 때 비로소 일을 시작한다. 오랜 불안 끝에 최초의 정념들이 분출되지만, 여전히 그것들의 의미를 알 수 없다. 무언가 욕망을 느낄 뿐, 그것이 무엇인지 모른다. 피가 들끓는다. 눈은 반짝거리며 다른 존재들을 쳐다본다. 주위 사람들에게 관심을 보이기 시작하고, 인간은 혼자 사는 것이 아니라고 느낀다. 이리하여 인간에 대한 애정과 애착이 싹튼다.

교육을 잘 받은 젊은이가 처음 느끼는 감정은 사랑이 아니라 우정이다. 상상력이 깨어나기 시작하면 가장 먼저 그의 주변 사람들을 머릿속에 떠올린다. 인류에 대한 감정이 성에 대한 감정을 앞선다. 순수의 시대가 길어질수록, 당신들은 새롭게 깨어난 감정을 이용해 사춘기 소년의 마음속에 인류애의 맹아를 심어 줄 수 있다. 순박하게 자란 젊은이는 자연이 부여한 정념도 부드럽고 다정하다고 느끼기 마련이다. 그는 타인의 고통을 함께 슬퍼하는 따뜻한 마음을 가졌고, 친구와 재회라도 하는 날이면 기뻐서 가슴이 뛴다. 젊음의 혈기를 이기지 못해 급히 화를 내다가도, 그때가 지나면 깊이 후회하는 선량한 모습을 보인다. 단언컨대, 착하게 태어나서 스무 살이 될 때까지 순수함을 간직하고 있는 소년이야말로 가장 인정 많고 사랑스러운 인간일 것이다.

인간의 나약함이 인간을 사회적 존재로 만든다. 우리 모두의 고통이 인류애를 돈독히 한다. 애착은 결핍에서 비롯된다. 혼자서 모든 일을 할 수 있다면 굳이 다른 사람이 필요 없다. 우리의 섬약한 행복은 인간 존재의 허약함에 기인한다.

젊음의 감성을 북돋고, 거기에 친절하고 선량한 마음을 더하고 싶은가. 그렇다면 인간 행복에 대한 거짓 환상이 부추기는 오만함, 허영심, 시기심을 경계하라. 궁정의 화려함과 호화로운 구경거리는 멀리하고, 사교계 출입도 자제하라. 인간이 어떤 존재인지도 모르는 자에게 서둘러 세상을 보여 준다면, 사람 됨됨이만 그르칠 뿐이다. 가르침은 온데간데없다. 인간은 하나같이 빈손으로 태어나 고뇌에 찬 삶을 살다가 결국에는 죽는다. 이것이 인간 존재의 숙명이다. 그리고 인간의 본성을 연구하는 출발점이다.

열여섯 살 사춘기 소년은 괴로움이 무엇인지 안다. 그런 감정을 몸소 겪었을 테니까. 그러나 아직 타인의 고통을 알지 못한다. 눈으로 보기만 할 뿐, 마음으로 느끼지 못하기 때문이다. 그러다가 차츰 감각이 깨어나면서 상상력을 자극하고, 그로부터 동료 인간들 사이에서 자신의 존재를 인식하고, 다른 사람의 고통을 공감하기 시작한다. 인류의 이런 가엾은 광경으로부터 측은지심이 생겨난다. 이런 연민의 정이 바로 인간의 마음이 자연의 질서를 따랐을 때 가장 먼저 경험하는 사회적(상대적) 감정이다.

이 모든 것은 세 가지 명제로 요약된다. 첫째, 인간의 마음은 자기보다 행복한 사람이 아니라 우리의 동정심을 불러일으키는 불행한 사람을 향한다. 둘째, 타인의 불행을 가엾게 여기는 것은 우리 자신도 그와 같은 처지에 놓일 수 있다고 여기기 때문이다. ("불행이 무엇인지 알기에 그런 사람을 돕는 것입니다.") 셋째, 불행한 사람에 대해 느끼는 애처로움은 그 불행의 크고 작음이 아니라 그로 인해 슬퍼하는 사람에 대한 감정에 비례한다.

다시 나의 방법으로 돌아오자. 임계 나이에 근접한 당신 학생의 마음을 자극하기보다 억누르는 편이 좋다. 사춘기 소년의 상상력에 재갈을 물려 그 활동을 최소화하라. 화려한 도시 생활을 멀리하라. 그곳에서는 여성들의 사치스러운 옷차림과 대담한 행동이 자연의 가르침을 재촉한다. 그리고 아직은 모르는 편이 좋을 각종 쾌락이 자신의 의사와 상관없이 눈앞에 펼쳐진다. 당신의 학생을 도로 시골집으로 데려가라. 순박한 전원생활이 정념의 분출을 뒤로 늦출 테니까. 만일 예술적 취향 때문에 도시를 떠날 수 없다면, 그로 인한 나태한 생활을 경계하라. 친구와 직업과 오락거리를 신중하게 선택하라. 어느 곳에나 과잉의 위험이 도사리고 있고, 지나친 정념은 돌이킬 수 없는 화를 부른다는 사실을 명심하라. 당신의 학생을 간호사나 자선회 수도사로 만들어 그가 이런저런 병원을 전전하며, 또는 그레브 광장과 형무소를 오가며 끊임없이 고통스러운 광경만 목도할 필요는 없다. 그런 광경을 너무 자주 보면 인간적인 비극에 공감하기보다는 오히려 마음이 무덤덤해진다. 그러므로 당신 학생에게 인간의 운명과 동료 인간들의 고통에 대해 얼마간 알려 주되, 그런 광경을 너무 자주 보여 주지는 말라. 적당한 시기에 적당한 사례를 하나 골라 당신 학생의 동정심을 유발하면 그 여운은 한 달 동안 가시지 않으리라. 실례, 교훈, 장면을 남발하지 않음으로써 당신들은 감각적인 충동을 무디게 하고, 자연의 방침을 따르면서도 그 속도를 조절할 수 있다.

이 연령대의 강렬하고 갑작스러운 감정이 학생 지도를 어렵게 한다는 교사들의 불평은 나도 잘 알고 있다. 그러나 교사들은 자기 자신을 탓해야 하지 않을까? 그 격정적 기운을 감각적인 충동과 결합하도록 내버려두었다가 이제야 그것을 다룰 방법이 없다고 한탄하고 있으니 말이다. 청소년기의 맹렬함은 교육에 방해가 되기는커녕 교육을 완성하는 마중물이다. 그것을 고삐 삼아 육체적으로는 어른이나 마찬가지인 사춘기 소년의 마음을 이끌 수 있다. 이 시기에 샘솟는 사랑의 감정을 매개로 당신들은 그의 향후 모든 행동을 통제할 수 있다. 사랑의 감정이 없을 때는 오직 자기만 있을 뿐이다. 그러나 사랑의 감정이 싹트기 시작하면 애착의 대상이 생겨나고, 그렇게 다른 인간들과의 연결 고리가 만들어진다. 그러나 무턱대고 모두를 사랑하는 것은 아니다. 우선은 자신과 관련 있는 동료들하고만 애착 관계가 형성된다. 그들은 생각과 느낌이 자기와 같고, 슬픔과 기쁨을 함께 나눌 수 있는 사람들이다. 한마디로 남처럼 느껴지지 않아 그들을 통해 자기애가 충족되는 사람들이다. 당신 학생이 자연의 성향이나 기질을 충분히 훈련하고, 그 자신과 타인에게서 목격되는 여러 감정을 오랫동안 숙고한 뒤에야 비로소 그의 머릿속에 인류라는 추상적인 관념이 자리를 잡고, 그의 마음속에 인류애라는 보편적인 감정이 더해진다.

에밀, 열여덟 살이 되다 – 인류애의 시대

사회 교육

마침내 우리는 도덕의 영역으로 들어왔다. 어른이 되기 위한 두 번째 단계다. 그 시기만 놓고 생각하면, 여기서 나는 양심의 발로를 추적하고, 사랑과 미움의 감정으로부터 생겨나는 선과 악의 최초의 관념을 밝히고 싶다. 나는 정의와 선이 단순히 추상적인 용어나 오성이 창조한 도덕적 개념이 아니라, 우리의 원초적 감정이 이성의 도움을 받아 마음속에서 개화된 진실한 감정이라는 것을 보여 주고 싶다. 또 나는 어떤 자연의 법칙도 양심을 도외시한 채 이성의 힘만으로 성립할 수 없고, 자연의 권리는 인간 마음의 본능적 필요에 따른다는 것을 주장하고 싶다. 그러나 지금 이 자리에서 내가 형이상학이나 윤리학에 관한 논고를 쓴다거나, 그런 식의 논의를 길게 끌고 가는 것은 시의적절하지 못하다.

지금까지 나의 에밀은 오직 자기밖에 모르는 아이였다. 이런 그의 눈에 동료 인간들이 들어오기 시작하면 자연스레 자신과 그들을 비교하게 되고, 그것을 통해 남들보다 우월한 자리를 차지하고 싶어진다. 이때가 바로 자기애가 자존감으로 바뀌는 시기다. 그리고 자존감과 관계된 모든 정념이 왕성한 활동을 개시한다. 사람들 사이에서 자기가 어떤 지위에 있어야 한다고 느끼고, 그 자리에 오르기 위해 어떤 어려움을 극복해야 한다고 생각하는지에 따라 그의 성격을 지배하는 주된 정념이 인간적이고 상냥한 것인지, 아니면 잔인하고 악의적인 것인지가 결정된다. 이미 그에게 모든 인간에게 공통되는 인생의 역정에 대해서는 가르쳐 주었으니, 이제부터는 사람들 간의 차이를 보여 주고, 사회질서를 전체적으로 알려 주련다.

여기서는 우리가 지금까지 따랐던 방법과는 반대로 자신의 경험이 아닌 타인의 경험에 비추어 젊은이를 교육하는 것이 중요하다. 그의 곁에 함께 생활하면서 호감을 느낄 만한 동료 젊은이들을 두라. 그러는 동시에 그에게 세상이 어떤 곳인지 가르쳐 주어 그가 거기서 벌어지는 모든 일을 곱새기도록 하라. 그는 인간의 타고난 선량함을 알고 몸소 느껴야 한다. 그리고 자기 스스로 이웃들을 판단해야 한다. 마찬가지로 그는 사회가 어떤 식으로 인간을 타락시키는지 지켜보고, 사람들의 편견이 모든 악의 근원임을 깨달아야 한다. 솔직히 말하자면, 이 방법은 문제가 있고 실행하기도 쉽지 않다. 너무 일찍부터, 너무 세세히 남의 행동만 들여다보면, 모든 것을 나쁜 쪽으로만 해석하는 고약한 버릇이 생겨서 나중에는 정말로 선한 것도 선한 것으로 보지 못한다. 그리하여 인간의 타락이 경고가 아닌 변명으로 전락하여, 인간은 원래 그런 존재라서 달리 개선의 여지가 없다고 둘러댄다.

이런 결함을 극복하고 그의 영혼이 이완되지 않고도 인간의 마음을 이해하기 위하여 나는 다른 시대, 다른 곳에 있는 사람들을 소환하련다. 그래야만 그가 순수한 관찰자의 시점에서 상황을 관조할 수 있다. 바야흐로 역사를 가르칠 시간대다. 그는 역사를 공부하면서 철학적 교훈 없이도 인간들의 마음을 헤아릴 수 있다. 일체의 편견도 정념도 없는, 공범자도 고소인도 아닌 단순 관객의 입장에서 그들을 보고 판단한다.

불행하게도 이 연구에는 다양한 위험과 결함이 존재한다. 우선 동료 인간을 공정하게 판단하는 관점에 이르기 어렵다. 역사 연구에는 한 가지 중대한 단점이 있는데, 그것은 인간의 좋은 면보다는 나쁜 면을 묘사하는 데 치중한다는 것이다. 혁명과 재앙과 같은 사건들만 세간의 흥밋거리이므로, 한 나라가 태평성대를 구가할 때 역사는 침묵한다. 그러다가 한 국가가 어떤 이유에서든 자국을 넘어 이웃 나라를 침탈하기 시작하면 그제야 역사 서술은 재개된다. 역사는 오직 망국의 기록일 뿐이다. 우리의 역사가들은 이야기를 끝낼 시점에서 하나같이 이야기를 시작한다. 파렴치한 놈들만이 유명세를 치르고, 선량한 다수는 흐지부지 역사의 뒤안길로 사라진다. 아니면 웃음거리로 전락한다. 철학처럼 역사도 항상 인간 비훼를 일삼는다.

게다가 역사적 사건을 있는 그대로 정확하게 기술했다고 장담하지도 못한다. 사실은 역사가의 머릿속에서 변형된다. 역사를 기록하는 자의 개인적 흥미와 편견에 의해 각색된다. 과연 누가 독자에게 그때의 일을 아무런 왜곡 없이 그대로 전달할 수 있겠는가? 무지와 이해관계가 모든 것을 바꾸어 버린다. 노골적인 간섭 없이도 주변 정황을 조금만 확대하거나 축소하면 아주 다른 상황이 만들어진다. 나무 한 그루가 더 있었는지, 바위가 오른쪽에 있었는지 왼쪽에 있었는지, 바람이 불어 먼지가 일었는지 어땠는지 하는 것들이 전투의 결과를 결정한 적이 얼마나 많았던가! 그런데도 역사가는 그런 것들은 전연 고려하지 않는다. 마치 그날 그 자리에 있었던 사람처럼 확신에 차서 패배나 승리의 원인에 대해 이러쿵저러쿵 이야기한다. 어떤 경우라도 그 이유를 제대로 모른다면 사실 자체가 무슨 의미가 있겠는가? 내가 참된 원인을 알지 못하는 어떤 역사적 사건으로부터 무슨 교훈을 얻을 수 있겠는가? 역사가는 내게 그 원인을 설명할 테지만, 그것은 어디까지나 그의 공상의 산물이리라. 그리고 항간에 떠도는 세평조차 사실에 가장 가까운 추측에 지나지 않는다.

사람들은 역사적 진실보다 인물 됨됨이와 태도의 사실적 묘사가 더 중요하다고 말한다. 인간의 성정만 제대로 포착하면 그만이지, 그 옛날 사건을 정확하게 기록한들 무슨 의미가 있느냐는 것이다. 이런 주장이 힘을 얻으려면, 그런 인물 묘사가 실물에 가까워야 한다. 그렇지 않고, 그것이 역사가의 상상 속에서 원형 대부분을 상실한다면, 우리는 도로 어려운 처지에 놓인다. 우리가 교사에게 주지 않으려 했던 권위를 이번에는 역사가의 손에 쥐여 주는 꼴이기 때문이다. 나의 학생에게 단지 상상 속 그림만 보여 줄 것 같으면, 그런 것쯤은 내가 직접 그려 보일 테다. 그

편이 그가 훨씬 이해하기 쉬울 테니까.[1]

젊은이에게 가장 나쁜 역사가는 자신의 견해를 말하는 사람이다. 오직 사실만을 보여 주라. 그리고 판단은 그가 스스로 내리도록 하라. 이것이 그가 동료 인간들을 알아 가는 방법이다. 만일 그가 항상 특정 작가의 판단을 따라야 한다면, 그는 다른 사람의 눈을 빌려 세상을 보는 것이므로 그자의 눈을 이용할 수 없을 때는 혼자서 아무것도 볼 수 없다.

나는 근대사는 다루지 않으련다. 근대인들은 하나같이 비슷하여 특징이라고 할 만한 것이 없을 뿐만 아니라, 우리 시대 역사가들은 인물을 묘사한답시고 화려한 색채 효과에만 몰두하여 정작 아무것도 표현하지 못한다. 고대의 역사가들은 웬만해서 인물 묘사에 나서지 않는데 간혹 그런 일을 하더라도 적극적으로 판단하기보다는 직관적인 서술에 머문다. 나는 투키디데스야말로 역사가의 전형이라고 생각한다. 그는 사실들을 서로 관련지어 서술할 뿐, 그것들을 임의대로 판단하지 않는다. 그러면서도 모든 핵심 정황들을 빠짐없이 제시하여 우리가 스스로 판단하도록 한다. 그는 모든 관련된 이야기를 독자의 눈앞에 펼쳐 보인다. 사건과 독자 사이에 끼어들지 않고 자신은 모습

---

[1] 제2부. "현명한 사람들은 역사를 인간의 성정에 적합한 도덕적 교훈이 가득한 우화집에 견준다."

을 감춘다. 우리는 책을 읽고 있다기보다는 특정 장면을 보고 있다는 느낌을 받는다. 다만 그가 세상에서 가장 비교육적인 전쟁 이야기만 하고 있다는 것이 애석할 따름이다. 크세노폰의《아나바시스》와 카이사르의《갈리아 전쟁기》에는 서로 엇비슷한 지혜와 결함이 담겨 있다. 사람 좋은 헤로도토스는 유창하고 소박한 말투로 독자의 흥미를 불러일으킬 만한 재미있는 이야기들을 끝없이 들려준다. 그야말로 가장 뛰어난 역사가라 할 만하지만, 그의 서술은 가끔 너무 유치하고 단순한 만담 수준이어서 젊은이의 취향을 형성하기보다 망치기 쉽다. 그러므로 헤로도토스를 읽을 때는 각별히 조심해야 한다. 리비우스에 대해서는 아무 말도 하지 않으련다. 곧 그의 차례가 올 테다. 그는 정치가이자 수사학자로서 이 시기의 학생들에게는 전혀 적합하지 않은 인물이다.

역사에서는 이름, 장소, 날짜에 의해 확정할 수 있는 명명백백한 사실만을 기록하는 경향이 있다. 그런데 한 사건의 원인이 오랫동안 축적된 것이라면, 무엇 하나 확실한 사실은 없게 되고, 바로 여기에 역사 서술의 문제가 있다. 우리는 흔히 어떤 전투에서 승리하거나 패배한 것이 혁명의 원인이라고 말하지만, 실은 그 전부터 혁명은 되돌릴 수 없었다. 도덕적 원인에 의해 이미 결정된 사건이 전쟁을 통해 겉으로 드러났을 뿐이다. 그런 인과관계를 역사가들이 이해하는 경우는 거의 없다.

그 밖에도 나는 역사가 인물의 됨됨이보다 행동에 주목한다는 사실을 지적하고 싶다. 역사에 등장하는 인물은 특정 시간대에 특정 차림새를 하고 있다. 역사는 공적인 공간에서 남에게 보여 주기식 자태를 뽐내는 사람만을 포착한다. 그 사람의 뒤를 살그머니 따라가서 사적인 공간에서 목격되는 각별한 교우 관계나 가정사는 그리지 않는다. 역사는 한 인물의 성정보다 그자가 걸친 외투를 묘사한다.

나는 인간의 마음을 탐구하려면 오히려 각 개인의 전기를 읽는 편이 좋다고 생각한다. 거기서는 역사가가 어디든 따라다니면서 주인공의 일거수일투족을 세세히 살필 테니까. 몽테뉴의 말처럼, "나는 전기 작가들을 가장 좋아한다. 그들은 사건의 진술보다 관념의 전개에 관심이 있고, 밖으로 드러나는 것보다 안에 파묻혀 있는 것에서 즐거움을 느끼는 사람들이기 때문이다. 이것이 내가 플루타르코스를 가장 좋아하는 이유다."

인간의 개인적 성격은 국민성이나 집단적 특성과는 확연히 다르다. 그러므로 인간의 마음을 집단적으로 검토하지 않고서는 그것을 온전히 알 수 없다. 그러나 우선은 사람을 판단하는 능력을 기르기 위해 인간 개개인을 연구해야 한다. 그리고 각 개인의 성향을 완전히 파악한 뒤에 그것들의 집단적인 효과를 가늠해 보아야 한다.

플루타르코스의 매력은 세부적인 묘사에 있다. 인물의 위대함 뒤에 가려진 소소한 일상을 그려 내는 솜씨가 가히 일품이다. 적당한 일화를 골라서 정곡을 찌르는 한마디 말, 미소, 몸짓으로 주인공의 인물됨을 낱낱이 보여 준다. 이를테면 한니발의 시시콜콜한 농담이 군대의 동요를 잠재우고, 전장의 사기를 드높인다. 죽마에 올라탄 아게실라오스의 모습에서 나는 페르시아 대왕을 쳐부순 사람을 사랑하게 된다. 알렉산드로스는 군말 없이 단숨에 약을 들이켠다. 그의 인생에서 가장 아름다운 순간이다. 모름지기 인간은 이런 식으로 묘사해야 한다. 사람 됨됨이는 외모에 드러나지 않고 영웅적 행동에도 나타나지 않는다. 인간의 참모습은 사소한 장면에 묻어난다.

허영심의 치유

우리의 목적지까지 한 걸음 남았다. 자존감은 유용하지만 위험한 도구다. 그것은 종종 사용자의 손에 상처를 입힌다. 좋은 방향으로 작용할 때도 폐해가 없지 않다. 에밀은 자기가 남들보다 행복하다고 느낄 때 그 공적을 당신들의 가르침이 아닌 그의 똑똑함으로 돌릴 것이다.

그는 혼자서 중얼거린다. "나는 똑똑하지만, 다른 사람들은 모두 바보 같아." 이것이 우리가 가장 경계해야만 하는 잘못이다. 한번 그런 상태에 빠지면 좀처럼 헤어나지 못한다. 만일 어느 쪽이든 선택해야 한다면, 나는 오만함에서 비롯되는 잘못보다 차라리 편견에서 생겨나는 잘못을 택하리라.

허영심을 고치는 약은 경험뿐이다. 그것도 확실히 그러리란 보장은 없다. 그러나 어쨌든 그 싹이 자라는 것은 막을 수 있다. 당신들의 시간을 진부한 토론으로 낭비하지 말라. 이 시기의 젊은이는 자신도 다른 인간들처럼 허물이 있다는 점을 스스로 느껴야 한다. 그러지 않고서는 그런 잘못을 절대로 알 수 없다. 다시 한번 나는 본래의 길에서 벗어나, 나의 학생에게 짐짓 불행의 그늘을 드리우리라. 일련의 사건을 겪으면서 그는 자기가 남들보다 똑똑하지 않다는 것을 몸소 깨달을 것이다. 우선 그가 아첨꾼들의 달콤한 말에 놀아나도록 할 테다. 그리고 무도한 녀석들이 그를 꾀어내어 한몫 잡으려 할 때도, 도박꾼들이 술수를 쓸 때도 그냥 바보처럼 내버려둘 테다. 내가 유일하게 신경 쓰는 대목은 그가 창부의 함정에 빠지지 않는 것이다. 사실 에밀은 이런 유혹들에 쉽게 현혹되지 않는다. 나의 계획이 항상 최악을 대비할 뿐이다. 우선은 사악함을 예방하려고 애쓰겠지만, 사정이 여의치 않으면 그것의 존재를 가정하고 그 치유에 전념할 것이다.

이런 일탈의 시간대에 우화를 곁들이면 좋다. 잘못한 자를 허구를 가장해 비난함으로써 젊은이의 마음에 상처를 입히지 않으면서도 그에게 가르침을 줄 수 있다. 그는 우화 속 교훈이 곧 자기에게 적용되는 것으로서 거짓이 아님을 금방 알아챈다. 아첨꾼들의 말에 속아 보지 않은 아이는 〈여우와 까마귀〉 이야기를 듣고도 아무런 감흥이 없다. 그러나 그런 경험이 있는 멍청한 녀석은 곧 까마귀가 어리석다는 사실을 쉽게 이해한다. 이런 식으로 그는 하나의 사실로부터 하나의 교훈을 얻는다. 금방 잊어버리고 말지도 모르는 경험이 우화를 통해 그의 마음속에 깊이 각인된다. 우리 자신의 경험이나 타인의 경험을 통해 얻지 못하는 도덕적 지식은 없다. 젊은이가 직접 경험을 통해 배우기가 어려운 경우라면, 그런 교훈은 역사로부터 배우면 된다. 시행착오의 위험이 크지 않다면, 그가 몸소 겪어 보는 것이 좋다. 그리고 그가 알게 된 특별한 사건으로부터 일반적인 준칙을 끄집어내라. 그러나 그런 것을 따로 자세히 설명하거나 정리할 필요는 없다. 우화 말미에 교훈이랍시고 몇 자 적어 넣는 것만큼 어리석은 일도 없다. 나는 라퐁텐의 비할 데 없는 우화집을 젊은이의 손에 건네주기 전에, 그 작가가 기껏 너무나도 명쾌하고 재미있게 이야기해 놓고는 그 내용을 다시 이러쿵저러쿵 설명한 끄

트머리 부분을 모두 삭제할 것이다. 설명 없이 우화를 이해할 수 없는 학생이라면 설명을 들어도 그 의미를 모를 테니까. 오직 어른만이 우화로부터 교훈을 얻을 수 있다. 이제 에밀도 그런 공부를 시작할 때다.

  나는 많은 젊은이가 인생에서 가장 혈기 왕성한 시기를 방에 틀어박혀 조용히 공부만 하다가 어느 날 갑자기 아무런 준비도 없이 세상에 내던져지는 것을 자주 보아 왔는데, 그것은 정말로 자연뿐만 아니라 이성에도 반하는 처사다. 당연히 그런 자들이 인생을 제대로 살아갈 리 만무하다. 참으로 심술궂게도, 우리에게 온갖 쓸데없는 것들은 잔뜩 가르쳐 주면서 정작 어떻게 행동해야 하는지는 알려 주지 않는다. 그러면서도 사람들은 우리의 사회 적응 운운한다. 현실은 우리 각자가 평생을 독방에서 사색이나 하면서 살아갈 팔자인 양 교육받는 것이다. 당신들은 아이들의 몸을 뒤틀고 아무 의미 없는 말이나 가르치면서 그들의 삶을 준비시켜 주고 있다고 착각한다. 나 역시 삶의 기술을 가르치는 선생을 자처했다. 나의 에밀에게 자신의 삶을 살아가는 방법을 가르쳤다. 그 밖에도 빵을 얻는 방법을 알려 주었다. 그러나 그것만으로 충분하지 못하다. 세상을 살아가려면 사람들과 잘 지내야 하고, 남들의 마음을 어떻게 움직여야 하는지 알아야 한다. 사회생활을 할 때는, 개별적인 이해관계를 염두에 두고 행동해야 한다.

그리고 앞으로 닥칠 사건을 바르게 예측하면서 자기 일을 그르치지 말아야 한다.

착한 사람이 되고 싶거든 착하게 행동하라. 다른 방법은 없다. 당신들의 학생에게 최대한 착하게 살라고 가르치라. 가난한 사람들을 물심양면으로 돕고, 억압받은 자의 정의를 위해 힘쓰라고 교육하라. 친구 사이의 불화도, 불우한 사람들의 고통도 외면하지 못하는 박애 정신을 길러 주라. 그런 자애로운 마음을 행동으로 옮기면서, 그리고 그 노력의 좋고 나쁜 결과를 스스로 성찰하면서 당신들의 학생은 많은 유익한 지식을 습득할 것이다. 학교에서 얻는 지식 말고도, 그에게는 그의 지식을 실생활에 적용할 수 있는 훨씬 중요한 능력이 생겨날 것이다.

종교 교육

독자들은 놀라겠지만, 나의 학생은 유·소년기를 거치면서 종교 교육을 전연 받지 않았다. 열다섯 살 소년이 자기 영혼의 존재를 모르고, 열여덟 살에도 그런 것을 배울 준비가 되어 있지 않다. 그 이유는 간단하다. 너무 이른 시간대에 배우면 무엇 하나 온전히 이해하지 못할 위험이 있기 때문이다.

아이들에게 교리문답을 가르치고 있는 현학적인 교사의 모습은 우스꽝스럽기 그지없다. 아이에게 그가 배운 내용을 설명해 보라고 하면 그는 한마디도 하지 못하리라. 물론 당신들은 기독교 교리의 신비로움은 아이가 어른이 되고, 인간이 늙어 죽을 때까지도 이해할 수 없는 것이라고 항변할 것이다. 그러면 나는 인간이 상상하지도 못하고 믿을 수도 없는 신비로움을 아이들에게 일찍부터 가르치는 것이 곧 그들에게 거짓을 가르치는 것이 아니고 무엇이냐고 되물을 테다. 더군다나 신비로운 것이 있다는 사실을 인정하려면 적어도 그것이 불가지(不可知)한 것이라는 것쯤은 이해할 수 있어야 하는데, 아이들이 그런 개념을 알고 있을 리 없다. 무릇 주변이 온통 신비로운 것투성인 나이에는 정말로 신비로운 것은 존재하지 않는 법이다.

아직 진리를 이해할 수 없는 자들에게 억지로 진리를 가르치지 말라. 잘못하다가는 오개념만 생겨난다. 신을 비천하고 기이하고 몰가치한 존재로 생각하려거든, 차라리 신에 대하여 아무것도 모르는 편이 낫다. 플루타르코스는 말한다. "사람들이 플루타르코스를 부정한 인물로, 시기와 질투의 화신으로, 과도한 폭군으로 기억할 것 같으면, 나는 차라리 세상에 존재하지 않는 자가 되고 싶다."

아이들의 마음속에 각인된 신의 왜곡된 모습은 평생 그들의 뇌리에 남아 어른이 되어서도 어릴 때 인상에서 벗어나지 못한다. 아이는 신을 우상처럼 숭배한다. 신에게 인간의 형상을 덧씌우기 때문이다. 그런 상상력은 신을 바르게 이해하는 일을 가로막는다. 일찍이 내가 스위스에서 만났던 한 선량하고 경건한 어머니는 유년기 동안 자기 아들에게 종교를 일절 가르치지 않았다. 어설픈 가르침이 오히려 나중에 이성의 시대가 도래했을 때 아이의 교육을 망칠지도 모른다고 믿었다. 그 아이는 헌신과 경애로 충만한 신의 이야기만 듣고 컸다. 무언가 말하고 싶은 것이 있어도 자기 입을 굳게 다물어야 했는데, 그 대상이 너무나도 거룩하고 위대한 존재라서 그렇단다. 이런 강요된 침묵은 아이의 호기심을 자극하여, 그는 얼른 커서 사람들이 자기에게 감추는 그 신비를 직접 밝혀 보리라 다짐했다. 우리가 신에 대하여 말을 아낄수록, 아이의 궁금증은 커져만 갔다. 아이는 가는 곳마다 신을 찾았다. 나는 이런 식으로 무턱대고 신비로운 분위기만 고조하는 것이 소년의 상상력을 너무 자극하여 과도한 집착을 부르지 않을까 걱정이다. 신을 믿는답시고 광신자로 둔갑할지도 모른다.

그러나 나의 에밀에게는 그런 일이 벌어질 걱정이 없다. 그는 어떤 일이든 자기가 이해할 수 없는 것이면 관심을 두지 않는다. 아예 본체만체한다. 그가 그런 성가신 문제에 주의를 기울이기 시작하는 것은 그만큼 지적으로 성숙하여 자연히 그럴 때가 되었기 때문이다.

이쯤에서 우리는 큰 난관에 봉착한다. 그것은 사실 자체보다 사실을 인정하지 못하는 사람들의 비겁함에서 비롯된다. 그래서 더욱 어렵게 느껴진다. 나는 적어도 그 문제가 무엇인지는 말해야겠다. 아이는 아버지의 종교적 그늘에서 성장하기 마련이다. 그의 주변에는 자기가 믿는 종교만이 진실하고 나머지 종교는 모두 황당하고 터무니없는 것에 불과하다는 증거가 언제나 차고 넘친다. 다른 어떤 것보다도 종교 문제에서는 억견이 난무한다. 우리가 그런 억견의 굴레에서 벗어나고 일체의 권위에 구애받지 않으려면 어떻게 행동해야 할까? 우리는 에밀이 어느 나라에 있든 그가 스스로 배울 수 없는 것은 아무것도 가르치고 싶지 않다. 에밀에게 적합한 종교는 무엇일까? 자연의 아이는 어떤 종파에 속해야 할까? 그 대답은 너무나도 쉽다. 그를 이런저런 종파에 인위적으로 배속시키지 않는 것이다. 그가 이성의 도움을 받아 자기에게 가장 적합한 종파를 스스로 자유롭게 선택하는 것이리라.[2]

---

[2] 이 시점에서 루소는 에밀의 이야기를 잠시 접고, 〈사부아 신부의 신앙 고백〉이라는 글을 끼워 넣어 자연종교론을 전개한다. 이 논고는 책 전체의 8분의 1에 해당하는 장문이다. 겉으로는 루소와 가까웠고 방랑자 루소의 영혼을 보듬었던 한 가톨릭 사제의 신앙 고백처럼 보이지만, 사실은 루소 자신의 신앙 고백이다. 도입부에서 루소는 종교적 믿음의

우리가 인간의 권위나 조국의 편향된 시각은 괘념치 않고 오직 자연에 따라서만 교육을 한다고 했으니, 이성의 빛이 우리를 데려가는 곳도 다름 아닌 자연 종교다. 그래서 내가 그곳에 에밀과 함께 머물러 있는 것이다. 만약 그가 그 밖에 다른 종교를 가지려 한다면, 그것은 이제 내 소관이 아니다. 선택은 오로지 그의 몫이다.

우리는 자연과 보조를 맞춘다. 자연이 인간의 육체를 완성할 동안 우리는 인간의 도덕적 마음을 견인한다. 물론 그 둘의 진행 속도는 같지 않다. 몸은 이미 강하고 견고해도, 영혼은 아직 무디고 약하다. 그리고 인간의 간섭에도 불구하고 자연의 기질이 항상 이성을 앞선다. 지금까지 우리는 그중 하나는 억누르고, 다른 하나는 촉진하면서 인간을 본연의 모습대로 교육하고자 노력했다. 자연의 성장을 따르면서 이성의 힘으로 감성의 분출을 제어했다. 사물의 근원까지 거슬러 올라가면서 그가 감각의 노예가 되지 않도록 했다. 이런 그를 자연의 연구로부터 그 창조자의 탐구로 안내하는 일은 어렵지 않았다.

전거를 논한다. 그는 영국의 저명한 신학자 새뮤얼 클라크(1675~1729)의 주장을 따르면서 동시대 철학자들의 유물론적 시각을 반박한다. 이어 신의 계시에 의존하는 종교적 교리를 논한다. 그리고 내면의 빛(이성)이 실질적으로 인간에게 필요한 모든 종교적 방향을 결정한다고 결론짓는다.

이렇게 해서 우리 학생에게는 새로운 억지력이 생겨난다. 이제 그는 남의 시선이나 법의 강제 없이도 스스로 착해지고 선한 행동을 하려 한다. 그리고 신을 바르게 섬기고, 죽음을 무릅쓰고 자신의 의무를 다하려 한다. 그는 유덕함이 단지 인간 사회의 사랑-모든 것이 자기애로 수렴되는-만이 아니라 조물주의 사랑과 참된 자기 사랑에 이르는 길임을 깨닫는다. 그래서 궁극적으로 지고지순한 신이 이번 생을 올곧게 보낸 자에게 약속하고 있는 다음 생의 영원한 행복을 누리기 위한 것이라고 믿는다.

에밀, 스무 살이 되다-사랑의 시대

성년기

마침내 자연이 정해 놓은 시간이 오고야 말았다. 인간은 유한한 존재이므로 아이를 낳아 종족을 번식시키고 세상이 계속 돌아가도록 한다. 당신들은 중요한 시기에 이르렀음을 예감하자마자 종전의 방식을 버려야 한다. 그는 아직 당신의 문하에 있지만, 이미 당신의 학생이 아니다. 당신의 친구인 동시에 한 명의 인간이다. 이제부터는 그를 그런 식으로 다루어야 한다.

우리는 어떤 식으로 행동해야 할까? 그의 욕망을 채워 줄 것인가, 아니면 그것을 억누를 것인가. 어느 쪽이든 매우 심각한 결과를 초래하므로 우리의 선택지도 그만큼 좁아진다.

당장은 그를 일찍 결혼시킴으로써 이런 곤란한 입장에서 벗어날 수 있다. 이것은 가장 확실하고 가장 자연적인 계획이다. 그러나 그것이 가장 좋거나 가장 유용한 선택인지는 의문이다. 결혼할 만한 나이에 결혼하면 좋다는 생각에 누가 반대하겠느냐만, 결혼 적령기가 너무 빨라서 문제다. 결혼은 충분히 성숙할 때까지 연기해야 한다.

자연의 발달 과정에서 특정 시기를 상정하기란 불가능하다. 나는 에밀이 그동안의 보살핌 덕분에 이 시간대까지 그의 순수한 마음을 그대로 보존하고 있다고 생각한다. 그러나 그런 행복한 시절도 이제 곧 종말을 고하리라. 그는 나날이 커지는 유혹에 마음이 움찔하고, 내가 아무리 애를 써도 조만간 나의 그늘에서 벗어나리라. 이제 내가 할 수 있는 합당한 일은 하나뿐이다. 그것은 그 자신의 행동에 책임을 묻는 일이다. 예기치 못한 과실만 제외하고 그는 자기에게 닥친 절망적 사태를 직시해야 한다. 이제까지 나의 방법이 그의 무지를 이용하는 것이었다면, 이제부터는 그 자신의 지식에 의해 그를 통제하리라.

성년기에는 아이 때와는 정반대의 방법을 사용해야 한다는 점을 명심하라. 그동안 아이에게 숨겨 왔던 그 위험한 비밀에 대하여 그와 허심탄회한 대화를 나누라. 어차피 알게 될 것이라면, 그것을 다른 사람으로부터 또는 자기 스스로 알기보다 당신들에게서 배우는 것이 중요하다.

내가 이렇게 말한다고 그때그때 젊은이의 이야기 상대만 되어 주면 그만이라고 생각하는 독자들이 있을지도 모르겠다. 그러나 그런 식으로 알음알음 젊은이의 말동무나 해 주는 것으로 인간의 마음을 제대로 보살필 수 있겠는가. 그러기에 앞서 적절한 준비가 되어 있는지 확인하라. 씨앗을 뿌리려거든 땅부터 잘 갈아 놓아야 한다. 덕의 씨앗은 더디게 자라고, 그것이 뿌리를 내리기까지 오랜 준비 기간이 필요하다. 불타오르는 정념이 오성을 어지럽히고 의지를 집어삼킬 때가 지혜의 진중한 교훈에 귀를 기울일 적기인지 아닌지 생각할지어다. 그래서 이성의 나이에 도달한 젊은이조차도 아직 그럴 준비가 되어 있지 않거든 함부로 그와 이성의 대화를 나누지 말라.

집에만 틀어박혀 책이나 뒤적이며 고독과 한유의 시간을 보내고, 여성과 아이들 무리에 뒤섞여 소일하는 삶은 젊은이에게 언제나 위험하다. 나는 다른 감관에 의해 에밀의 주의를 환기하련다. 그의 일렁이는 마음을 다른 곳으로 돌리기 위함이다. 나는 고된 육체적 노동이 그의 머릿속 잡념을 억제하는 데 효과가 있다고 생각한다. 팔다리가 쉼 없이 움직이는 동안에는 상상력도 잠을 잔다. 몸이 피곤하면 열정도 쉬이 타오르지 않는다. 가장 손쉬운 예방법은 그를 당면한 위험으로부터 멀리 떼어 놓는 것이다. 우선 나는 그를 도시 밖으로 데리고 나가 도시 생활의 각종 유혹을 떨쳐 내리라. 그러나 그것만으로 부족하다. 우리가 아무리 외진 곳으로 도망간들 그의 상념 자체가 사라지는 것은 아닐 테니까. 어차피 모든 위험을 제거할 수 없다면 차라리 그를 원래 있던 자리로 되돌려 보내는 편이 좋으리라.

에밀에게는 직업이 있지만, 그 일이 지금 우리에게는 쓸모가 없다. 그는 농사일을 좋아하고 잘 안다. 그러나 농사일만으로는 충분하지 못하다. 그가 익숙한 일은 틀에 박힌 것이어서 그것에 전념할 필요가 없다. 그래서인지 그는 일하는 동안에도 다른 것을 상상하고 있다. 머리와 팔다리가 따로 움직이는 것이다. 그러므로 그에게는 새로운 일감이 필요하다. 그 생경함으로 흥미를 불러일으키는 동시에 마음을 온전히 휘어잡을 수 있는 일, 바로 사냥이다. 사냥이 인간에게 순수한 즐거움을 선사한다면, 지금이 바로 그때다. 당연히 나는 에밀의 젊은 시절이 동물의 살육으로 점철되기를 바라지 않는다. 그런 잔인한 열정을 정당화할 생각도 전혀 없다. 나의 바람은 그 새로운 일이

관능이라는 그보다 위험한 열정을 억눌러 내가 그것에 대해 말할 때 그가 차분하게 귀를 기울이는 것이다.

이상적인 여성

  에밀은 세상에 혼자 살라고 태어나지 않았다. 그는 사회의 일원으로 자신의 의무를 다해야 한다. 사람들 속에서 살아가야 하므로 그들이 어떤 존재인지 알아야 한다. 이미 인간 전반에 대해서는 어느 정도 알고 있다. 그에게 남은 일은 인간 개개인을 알아가는 것이다. 그는 세상 돌아가는 일도 대충 알고 있다. 이제 그 안에서 사람들이 어떤 식으로 살고 있는지 알아야 한다. 지금이야말로 그를 커다란 무대 앞으로 데려갈 때다. 그 무대 뒤에서 벌어지는 일은 익히 알고 있을 테니까. 그는 눈앞에 펼쳐진 장면을 바보처럼 넋 놓고 쳐다보기보다 진지하고 솔직하며 사려 깊게 바라볼 것이다.
  학문 연구와 마찬가지로 세상살이를 이해하는 데도 적합한 시기가 있다. 너무 어려서부터 세상살이를 배운 자는 평생 적절한 안목이나 반성 없이 인습의 노예가 된다. 그러나 세상 이치를 알 만한 나이에 그런 것을 배운다면, 인생을 살아가는 방식도 좀 더 분별 있고 적절하고 세련되리라. 아는 것이 하나도 없는 열두 살 아이를 나에게 맡긴다면, 그가 열다섯 살이 되었을 때 당신들이 아주 어렸을 때부터 공들여 가르쳤던 아이만큼 박식하게 만들어 되돌려 보내겠다. 두 아이의 다른 점은, 모든 것을 머리로만 알고 있는 당신들의 학생과 달리 나의 학생에게는 인생을 살아가는 지식이 있다는 것이다. 마찬가지로 스무 살에 적절한 안내를 받으며 세상에 첫발을 내딛는 젊은이가 1년 후에는 어려서부터 사교계에서 잔뼈가 굵은 동년배들보다 한층 매력적이고 예의 바른 사람이 되어 있을 테다.

이제 에밀이 반려자를 구할 때가 왔다. 그에게 어울리는 사람을 찾아보자. 물론 그런 사람을 쉽게 발견하지는 못하리라. 귀한 것은 드물기 마련이니까. 그러나 서두를 필요가 없고 낙담할 이유도 없다. 틀림없이 그런 여자는 있을 테고, 언젠가 우리 앞에 나타날 것이다. 적어도 그 비슷한 사람은 만나리라. 이런 멋진 계획을 세우고 나는 에밀을 사교계로 데려간다. 더 무슨 말이 필요한가?

내가 묘사하는 미래의 신붓감은 그의 마음에 들까. 그는 배우자의 뛰어난 성질은 마땅히 귀하게 여기고 좋아하면서도 자기가 피해야 하는 것들에는 경계를 늦추지 않을 것이다. 사내아이 마음속에 미지의 여인을 향한 어떠한 열정도 불러일으키지 못한다면, 나도 참 데면데면한 인간이리라. 하기야 상상 속에나 존재하는 여인을 그려 보여도 괜찮다. 우리는 실물보다 자기가 만든 이미지를 훨씬 더 사랑하는 법이니까. 인간이 사랑하는 대상을 정확히 있는 그대로 본다면, 지구상에서 사랑은 종적을 감출 것이다.

그렇다고 내가 현실에 존재할 수 없는 완벽한 여성상으로 우리의 젊은이를 기만할 생각은 없다. 나는 그가 사랑하는 사람의 결점을 통해 자신의 결점을 고칠 수 있기를 바라므로 그녀의 결점도 그의 이익과 마음에 부합한다. 만일 내가 그려 보이는 대상이 만족스럽다면, 그는 머지않아 그 실물이 보고 싶을 것이다. 나는 그 대상에 이름을 붙여 줄 것이다. 나는 웃으며 이렇게 말하리라. "그녀의 이름은 소피란다. 소피는 복되고 길한 이름이지. 설령 그것이 네가 고른 여자의 이름이 아니더라도, 그녀는 어쨌든 그 이름에 버금가는 여자일 테다." 어떤 성품의 여자를 반려자로 선택해야 하는지가 정해졌다면, 나머지는 일사천리다. 이제부터는 에밀을 세상에 내보내도 위험하지 않다. 관능의 폭주만 제어하면, 그의 마음은 안전하리라.

사회 진출 : 취향의 탐색

이제 에밀은 사회로 진출한다. 그는 사회적으로 높은

지위에 오르기보다 세상을 속속들이 알고 그 안에서 자신의 배우자를 구하는 데 관심이 있다. 그가 어느 집안 출신이든, 또 어떤 부류의 인간들 틈에서 목격되든, 그의 첫인상은 너무나도 수수하여 사람들의 이목을 끌지 못한다. 눈에 띄는 특이한 점이 하나도 없을 뿐만 아니라, 그런 것을 가지고 싶다는 욕망도 없다. 그는 다른 사람들의 의견에 휘둘리지 않으므로 그들의 편향된 의견에도 무덤덤하다. 그들이 자기를 높게 평가하든 말든 개의치 않는다. 그의 태도는 너무 얌전하지도 너무 거만하지도 않다. 그보다 자연스럽고 진지하다. 그는 스스럼없이 행동하면서도 무엇 하나 감추는 것이 없다. 사람들과 함께 있을 때도 자기 혼자 있을 때와 똑같다. 그는 말수가 적은데, 남의 시선을 끌고 싶지 않아서다. 그는 살면서 꼭 필요한 말만 한다. 수다쟁이로 살기에는 속이 너무 알차다. 그는 다른 사람들의 행동거지를 탓하기는커녕 그것에 장단을 맞춘다. 그런 것을 잘 알고 있는 세련된 인간처럼 보이고 싶어서가 아니라, 군중 속에서 두드러지는 것이 싫어서다. 아무도 그에게 신경을 쓰지 않을 때 그는 마음이 편안함을 느낀다.

앞에서 인간의 정념을 역사적으로 탐구했을 때와 마찬가지로 사회 속에서 사람들의 행위를 연구할 때도 그는 종종 인간 마음을 기쁘게 하거나 불쾌하게 하는 것이 무엇인지 숙고할 것이다. 이를 통해 그는 인간 취향의 철리를 살펴볼 텐데, 그것이야말로 이 시기에 가장 적합한 연구다.

나는 취향의 개념까지 정의하면서 논란을 자초하지 않으리라. 취향은 사람들 대부분을 기쁘게 하거나 불쾌하게 하는 것이 무엇인지 판단하는 능력에 지나지 않는다. 그렇다 해서 우리 대부분이 이런 능력을 갖추고 있는 것은 아니다. 비록 사람들 대부분이 개인적인 사안은 지혜롭게 판단하지만, 모든 일에서 다수의 판단과 보조를 맞추는 사람은 흔치 않다. 취향은 아름다움과 같다. 가장 일반적인 취향이 좋은 취향이라지만, 세상에 좋은 취향을 가지고 있는 사람은 극소수다. 마찬가지로 가장 흔한 특질들이 한데 모여 아름다움을 구성하지만, 정작 세상에 아름다운 사람은 드물다.

여기서 내가 말하는 취향은, 우리에게 쓸모 있는 것이어서 좋아한다거나, 또는 우리에게 해로운 것이어서 싫어한다는 것이 아니다. 취향은 우리의 이해관계 너머에 있는 것, 기껏해야 우리의 순수한 즐거움과 관련된다. 취향은 삶의 필요와는 하등 상관없다. 바로 이런 점이 취향의 결정을 어렵고, 예측 불가능하게 만든다. 게다가 취향은 다분히 지역, 관습, 정부, 제도의 영향을 받는다. 또 나이, 성, 성격에 좌우된다. 이런 제약들로 말미암아 취향에 대하여 갑론을박하는 것은 무익하다.

취향은 인간 본래의 특질이지만, 개인차가 있다. 취향의 정도는 타고난 감수성에 따라 다르고, 그것이 어떤 식으로 발달할지는 우리가 속한 사회에 달려 있다. 먼저 우리는 여러 종류의 사회 집단을 돌아다니며 그것들을 서로 비교해야 한다. 다음으로 즐거움과 여가를 위한 사회 집단을 눈여겨보아야 한다. 왜냐하면 실무를 표방한 집단은 즐거움보다 이해를 우선시하기 때문이다. 마지막으로 모두가 평등하고 여론의 횡포가 심하지 않은 사회 집단이 있어야 한다. 그렇지 않은 집단에서는 유행이 취향을 숨 막히게 하고, 사람들은 즐거움을 추구하기보다 남의 시선만 끌려고 아등바등한다.

이런 취향의 문제는 에밀의 현재 상황에서 대단히 중요하다. 세상 사람들이 무엇을 좋아하고 또 무엇을 싫어하는지 아는 것은, 남의 도움이 필요한 사람 못지않게 남을 도와주려는 사람에게도 꼭 필요하다. 누군가를 돕는 일이 곧 누군가를 기쁘게 하는 일이기 때문이다.

나의 학생의 취향을 계발하기 위하여 내가 이런 식의 문화가 아직 생경한 나라와 그것이 이미 농익은 나라 중 어느 하나를 선택해야 한다면, 나는 후자로부터 시작해 전자로 나아가련다. 왜냐하면 과잉 교양-아무도 신경 쓰지 않는 일에 우리가 민감해지는-이 취향을 망가트리기 때문이다. 지나친 섬세함이 논쟁적인 분위기를 만든다. 우리의 인식 대상도 그만큼 증가하기 때문이다. 그리하여 우리의 감각은 통일성이 떨어지고 예민함만 늘어난다. 세상에 사람들만큼이나 취향도 제각각인 이유다.

현재 지구상에서 파리만큼 취향이 속되고 악한 곳도 없다. 그렇지만 파리만큼 좋은 취향을 기르는 데 적합한 대도시도 없으리라. 유럽의 이름 있는 저술가치고 이 도시에서 한때를 보내지 않은 자가 거의 없다. 그들의 책만 읽어 보면 되지 않느냐고 반문하는 사람은 생각이 짧은 것이다. 그들의 책보다 살아 숨 쉬는 대화로부터 더 많은 것을 배울 수 있기 때문이다. 우리 지식의 대부분은 저술가들로부터 얻은 것이 아니다. 우리의 사고력을 길러 주고 시야를 넓혀 주는 것은 바로 사회생활의 법도다. 당신에게 번뜩이는 천재성이 있다면, 파리로 가서 1년 동안 지내보라. 그러면 곧 당신 능력의 임계치에 도달하거나, 아니면 아무짝에도 쓸모없는 바보가 될 것이다.

인간은 취향이 저속한 곳에서도 사고력을 기를 수 있다. 물론 주변에 물들지 않는 것은 대단히 어려운 일이지만, 나쁜 취향을 가진 사람들과 오랫동안 함께 지낸다고 해서 우리의 생각까지 그들과 똑같아지는 것은 아니다. 어디까지나 그들의 도움을 받아 우리의 판단력을 갈고닦을 뿐, 그들처럼 처신할 필요는 없다. 에밀은 파리로 갈 것이다. 그러나 내가 동행하여 그의 판단력이 그 도시의 세련된 교양에 의해 변질되지 않도록 조심할 것이다. 그리하여 그가 인간의 다양한 취향들을 이해하고 비교할 수 있는 판단력을 갖추었을 때, 그 자신의 취향은 가장 소박한 것으로 인도하리라.

책과 극장(고전의 가치)

나는 에밀의 취향이 순수함과 건전함을 잃지 않기를 바란다. 방탕한 분위기 속에서도 우리는 유용한 대화를 나눌 수 있다. 나는 그의 마음에 드는 주제들로만 이야기하면서 즐거움과 교훈을 함께 전달할 것이다. 이제 책을 읽을 때다. 그는 화법을 분석하고, 각종 수사와 용어의 쓰임새를 공부할 것이다. 일반적인 생각과 달리, 언어 공부는 그 자체로 유용한 것이 아니다. 그러나 우리는 언어를 공부하면서 일반 문법 규칙을 배운다. 프랑스어를 제대로 알고 싶은 사람은 라틴어를 공부하지 않을 수 없다. 우리는 그 두 언어를 공부하고 비교하면서 화술의 제반 규칙을 익혀야 한다.

게다가 고대인들의 작품에서만 엿볼 수 있는 단순하면서도 심금을 울리는 취향이 있다. 웅변, 시, 문학 등 장르 불문하고 나의 학생은 고전 속에서 그런 취향을 발견할 것이다. 마치 고대의 역사 서술이 풍부한 사실과 냉철한 판단을 특징으로 했던 것과 같다. 이와 대조적으로 우리 시대의 저술가들은 알맹이 없이 변죽만 울린다. 이런 자들의 판단을 불변의 법칙으로 여긴다면, 우리 자신의 판단력 제고는 요원한 일이다.

고대인과 현대인의 취향 차이는 각종 고대 유적, 심지어 무덤에서조차 목격된다. 우리의 묘비가 찬양 일색인 것과 대조적으로 고대인들의 묘비에는 사실만 덩그러니 적혀 있다. 한 예로, 내가 고대풍의 무덤에서 "나그네여, 가던 길을 잠시 멈추게나, 그대 발밑에 영웅이 잠들어 있다오"라는 묘비명을 보았다면, 나는 곧 그것이 현대인의 무덤이라고 생각했을 것이다. 왜냐하면 우리에게는 영웅만큼 흔한 것도 없지만, 고대에는 영웅이 무척 드물었기 때문이다. 고대인들은 묘비에 영웅이라는 말을 적기보다 그자의 영웅적인 행적을 기록했을 뿐이다. 그들은 누구든 있는 그대로 묘사했다. 그게 인간일 테니까. 크세노폰은 《아나바시스》에서 모략에 빠져 살해당한 몇몇 전사들의 명예를 기리며 "그들은 전우로서도 친구로서도 흠잡을 데 없는 인생을 살다가 죽었다"라고 했다. 그것이 전부였다. 그러나 이 짤막한 애가를 읊은 자의 마음은 얼마나 그윽한 것일까. 그 애잔함을 느끼지 못하는 자야말로 처량하기 그지없다.

테르모필레에는 이런 묘비명이 있다. "나그네여, 스파르타로 가서 우리가 국법을 지키느라 여기서 죽어 갔다고 전해 다오." 이것이 현대 아카데미의 행적이 아닌 것은 너무나도 명확하다.

나의 학생이 언어를 그다지 중시하지 않는 것과 별개로, 그는 대번에 이러한 차이를 깨닫고, 그런 차이를 생각하면서 그가 읽을 책을 선택할 것이다. 그는 데모스테네스의 힘찬 연설에 감동하여 "이자는 과연 웅변가구나"라고 말하는가 하면, 키케로를 읽으면서 "이자는 틀림없이 변호사야"라고 말하리라.

일반적으로 에밀은 우리 시대보다 고대의 저작들을 선호할 것이다. 고대인들은 시간상 먼저 등장하여 자연에 더 가깝고, 재능 면에서도 현대인들을 훨씬 능가하기 때문이다. 누가 무엇이라 말하든 간에, 인간의 이성은 나아진 것이 없다. 한쪽에서 얻은 것을 다른 쪽에서 잃기 때문이다. 인간의 정신 작용은 공평하다. 타인의 생각을 배우느라 너무 많은 시간을 허비하면, 그만큼 자기 스스로 생각할 시간은 줄어든다. 그리하여 시간이 지날수록 지식은 쌓여 가도 정신은 빈약해진다.

나는 도덕 공부보다 취향을 염두에 두고 에밀을 극장에 데려간다. 극장만큼 인간의 취향이 잘 드러나는 곳도 없다. 나는 에밀에게 당부한다. "이곳에서 도덕 운운하지 말라. 극장은 그런 것을 배우는 장소가 아니란다." 무대는 진리의 전당이 아니라 유머와 재미가 넘치는 곳이다. 인간의 마음에 즐거움과 감동을 주는 기술은, 오직 이곳에서만 온전히 배울 수 있다. 연극은 시와 한통속이다. 그 둘은 목적이 같다. 만일 에밀에게 시적인 취향이 조금이라도 있다면, 그는 당장에 시인들의 언어인 그리스어, 라틴어, 이탈리아어를 배울 것이다. 그런 공부는 그에게 무한한 기쁨을 선사할 것이다. 그리고 그에게 커다란 이익을 가져다줄 것이다. 그의 마음이 온갖 종류의 아름다움에 매료되는 연령대에 그것보다 마음에 드는 공부도 없으리라. 《아이네이스》 제4권, 티불루스, 플라톤의 《향연》 등을 읽고 있는 에밀을 상상해 보고, 이어 그런 책들을 읽고 있는 학교의 말썽쟁이들을 머릿속에 떠올려 보라. 그들 사이에 얼마나 큰 차이가 있는가! 한쪽은 마음속 깊은 곳에서 감동의 전율을 느끼는 한편, 다른 한쪽은 그 어떤 감정도 느끼지 못할 것이다. 나의 젊은이여, 읽던 책을 잠시 내려놓고, 솟구치는 감정을 추스르라. 사랑의 언어에서 희열을 맛보는 것은 좋으나, 그것에 너무 심취하지는 말라. 감성 있는 인간이 되는 것도 좋지만, 어디까지나 지혜로운 인간이 되어야 한다. 나는 에밀이 사어, 문학, 시 등에 정통하든 말든 신경 쓰지 않는다. 그것들에 대해 아무것도 아는 것이 없어도 괜찮다. 그의 교육은 그런 언어적 유희와는 아무런 상관도 없을 테니까.

나의 주된 목적은 그가 온갖 종류의 아름다움을 느끼고 사랑하는 법을 배우면서 그의 감정과 취향도 그런 식으로 형성하고, 자연의 욕구에 휘둘리지 않으며, 그리하여 행복은 자기 가까이에 있는 것이지 저 멀리 부귀영화에 있지 않다고 생각하는 것이다. 나는 다른 곳에서 취향이 자잘한 감정(鑑定) 능력에 지나지 않는다고 말한 적이 있다. 그러나 인생의 매력은 작고 소소한 일상에 있으므로 취향은 하찮은 것이 아니다. 그런 사소한 인식 작용이 우리 인생을 좀 더 선하고 진실하고 풍요롭게 만들어 준다.

그러는 동안에도 우리는 소피를 열심히 찾았지만 아무런 성과도 없다. 그녀를 너무 빨리 발견하는 것도 좋지 않기에 일부러 그녀를 찾을 수 없는 곳만 돌아다녔다. 그러나 이제 그녀를 진지하게 찾을 때가 되었다. 에밀이 다른 여자를 소피로 착각하고, 뒤늦게 자기 실수를 깨닫는 잘못을 범하지 않기 위해서다. 그리하여 파리에 작별을 고한다. 명성과 소음과 매연과 더러움으로 가득한 도시를 떠난다. 그곳에는 명예롭지 못한 여성들과 부덕한 남성들만 남아 있으리. 안녕, 파리여. 우리는 사랑과 행복과 순결을 찾고 있으니 그대에게서 멀어질수록 좋은 일 아니겠는가.

제5부
결혼

머리말

 교사에게 아직 할 일이 하나 더 남았다. 청소년기를 지나온 젊은이는 그를 온전한 공동체의 일원으로 만들어 주는 결혼을 준비해야 한다. 에밀의 이야기는 잠시 중단된다. 그리고 자연인에게 어울리는 여성을 자연의 방법에 따라 교육하는 문제가 대두된다. 에밀의 배필은 소피다. 에밀이 남성의 전형이라면, 소피는 여성의 전형이다. 그러나 그 둘 간의 로맨스가 시작되기 전에 다음과 같은 질문을 던진다. 즉 남성과 여성은 본래 어떤 점이 다른가? 그 차이는 인간 본성에 연유한다. 그리고 교육은 인간 본성을 고려해야 하므로 성의 차이를 반영할 수밖에 없다. 남성은 능동적이고 강하다. 여성은 수동적이고 약하다. 그러므로 자연은 남성에게 지배권을 주었다. 그러나 여성에게 그런 남성을 조종하고 이끄는 능력을 부여함으로써 그 권능에 제한을 두었다. 남성이든 여성이든 각자 자기에게 요구되는 개인적이고 사회적인 기능에 따라 교육을 받아야 한다. 그래야만 남녀 관계에서 그들의 고유한 소임을 다할 수 있다.

 이런 일반 원칙을 말한 뒤에 루소는 그 교육적 함의를 유쾌한 로맨스 형식으로 예시한다. 에밀이 소년기에 받았던 교육은 흡사 미개인과 같았다. 그러나 소피는 다르다. 그녀는 평범한 시골 소녀다. 그녀의 부모는 도시 생활의 번잡함에 염증을 느껴 소피를 시골의 자유로운 분위기 속에서 기르고자 마음먹었다. 이야기의 끝은 에밀과 소피가 서로 만나 교제를 하는 것이다. 그들은 아직 결혼해서 아이를 낳아 키울 만큼 장성하지 않았다. 그래서 에밀은 다시 여행길에 오른다. 이번에는 유럽의 여러 국가를 돌아다니며 정부의 제반 문제를 탐구한다. 이런 공부는 그가 장차 한 나라의 시민이자 한 가정의 어른이 되었을 때 지혜롭게 행동하기 위한 준비 과정이다.

교사의 마지막 과제는 그 젊은 커플에게 결혼 생활의 권리와 의무를 알려 주는 것이다. 이 책은 에밀 자신의 자녀 교육을 암시하며 끝난다. 그는 무턱대고 가정교사부터 찾지 않는다. 아버지야말로 자연의 교사일 테니까!

청소년기의 마지막 단계

우리는 청년기의 마지막 장면에 이르렀다. 그러나 아직 종막을 알리는 커튼은 내려오지 않았다.

성인 남자가 혼자 사는 것은 좋지 않다. 이제 에밀도 어른이다. 우리가 그에게 약속했던 배필을 구해 주어야 한다. 그의 배우자는 소피다. 우선 그녀가 어떤 사람인지 알아야만 한다. 그래야만 그녀를 어디에서 찾을 수 있는지 알 것이며, 그렇게 우리의 과제도 대단원의 막을 내릴 수 있다.

여성들의 교육

성별의 차이

에밀이 남성을 대표한다면, 소피는 여성을 대표한다. 그녀는 모든 인간적인 특질에 더하여 여성적인 특질도 가지고 있어야 한다. 그래야만 자신에게 요구되는 각종 육체적, 도덕적 역할을 잘 수행할 수 있다. 이제 여성이 남성과 어떤 점에서 같고, 또 다른지를 살펴보면서 논의를 시작하자.

성과 관련된 문제만 아니라면, 여성은 남성과 별반 다르지 않다. 몸속 기관, 필요, 능력 등 어느 하나 크게 다르지 않다. 그 차이라는 것은 그야말로 종잇장 한 장 정도다. 그러나 성과 관련된 모든 문제에서 양자 사이에는 서로 상응하는 차이가 목격된다. 그런데 인체 어느 구조까지 부분까지 성에 기인하는 것인지 밝히기 어렵다는 문제가 있다. 우리가 확신할 수 있는 것은 남성과 여성의 공통점은 종의 특성에 기인하고, 그 차이는 성의 특성에 기인한다는 사실뿐이다. 이런 두 가지 특성으로부터 우리는 남녀 간의 무수한 닮은 점과 다른 점을 발견하고, 남성과 여성이라는 매우 다르면서도 비슷한 두 부류의 인간 존재를 만들어 낸 자연의 경이로움에 탄복할 수밖에 없다.

그러한 같음과 다름은 사고방식에도 영향을 주지 않을 수 없다. 이것은 경험적으로 입증된 사실이고, 성적인 우열과 불평등에 관한 논쟁이 무익함을 보여 준다. 완전한 남성과 완전한 여성은 얼굴 생김새만큼이나 마음 상태도 전연 비슷하지 않다. 완전함은 정도의 차이를 허락지 않는다.

성적인 결합에서 남녀는 공동의 목적에 똑같이 이바지하지만, 그 방법은 상이하다. 사사로운 관계에서 그들의 차이는 서로 다름에 기인한다. 남성이 능동적이고 강하다면, 여성은 수동적이고 약하다. 이 원칙에 따르자면, 여성은 남성의 마음에 들어야 한다. 물론 남성도 여성의 마음에 들어야 하지만, 그 반대 경우만큼 절실하지는 않다. 남성에게는 지배의 속성이 있다. 남성은 강하다는 사실 하나만으로도 여성의 마음에 들 수 있다. 이것이 사랑의 법칙이 아니라는 점은 나도 인정한다. 그러나 이것은 사랑보다 더 오래된 자연의 법칙이다.

여성이 남성의 마음을 기쁘게 하고 남성을 거역하지 않는 것이 자연의 섭리라면, 여성은 남성의 기분을 맞추어 주고 그를 화나게 하는 일을 삼가야 한다. 여성의 힘은 매력에 있다. 매력을 통해 남성이 가진 힘을 불러내고 이용한다. 확실히 여성이 저항하는 모양새를 취하면 남성은 힘의 우위를 보이려고 애쓴다. 그 과정에서 욕망과 자존감이 한데 뒤섞여 남성은 여성이 유도한 승리에 우쭐댄다. 이런 식으로 남녀의 공수 관계가 만들어지고, 남성의 대담함과 여성의 소심함이, 궁극적으로 강자를 정복하기 위해 자연이 약자의 손에 쥐여 준 무기, 즉 수줍음과 부끄러움이 생겨난다.

그리하여 성의 차이로부터 또 하나의 결론이 도출된다. 강자가 겉보기에는 지배자처럼 보여도 실제로는 약자에 의존한다는 사실이다. 그것은 한쪽의 피상적인 의협심이나 다른 쪽의 교묘한 보호 본능 때문이 아니라, 변함없는 자연의 법칙 때문이다. 자연은 여성에게 남성의 욕망을 쉽게 자극할 수 있는 능력을 주었다. 남성은 자신의 욕구 충족을 위해 여성의 선의에 기댈 수밖에 없고, 여성의 복종을 조건으로 그녀의 마음에 들기 위해 노력한다. 이때, 남성은 자신의 승리(여성의 복종)가 힘의 우위에 따른 것인지, 아니면 그녀의 자의에 따른 것인지 확신할 수 없는데 이것이 그에게 묘한 쾌감을 준다. 그리고 여성은 언제나 그런 미심쩍은 상황을 고수하면서 능청을 떤다.

남성성과 여성성은 균질하지 않다. 남성성이 시점에 영향을 받는다면, 여성성은 한평생 그대로다. 여성은 자신의 성을 끊임없이 자각한다.

플라톤은 《국가》에서 여성에게도 남성과 똑같은 신체 훈련을 처방한다. 다른 선택지가 없었다. 그의 이상 국가에는 가정이라는 것이 존재하지 않으므로 여성을 남성으로 만드는 것 외에 다른 방법은 없었으리라. 그리하여 이 뛰어난 천재의 계획은 예기치 않게 상도(常道)에서 벗어나고 말았다. 나는 아내의 공유(共有)에 대해서는 아무 말도 하지 않으련다. 그의 책을 전혀 읽지 않은 사람들의 입바른 성토에 불과할 테니까. 그보다 나는 성의 차이를 무시한 채 남자와 여자에게 똑같은 일을 시키는 사회적 난교에 대해 말하고 싶다. 저 부드러운 자연의 감정으로부터 샘솟는 것이 인위적인 감정일 텐데, 거기서는 애국심 운운하며 자연의 감정을 파괴하고 있다. 그는 사회적 유대가 언제나 자연적 애착으로부터 발달한다는 사실을, 가까운 사람들에 대한 사랑이 국가에 대한 헌신의 토대라는 사실을, 가정이라는 작은 조국을 통해 큰 조국에 대한 사랑이 생겨난다는 사실을, 훌륭한 아들 훌륭한 남편 훌륭한 아버지가 훌륭한 시민이 된다는 사실을 깨닫지 못했다.

교육에서의 차이

남성과 여성은 성격과 기질이 서로 다르므로 그들이 받는 교육도 똑같아서는 안 된다. 자연의 지시에 따라 그들은 서로 협력하는 사이이지만, 그렇다고 동일한 일을 하는 것은 아니다. 지금까지 우리가 자연인을 길러 내는 일에 매진했다면, 이제부터는 그에게 적합한 배우자를 어떤 식으로 키워야 하는지 살펴보아야 한다. 그래야만 우리의 과업을 성공적으로 완수할 수 있다.

올바른 안내를 받고 싶은가, 그러면 자연의 지시를 따르라. 자연이 정해 놓은 성의 특징들을 존중하라. 남성들은 여성들을 자기들과 비교하면서 줄곧 이런 식으로 말한다. 여성들에게는 남성들에게 없는 이런저런 결점들이 있다고. 이것들이야말로 남성들의 허위의식이 아니고 무엇이란 말인가. 그런 결점들이 남성과 달리 여성에게는 오히려 장점으로 작용하기 때문이다. 그래서 그것들 없이는 세상 자체가 잘 돌아가지 않을지도 모른다. 여성 쪽에서는 우리 남성들이 자기들을 교태나 부리는 하찮은 존재들로 간주하면서 우리의 지배권을 공고히 한다고 불평불만을 늘어놓는다. 참으로 어리석은 푸념 아닌가! 언제부터 남성들이 여자아이들의 교육에 관여했단 말인가? 어머니들은 항상 자기들 마음대로 딸아이를 기르지 않았던가? 여자아이들의 예쁘장한 외모와 그들이 어머니로부터 배운 기교가 남성들의 마음을 사로잡아도 그것이 우리의 잘못은 아니지 않은가? 그러하다면 여성들을 남성들처럼 교육하라. 그렇게 하지 못할 이유도 없다. 그러나 여성들이 남성들을 닮아갈수록 여성들은 남성들에 대한 제어력을 상실하고, 그만큼 남성들에게 복종하게 된다.

남성과 여성에 공통되는 능력이라도 그들 사이에 정도의 차이가 있다. 그러나 전체적으로는 능력의 균형이 잘 잡혀 있다. 여성은 여성다울 때가 가장 좋다. 여성만의 능력을 십분 발휘해 언제나 자신의 가치를 더할 수 있다. 만일 여성이 남성의 자리를 빼앗으려 한다면, 여성은 항상 남성보다 아래에 머무르게 된다. 현명한 어머니여, 나의 말을 새겨듣기 바란다. 당신의 딸아이를 사내아이처럼 기르려는 것은 잘못이다. 그보다 훌륭한 여성으로 키워 내라. 그래야만 자기 자신은 물론 우리 남성들에게도 훨씬 가치 있는 사람이 된다. 여성을 무지한 상태로 가사의 벽장에만 가두지 말라. 남성은 자신이 동반자를 일개 하녀처럼 다루지 않으리라. 남편은 아내의 여성다운 매력이 사라지는 것을 원치 않을 테니까. 그것은 자연의 가르침에 역행하는 처사다. 자연은 여성들에게 기민하고 유쾌한 기지를 주었다. 자연은 여성들이 생각하고, 판단하고, 사랑하고, 이해하고, 외모와 마음 모두 잘 가꾸기를 바란다. 자연은 여성들에게 이러한 무기를 챙겨 줌으로써 그들의 부족한 힘을 보완하고 남성들의 힘을 올바르게 인도하도록 했다.

여성들을 위한 교육을 제안할 때는, 그들의 특별한 사명, 성향, 의무 등을 종합적으로 고려해야만 한다. 남성과 여성은 서로 의존하는 사이이지만, 그 정도에 차이가 있다. 우리는 여성들 없이도 살아가겠지만, 여성들은 우리 없이 살아가기 힘들다. 여성들은 우리의 적극적인 도움 없이는 삶의 파고를 헤쳐 나가기 어렵다. 이를 위해 여성들은 우리의 선의에 의존할 수밖에 없다. 여성들이 자기 자신과 아이들 문제에서 남성들의 판단에 따르는 것은 자연의 섭리다. 여성들은 자기 혼자서만 가치 있고, 아름답고, 지혜롭고, 명예로우면 그만인 것이 아니다. 그것들 각각이 세상의 존경, 찬양, 인정, 명성을 얻어야 한다. 그러므로 여성들의 교육은 남성들의 교육과 반대가 되어야 한다. 남들이 어떻게 생각할지가 남성에게는 독이 되지만 여성에게는 득이 된다.

아이들의 건강은 어머니의 좋은 체질에 달려 있고, 남성들의 어린 시절 교육은 전적으로 여성들의 몫이다. 남성들의 도덕, 정념, 취향, 즐거움, 행복까지도 여성들에게 의존한다. 이런 까닭에 여성들을 교육할 때는 언제나 남성들과의 관계를 고려해야 한다. 어느 시대나 여성들의 의무는 남성들에게 즐거움을 주고 쓸모가 있는 것, 남성들로부터 사랑과 존중을 받는 것, 남성들의 유년기 교육과 성년기 돌봄을 책임지는 것, 남성들에게 조언과 위로를 건네며 그들의 삶을 유쾌하고 기분 좋게 만드는 일이다. 여성들은 어려서부터 이런 식으로 교육받아야 한다.

여성기 훈련 1. 열 살 때까지

신체 훈련 : 우아함

여자아이들은 어려서부터 몸치장을 좋아한다. 자기가 예쁜 것만으로 만족하지 못하고 남들이 예쁜 아이라고 치켜세워 주기를 바란다. 그들의 사소한 행위 하나하나에 그런 관심이 묻어난다. 여자아이들이 말귀를 알아듣기 시작하면 남들이 자기들을 어떻게 생각할지 말해 줌으로써 그들을 지도할 수 있다. 만일 남자아이들에게 그런 식으로 말한다면, 그것은 어리석은 짓이다. 그만큼 효과가 없다. 사내 녀석들은 타인의 시선보다 자신의 자유와 놀이를 선호한다. 그들이 다른 사람들의 생각에 신경을 쓰기 시작하는 것은 세월이 꽤 지나 철이 들어서다.

어떤 식으로든 여자아이들을 어려서부터 교육한다는 것 자체가 대단히 좋은 일이다. 사람의 몸이 세상에 나온 뒤에 그 마음도 만들어지는 것이므로, 육체적 훈련이 정신적 도야를 앞선다. 이것은 남녀 모두에게 공통되지만, 성별에 따라 그 목적이 다르다. 소년들은 강인한 체력을 연마해야 하지만, 소녀들은 몸을 아름답게 만드는 데 목적을 두어야 한다. 물론 그런 특질들이 어느 한 성에만 국한된 것이라고 볼 수는 없지만, 어쨌든 그것들에 부여하는 상대적 가치는 서로 다르다. 남성들에게 어떤 일이든 쉽게 처리할 수 있는 능력이 있어야 한다면, 여성들에게도 어떤 일에서든 기품 있게 행동할 만한 힘이 있어야 한다.

여성들의 지나친 연약함이 남성들을 나약하게 만든다. 여성들이 남성들만큼 강인해질 필요는 없다. 그러나 건장한 사내아이들을 키워 낼 어머니라면 그러해야 한다. 이런 관점에서 여자아이들이 수녀원이나 기숙학교에서 자유롭게 뛰어다니면서 성장하는 것이 그들을 집 안에 가두어 놓고 어머니의 감시하에 여린 화초처럼 키우는 것보다 훨씬 바람직하다. 온종일 방구석에만 틀어박혀 있는 아이는 어느새 자기 몸을 일으켜 걷는 것도, 누군가와 이야기를 하는 것도, 심지어 숨을 쉬는 것도 버거워한다. 그리하여 마음껏 뛰놀고 소리치고 심통을 부려야 할 나이임에도 잠자코 있다. 이것은 자연의 이치를 거스르는 일이다. 그로 말미암아 마음도 몸도 모두 피폐해진다.

자연에 반하는 것은 무엇이든 나쁜 취향이다. 마음을 아름답게 꾸밀 때만큼 몸을 치장할 때도 그러하다. 모름지기 생명, 건강, 지각, 평안이 최우선이다. 자유롭지 못한데 우아함이 웬 말이며, 힘없고 아픈데 매력이 있을 리 없다. 고통은 동정심을 낳을 뿐이다. 우리에게 즐거움과 기쁨을 주는 것은 바로 건강한 아름다움이다.

인형 놀이, 그리기, 셈하기, 읽기와 쓰기

남녀 아이들은 많은 놀이를 함께 한다. 그것은 이상할 것이 없다. 어른이 되어서도 계속 그러할 테니까. 그러나 남녀 간의 취향의 차이도 존재한다. 남자아이들은 동적이고 시끄러운 것들, 즉 북, 팽이, 마차 등을 가지고 놀기 좋아한다. 반면에 여자아이들은 예쁘고 장식이 가능한 것들, 즉 거울, 보석, 옷가지, 특히 인형을 가지고 놀기 좋아한다. 인형은 소녀의 전유물이다. 인형 놀이는 여성 고유의 성적인 역할과 맞닿아 있다. 한 예로 인형의 몸을 예쁘장하게 치장하면서 여자아이는 타인의 마음에 드는 기술을 익힌다. 그러지 않고 어려서 그런 것을 어떻게 습득할 수 있겠는가.

여기 한 어린 소녀가 온종일 인형을 가지고 놀고 있다. 인형의 옷을 수백 번은 갈아입히면서 요리조리 어울리는지 아닌지 살핀다. 손놀림도 서툴고 취향도 세련되지 못하지만, 인형의 몸치장에 열과 성을 다한다. 그러면 당신들은 이렇게 말할지도 모른다. "자기 옷도 아니고 인형의 옷을 가지고 그런단 말이야." 그거야 그렇다. 인형만 가지고 야단법석을 부린다. 당분간은 자신을 인형에 이입하리라. 인형 말고는 아무것도 보이지 않을 것이며, 인형의 몸뚱이를 빌려 교태를 부릴 테다. 그러나 언제까지나 그럴 수는 없는 노릇이다. 그녀 자신이 인형이 되는 날이 올 것이다.

그렇다면 처음부터 여자아이의 취향은 분명하다. 그런 취향을 따르고 인도하는 것이 당신들의 일이다. 어린 소녀가 무엇보다 하고 싶은 일은 자기 인형을 리본, 목도리, 허리띠, 레이스 등으로 예쁘게 치장하는 것이다. 이를 위해 그녀는 다른 사람들의 도움을 받아야 한다. 그런데 만일 그녀가 자기 혼자서 그런 일을 할 수 있다면, 그 즐거움은 배가될 것이다. 이를 최초의 교육 동기로 삼으라. 교육한답시고 이런저런 일을 강제하지 말고 자발적으로 무언가를 하도록 배려하라. 거의 모든 어린 소녀들이 읽고 쓰는 일을 무척 싫어한다. 그러나 우리의 꼬마 숙녀들은 바느질을 항상 열심히 배운다. 여자아이들은 자신을 스스로 어른으로 생각하고는 그들의 재주를 자기 치장에 사용하는 즐거운 상상에 빠진다.

이렇게 시작된 교육의 여정을 따라가기란 쉽다. 직물 작업은 성인 여성은 몰라도 어린 소녀가 좋아할 만한 것은 아니다. 세간치장도 자기와 직접 관련이 없다면 여자아이의 환심을 사기 어렵다. 그러나 그녀는 바느질하고 자수를 놓고 레이스를 만드는 일에는 바로 흥미를 보인다. 그리고 그런 자발적 관심은 인접 분야인 그리기로 이어진다. 나는 소녀들에게 풍경화나 인물화를 가르치고 싶지 않다. 그들이 나뭇잎, 꽃, 과일, 그리고 옷의 우아함을 더해 주는 휘장 같은 것을 그릴 수 있으면 그만이고, 혹여나 마음에 들지 않는 것이 있을 때 자기 스스로 수(繡)를 도안할 수 있으면 좋겠다. 무릇 공부라는 것이 일상생활에 유용한 지식을 얻는 일이라면, 그런 공부는 다른 누구보다도 여성들에게 중요하다. 여성들의 삶은 남성들만큼 수고스럽지는 않지만, 자기들의 본분을 잊은 채 어느 한 가지 재능에만 몰두할 수 있는 그런 인생을 살 수 없기 때문이다.

누가 뭐라 말하든, 남녀 모두에게 양식(良識)이라는 것이 있다. 여자아이들은 일반적으로 남자아이들보다 고분고분하고, 어쨌든 복종할 대상도 많다. 그렇다고 해서 그녀들이 까닭도 모른 채 아무 일이나 억지로 해야만 하는 것은 아니다. 어머니의 기술은 여성들에게 맡겨진 모든 일의 목적을 말해 준다. 여자아이가 남자아이보다 지적으로 조숙하므로 어려울 것도 없다. 이런 원칙에 따르자면, 남자아이와 여자아이 모두 목적이 분명치 않은 공부, 나중에 쓸모 있다는 공부는 멀리해야 한다. 남자아이도 그렇거니와 아직 독서의 가치를 이해하지 못하는 여자아이에게 읽기 공부를 억지로 시키는 것은 대단히 잘못된 일이다. 여자아이들이 어려서부터 읽기와 쓰기를 배워야 하는 이유가 도대체 무엇인가? 그들이 가정을 꾸리고 살림살이를 하기까지 아직도 한참 남았다. 때가 되면 강제로 시키지 않아도, 그들의 호기심이 발동하여 알아서 그런 것들을 공부할 것이다. 가장 먼저 셈하기를 배워야 한다. 어느 연령대나 그것만큼 유익한 공부도 없다. 계산 실수를 하지 않으려면 연습도 많이 해야만 한다. 산수 공부를 열심히 하지 않은 꼬마 숙녀에게 간식으로 버찌를 주지 않으면, 내가 장담하는데 그 아이는 곧 계산하는 법을 배울 것이다.

게으름과 불복종의 예방

어린 소녀들에게 어떤 일을 시킬 때는 언제나 그 이유를 설명해야겠지만, 어쨌든 그런 식의 강요는 불가피하다. 여자아이들에게 게으름과 불복종은 대단히 위험한 결점이다. 그런 버릇은 한번 생기면 좀처럼 고치기 힘들다. 여자아이들은 용의주도하고 부지런해야 한다. 그들은 어려서부터 온갖 통제를 받는다. 이런 고난은, 자연이 여성에게 부여한 숙명과 같다. 여성들은 평생 예의범절의 굴레에서 벗어나지 못한다. 그러므로 그런 속박을 참고 견디며 그것을 자연스러운 것으로 받아들여야 한다. 어려서부터 제멋대로 행동하지 않으며 권위에 복종하는 것을 배워야 한다. 만일 여자아이들이 너무 정신 사납게 군다면, 때때로 아무 일도 시키지 않는 편이 좋다. 그들은 스스로 자제하는 법을 배우면서 사치, 변덕, 경박에서 멀어져야 한다.

어린 소녀들이 자신들의 일에 싫증을 내지 않도록 조심하라. 그들이 지나치게 놀이에만 정신이 팔려서도 안 된다. 보통의 교육 체제 아래에서는 그런 일이 자주 발생하는데, 페넬롱의 지적대로 한쪽은 지겹지만, 다른 한쪽은 재미있기 때문이다. 여자아이는 주위 사람들과의 관계가 좋지 못할 때 자기가 하는 일을 지루해한다. 그러나 사랑하는 어머니 곁에서는, 또 자기가 좋아하는 친구와 함께라면 매일매일 따분함을 모르고 일한다. 이런 경우에는 어떤 일을 강제로 하는 것이어도 그들과의 사이가 나빠지기는커녕 돈독해진다. 자연은 여성들을 의존적이고 순종적인 존재로 만들었기 때문이다.

여성들은 자기들에게 허용된 약간의 자유를 가지고 야단을 떤다. 소년들에 비하면 소녀들은 매사 극단적이어서 어떤 일이든 끝장을 보려고 한다. 이것이 여성들의 두 번째 결점이다. 이러한 과도한 집착에는 재갈을 물려야 한다. 이것이 여성 특유의 몇 가지 악덕, 특히 날마다 성향이 급변하는 것의 원인이다. 어린 소녀들이 웃고 떠들며 뛰노는 것이 나쁘다는 말이 아니다. 하나의 일에서 염증을 느끼고 다른 일로 주의를 급격히 돌리는 행태를 나무라는 것이다. 여자아이들은 자기들이 하던 일을 중간에 강제로 그만두고 순순히 다른 일을 하는 데 익숙해져야 한다. 이런 식의 일상적인 제약이 여성들의 인생에 꼭 필요한 유순함을 길러 준다. 여성의 가장 중요한 덕목은 상냥함이다. 남성처럼 불완전하기 짝이 없는 존재-사악하고 허툰 구석이 너무 많은-에 순응하라는 자연의 명령을 거역하지 않으려면, 여성은 결혼 생활의 불편부당함을 말없이 참고 견디는 것을 배워야 한다. 남편을 위해서라기보다는, 그녀 자신을 위해서 온유함을 잃지 말아야 한다.

소녀들의 순종적인 태도와 어머니들의 거침없는 행보

는 별개다. 어린 소녀를 유순한 존재로 만든답시고 그녀를 불행으로 몰아가지 말라. 때로는 그 아이가 기교를 부리는 것도 눈감아 주라. 그것은 혼나지 않기 위해서가 아니라 순종의 멍에를 벗어던지는 것이니라. 교활함은 여성의 타고난 속성이다. 모든 자연의 선물은 선하고 올바른 것이다. 그러므로 여성의 그런 재능도 다른 것들 못지않게 계발되어야 한다. 자연은 남성들보다 힘이 부족한 여성들에게 잔꾀를 부여했다. 이런 정당한 보상을 통해 여성은 남성의 노예가 아닌 동반자가 될 수 있었다. 여성은 남성과 동등한 지위를 확보함으로써 한편으로는 남성에게 복종하면서도 다른 한편으로는 남성을 지배하게 되었다.

여성기 훈련 2. 열 살 이후

몸치장과 즐거움의 기술

예쁜 옷을 입은 여성은 눈에 띄기 마련이다. 그러나 우리를 즐겁게 하는 것은 그 여성의 사람됨이다. 때로는 가장 수수한 옷차림이 세간의 주목을 받는다. 이런 관점에서 여자아이들의 교육은 완전히 잘못되었다. 어린 소녀들에게 상이랍시고 장신구를 주고, 그들이 화려한 옷차림을 좋아하도록 가르친다. 사람들은 예쁘게 차려입는 아이를 보면 "어쩜 저렇게 예쁠까"라고 연신 탄성을 내지른다. 이것은 매우 잘못된 것이다. 여자아이들에게 화려한 옷과 보석은 결점을 감추기 위한 것이고, 참된 아름다움은 그 자체로 빛을 발한다는 것을 가르쳐 주라. 한 여자아이가 공작처럼 예쁘게 몸치장을 하고 주변을 돌아다닌다면, 나는 그 부자연스러운 광경에 마음이 불편하여 이렇게 말하리라. "어린 몸뚱어리를 저리도 꾸미다니, 참으로 딱한 일이야. 좀 더 간소하게 차려입으면 좋지 않았을까? 아이 자체만으로도 아주 예쁘지 않은가?" 화려한 몸치장을 걷어 내면 그 본연의 아름다움이 밖으로 드러날 테니까.

성장기 아이들은 내적인 매력 없이 외적인 치장만으로는 한계가 있음을 금방 깨닫는다. 아직 어떤 식으로 몸을 치장해야 예쁜지 잘 모르고, 또 교태를 부리기에도 너무 이른 시간대다. 그러나 우아한 행동, 매력적인 말씨, 차분한 몸가짐, 가벼운 발걸음, 격식 있는 태도 등은 충분히 몸에 익힐 수 있다. 이쯤 되면 목소리의 폭이 넓어지고 강도가 세지고 어조가 탄력 있게 변한다. 팔 근육도 발달하고 움직임도 점차 탄탄해진다. 그리고 자연스레 다른 사람들의 시선을 끄는 기술에도 관심이 생겨난다. 이때부터는 바느질과 부지런히 움직이는 것만으로 부족하다. 바야흐로 새로운 능력을 계발하고 그 쓸모를 주장할 때가 왔다.

 엄격한 교사들은 여자아이들에게 노래와 춤 같은 유희를 가르치는 데 부정적이다. 그들은 통속적인 노래는 사악한 것이고, 춤은 악마의 발명품이라고 말한다. 어린 소녀는 오직 노동과 기도에서만 즐거움을 찾으라는 말인데, 열 살짜리 소녀에게 그것만큼 기이한 즐거움이 또 있을까! 나는 어린 소녀들이 아동기를 억지로 기도만 하며 보낸 뒤에 그들의 젊은 시절을 아주 다른 방식으로 보내지는 않을까, 그리하여 결혼한 뒤에 자기들의 잃어버린 시간을 되찾겠다고 나서지는 않을까 무척 걱정스럽다. 우리는 아이의 성별뿐만 아니라 나이도 염두에 두면서 무엇을 가르칠지 결정해야 한다. 어린 소녀에게 할머니처럼 살라고 강요하지 말라. 그녀는 생기발랄하고 쾌활하게 지내야 한다. 마음껏 춤추고 노래하며 그 나이에 어울리는 천진난만한 즐거움을 맛보아야 한다.

 사람들에게 즐거움을 주는 기술은 너무도 형식적이고 고리타분한 것이 되어 버렸다. 그리하여 마음 편하게 즐기면 그뿐인 것이 어린아이들에게 부담스러운 것으로 전락했다. 음악을 예로 들어 보자. 악보는 꼭 필요한 것인가? 음표를 읽을 줄 몰라도 목소리를 부드럽고 정확하게 내면서 감정을 실어 노래를 부르는 것을 가르칠 수 있지 않을까? 모든 목소리에 똑같이 어울리는 그런 노래가 있을까? 모든 기질에 똑같이 적합한 그런 방법이 있을까? 나는 키가 작고 쾌활한 검은 눈동자의 소녀와 키가 훤칠하고 우수에 잠긴 미녀에게 똑같이 어울리는 동작, 발걸음, 몸짓, 춤 같은 것이 있다고는 생각하지 않는다. 그러므로 그런 두 사람에게 똑같은 것을 가르치는 교사가 있다면, 나는 주저 없이 "그는 틀에 박힌 교사로서 자기 일에 대해 아무것도 모르는 사람이다"라고 말할 테다.

여자아이들을 남성 교사가 가르쳐야 하는가, 아니면 여성 교사가 가르쳐야 하는가? 나는 그들이 어느 쪽의 가르침도 받지 않고 자기들이 배우고 싶은 것을 알아서 배우기를 바란다. 즐거움이 목적이라면, 누구나 어린 소녀의 선생 노릇을 할 수 있다. 이를테면 부모, 형제자매, 동성 친구와 보모, 본보기, 자기 취향 등이다. 그중에서도 취향은 부지런함과 타고난 재능의 소산이다. 취향의 도움으로 아이의 마음속에는 서서히 각종 아름다움에 대한 관념이 생겨나고, 나아가 궁극적으로 아름다움과 관련된 도덕적 개념이 싹튼다. 그리하여 여자아이들이 남자아이들보다 일찍 정숙함과 예의범절을 습득한다. 어쨌든 이 조숙한 감정이 여성 보모의 가르침에 기인하지 않는 것은 분명하다.

사람들에게 즐거움을 주는 여러 기술 중에서 첫째가는 것은 말하는 기술이다. 감정과 생각은 표정에 생기와 변화를 가져온다. 그리고 대화를 촉진하여 정신을 한 가지 대상에만 집중시킨다. 그리하여 어린 소녀들은 일찍부터 귀엽게 재잘대는 것을 배우고, 어른들은 그들의 시시콜콜한 이야기를 즐겁게 경청한다. 아마도 그들의 지성이 감정의 틈바구니에서 깨어나는 순간을 기다리고 있으리라.

여자아이들의 수다에 대해서는 "그런 조잘거림이 무슨 쓸모가 있냐?"라고 남자아이들에게 하듯이 핀잔을 주며 가로막기보다 "너희들의 말이 어떤 쓸모가 있을까?"라고 진중하게 물으면서 그들의 답변을 궁색하게 만드는 것이 좋다. 아직 선과 악을 구분하지 못하고, 다른 사람을 판단할 능력도 없는 어린 소녀들은 이야기할 때 상대방이 좋아하는 것만 말하는 것을 규칙으로 삼아야 한다. 이 규칙을 실행하기 어려운 것은, 그것이 "거짓말을 하지 말라"는 우리의 첫째 원칙에 귀속되기 때문이다.

종교

남자아이들이 종교의 참된 의미를 이해할 수 없다면, 여자아이들은 더욱더 그러하다. 이런 까닭에 일찍부터 어린 소녀들에게 종교적인 이야기를 들려주어야 한다. 그러지 않고 이런 심오한 문제를 나중에 논의할 생각이라면, 그런 시기는 영원히 오지 않을 것이다. 여성의 행위는 대중의 견해에 좌우되고, 여성의 신앙은 권위에 복속된다. 어린 소녀는 어머니의 종교를, 부인은 남편의 종교를 따라야 한다. 여성들은 그런 문제를 독자적으로 판단할 수 없기에 아버지와 남편의 결정을 교회의 결정으로 받아들여야 한다.

어린 소녀들에게 종교는 침울하고 지겹다는 인상을 주지 말라. 종교를 일종의 과제나 의무처럼 만들지도 말라. 이를 위해 어떤 것도, 심지어 기도문조차 억지로 암기해서는 안 된다. 당신들이 규칙적으로 기도하는 모습을 보여주면 그만일 뿐, 함께 기도하자고 강요하지는 말라. 예수 그리스도의 가르침대로 기도는 짧고 경건해야 한다.

여자아이들을 서둘러 종교로 입문시키기보다 그들이 자기의 종교를 올곧게 배우고 그것에 애착을 느끼는 것이 중요하다. 종교가 부담스럽고, 신의 노여움만 항상 뇌리를 맴돈다면, 종교라는 이름으로 형식상 버거운 의무만을 부과한다면, 그들은 교리문답과 기도문이 단지 유년기의 멍에에 지나지 않는다고 생각하고는 자신들도 얼른 자라 당신들처럼 그런 굴레에서 벗어나기를 바라지 않겠는가? 당신들부터 모범을 보이는 것이 중요하다. 그러지 않으면 아이들은 아무것도 배우지 못할 것이다.

종교 교의를 설명할 때는 교리문답서에 의존하지 말고

직접 가르쳐야 한다. 어린 소녀들은 미리 정해진 답변을 되뇔 것이 아니라 자기 생각을 말해야 한다. 교리문답서의 대답은 온통 뒤죽박죽이다. 거기서는 학생이 선생을 가르치는 형국이다. 아이들은 자기가 이해하지 못하는 것을 설명하고, 자기가 믿고 있지 않은 것을 증언하는 과정에서 거짓 답변만을 내놓는다.

교리문답서의 첫 번째 질문은 "누가 당신을 창조하여 이 세상에 보냈는가?"다. 이 질문에 어린 소녀는 속으로야 당연히 자기 어머니라고 생각하면서도 겉으로는 한 치의 망설임도 없이 신이라고 대답한다. 나는 아이들의 인지 발달에 정통한 사람이 교리문답서를 저술하면 좋겠다고 생각한다. 그래서 교리문답 과정에서 아이들이 마음껏 자신들의 생각을 밝히고, 자기 차례가 되었을 때 궁금한 것을 자유롭게 묻기를 바란다. 나의 주장을 부연하고자 몇 가지 질문을 예시할 텐데, 대체로 그런 방식으로 묻고 답해야 위의 첫 번째 교리문답 질문에 도달한다는 것이 나의 생각이다.

유모   애야, 너의 어머니가 소녀였던 때를 기억하니?
아이   아니요.
유모   왜 기억하지 못하지. 너는 기억력이 무척 좋은 아이인데.
아이   그때에는 아직 세상에 태어나지 않았으니까요.

유모 그럼 너는 그전에는 살아 있지 않았구나.
아이 네, 그래요.
유모 너는 영원히 살 수 있니?
아이 그럴 것 같아요.
유모 너는 젊니, 나이가 많니?
아이 나는 젊어요.
유모 너의 할머니는 어떠시니?
아이 그거야 나이가 많으시죠.
유모 너도 앞으로 그렇게 될 것 같으니?
아이 잘 모르겠어요.
유모 나이가 들면 어떻게 되지?
아이 글쎄요.
유모 너의 할아버지는 어떻게 되셨지?
아이 돌아가셨어요.
유모 왜 그렇게 되셨니?
아이 너무 나이가 많으셔서 그래요.
유모 그럼, 얘야 다시 물으마. 나이가 들면 어떻게 되지?
아이 죽어요.
유모 너도 늙으면 그렇게 될까?
아이 오, 유모, 난 죽기 싫어요.

질문은 이런 식으로 계속되고, 마침내 세상 모든 것이 그러하듯 인류에게도 그 시작과 끝이 있다는 사실이 드러날 것이다. 한쪽 끝에는 부모가 존재하지 않는 아버지와 어머니가 있고, 다른 한쪽 끝에는 더는 자식이 없는 아이들이 있다. 이러한 긴 질문 과정을 거친 뒤에야 아이는 교리문답서의 첫 번째 질문을 이해할 수 있다. 그러나 첫 번째 질문과 두 번째 질문-신의 본질과 관련된-사이에는 커다란 간극이 있다. 신은 영(靈)이다. 그럼 영은 무엇인가? 이런 형이상학적 질문은 어린 소녀들이 답할 수 있는 것이 아니다. 오히려 그들이 우리에게 던질 만한 질문이다. 이런 경우에 나는 "애야, 너는 신이 어떤 존재인지 알고 싶은 게로구나. 그런데 그것은 내가 무어라 말하기 어려운 문제란다. 우리는 신의 말을 들을 수도 없고, 신을 볼 수도 없고, 신을 만질 수도 없을 테니까. 오직 신의 행동을 보고 신이 어떤 존재인지 판단해야 하는데, 그렇다면 신이 어떤 존재인지 알기 위해서는 신의 행동을 조용히 기다리는 것 외에 다른 방법이 없겠지"라고만 대답할 것이다.

신비를 가장한 교리는 멀리하라. 우리에게 아무 의미도 없는 말에 불과하다. 아이들은 항상 도덕적인 제약 속에서 그들에게 좋은 삶을 가르쳐 주는 지식만이 가치 있다고 여겨야 한다. 우리는 어린 소녀들을 신학자나 궤변가로 만들 생각이 없다. 그들의 일거수일투족을 신이 모두 지켜보고 있다고 생각하고는, 후일 신의 심판대에서 지상에서의 삶이 만족스러웠다고 말할 수 있으면, 그것으로 충분하다. 참된 종교는 이런 식이다. 거기에 미혹, 불경, 광신 따위는 발붙일 곳이 없다.

이성의 훈련

이성이 잠에서 깨어나고, 양심이라는 감정이 생겨날 때까지, 주위 사람들이 어린 소녀들에게 무엇이 좋고 나쁜지를 대신 결정한다. 그들이 하라는 것은 좋은 것이고, 그들이 하지 말라는 것은 나쁜 것이다. 아이들은 그것만 알면 된다. 그러므로 아이들 곁에서 이런저런 지시를 내리는 사람들을 선택할 때는 신중해야 한다. 특히 여자아이들에게 그러하다. 그러나 머지않아 이성의 시대가 도래하리라. 당연히 그들을 교육하는 방식도 달라져야 한다. 이제부터는 그들의 삶을 사회적 관습에만 옭아매지 않으리라. 인류에게는 대중의 견해보다 우선하는 법칙이 있다. 다른 모든 것이 그 확고한 법칙에 귀속된다. 그것과 일치할 때 대중의 견해는 가치 있고 권위를 갖는다. 이 법칙은 개인의 양심—인간의 내적인 확신—이다. 여성 교육이 불완전한 상태를 벗어나지 못하는 것은 그 두 가지가 서로 조화를 이루지 못하기 때문이다. 대중의 견해는 무시하고 자기 확신만 내세우는 여성은 설령 그것이 양심의 발로라 하더라도 세상의 인정을 받지 못한다. 반면에 자기 확신 없이 대중의 견해만 따르는 여성은 거짓과 부정과 허위에서 벗어나지 못한다. 그러므로 여성은 그 두 가지 사이에서 중심을 잡고 한편으로는 개인의 양심을 저버리지 않고, 다른 한편으로는 세간의 편견을 바로잡을 수 있는 능력을 길러야 한다. 그 능력이 바로 이성이다. 그런데 여기서 온갖 의문이 생겨난다. 여성에게 이성은 합당한 능력일까? 여성이 그런 능력을 기를 필요가 있을까? 이성의 계발이 여성 본연의 의무에 도움이 될까? 이성이 여성의 순박함과 양립할 수 있을까?

남성의 의무를 일깨워 주는 이성이 그다지 복잡하지 않다면, 여성의 의무를 상기시켜 주는 이성은 훨씬 간단하다. 남편에 대한 순종과 신의, 자식들에 대한 성의와 보살핌은 여성의 관점에서 너무나 당연하고 자연스러운 것이다. 그러므로 여성은 자기 내부의 목소리를 거역할 수 없을 뿐만 아니라 자연이 부과한 의무에도 소홀할 수 없다. 여성은 자신의 양심을 따르면서도 대중의 의견에 귀를 기울여야 하므로 그 두 가지 삶의 규칙 사이에서 조화롭게 살아가는 법을 배워야 한다. 이것은 여성 자신의 오성과 이성을 제대로 계발하지 않고서는 가당치 않은 일이다.

소피

올바른 교육의 결과

이제 에밀 앞에 나타난 소피의 모습을 살펴볼 차례다. 소피는 에밀을 행복으로 인도하는 이상적인 여성상이다.

소피는 좋은 집안에서 태어난 천성이 고운 아이다. 때로는 마음을 주체하지 못할 만큼 인정이 넘친다. 딱 부러지기보다는 예민하고 나긋나긋한 듯 변덕스럽다. 영혼의 진실함은 표정에 드러난다. 물론 그녀보다 뛰어난 소녀들도 있을 테고, 그녀가 지닌 자질을 질적으로 능가하는 소녀들도 있을 것이다. 그러나 그녀만큼 그런 자질들이 한데 어울려 훌륭한 성품을 빚어낸 경우는 없다. 그리하여 그녀가 세간의 관심과 주목을 받는 것은 조금도 이상한 일이 아닌데, 왜 그런지는 말로 설명하기 어렵다.

소피는 옷을 좋아할 뿐만 아니라 옷을 예쁘게 차려입을 줄도 안다. 그러나 사치스러운 옷은 좋아하지 않는다. 그녀의 옷은 언제나 간소하면서도 우아하다. 비록 유행하는 색이 어떤 것인지는 몰라도, 자기에게 가장 잘 어울리는 색은 꿰뚫고 있다. 그녀만큼 옷차림에 신경을 쓰는 여자아이도 없다. 무엇도 함부로 골라 입지 않는다. 겉으로는 수수한 복장 같아도 실제로는 매우 맵시 있다. 그녀는 자신의 매력을 밖으로 드러내기보다 안으로 감추면서 상상력을 자극한다.

소피에게는 천부적인 재능이 있다. 그녀도 잘 알고 있고, 그런 재능을 버려두지도 않았다. 다만 그것을 계발할 기회가 주어지지 않아서 그저 예쁜 목소리로 정갈한 노래를 부르고, 앙증맞은 발로 우아하게 걸어 다닐 뿐이었다. 노래 선생이라야 아버지가 전부였고, 춤을 가르쳐 주는 이도 어머니뿐이었다. 이웃에 사는 오르간 연주자가 몇 번 피아노 치는 법을 가르쳐 준 뒤로는 자기 혼자서 연주했다. 음악에 재능이 남달랐다기보다 취미가 있었다. 그녀는 악보를 단 한 마디도 볼 줄 몰랐다.

소피는 여성 본연의 의무를 명심하고 가장 열심히 배웠다. 봉제처럼 굳이 필요 없는 일들도 마다치 않았고, 바늘을 사용하는 일치고 그녀가 할 줄 모르는 일은 하나도 없었다. 특히 그녀는 레이스 만들기를 좋아했는데, 그것만큼 편안한 자세, 우아하고 가벼운 손놀림을 요하는 일도 없기 때문이다. 그녀는 또한 모든 집안일을 훤히 꿰뚫고 있었다. 각종 요리법과 부엌일, 식자재 가격에 그 품질까지 무엇 하나 모르는 것이 없었다. 게다가 계산에 능한지라 어머니의 알뜰한 살림꾼을 자처했다. 그러나 어떤 일이든 똑같이 좋아하는 것은 아니었다. 예컨대 그녀는 맛있는 음식은 좋아하면서 요리하는 일은 좋아하지 않는데, 조리 과정이 청결하지 않기 때문이다. 마찬가지로 텃밭에서 채마를 기르는 일도 내켜 하지 않는다. 흙과 퇴비를 더럽고 냄새나는 것으로 여기는 까닭이다. 이런 결점은 어머니에게서 배운 것이다. 어려서부터 여성의 첫째가는 덕목으로 늘 청결을 강조했기 때문인데, 그로 말미암아 그녀는 깨끗함이 몸에 배어 하고한 날 청소만 한다.

소피는 똑똑하지는 않지만 유쾌한 아이고, 생각이 깊지는 않아도 속이 꽉 찬 아이다. 그녀가 내뱉는 말은 충분히 매력적인데, 거기에 교양 있는 여성의 의례적인 표현 같은 것이 들어 있어서가 아니다. 그것이 비단 독서뿐만 아니라 부모와의 대화, 그리고 자기가 살아온 작은 세상에 대한 반성을 통해 축적된 마음의 발로이기 때문이다. 그녀는 종종 감정이 북받쳐 평정심을 잃지만, 이때도 타인의 감정을 고려하며 그 슬픔을 오롯이 자신의 몫으로 돌리는 착한 심성의 소유자다.

소피는 합리적이고 단순한 종교를 믿는다. 교리와 계율도 몇 개뿐인데, 그중 핵심은 도덕성이다. 올바른 행실이야말로 그녀가 신을 섬기는 방식이다. 부모의 모든 종교적 가르침은 신에게 복종하라는 명제로 귀결되었다. '얘야, 아직은 어려서 그런 것이 무엇인지 모르겠지만, 나중에 어른이 되면 너의 남편이 알려 줄 게야.' 그녀의 부모는 장황한 연설보다는 자신들의 본보기를 통해 교육했다.

소피는 덕을 숭상한다. 유덕한 여성은 명예롭고 행복하다고 믿기 때문이다. 또한 자기가 존경하는 아버지와 자기가 사랑하는 어머니가 소중하게 여기는 것이기 때문이다. 그런 고귀한 감정이 그녀의 영혼을 앙양하고 덕을 향한 숭고한 열정을 불러일으킨다. 그녀는 죽는 날까지 순결하고 선량하게 살아갈 것을 마음 깊이 다짐했다.

소피는 열다섯 살이지만 이미 모든 면에서 스무 살 처녀만큼 성숙했다. 그러니 부모는 그녀를 어린아이처럼 다루지 않는다. 그녀의 마음속에서 질풍노도의 기미가 보일 것 같으면, 서둘러 그 대책을 강구하리라. 부모는 아이의 나이와 성격을 염두에 둔 채 애정 어린, 사리에 합당한 이야기를 들려주고, 나아가 결혼에 관한 모든 것을 자세히 말해 줄 것이다.

그 결말은 이렇다. "나는 한 가지 약속을 했으면 싶다. 너의 의사를 존중하며 우리들 사이에 자연의 질서를 회복하기 위해서다. 일반적인 관례는 부모가 자식의 배우자를 선택한 뒤에 형식적으로 자식과 상의를 하는 것이다. 그러나 우리는 그와는 정반대로 행동할 테다. 네가 배우자를 고른 후에 우리와 상의하자꾸나. 소피야, 너의 권리를 당당하고 지혜롭게 행사하렴. 그래서 우리가 아닌 네가, 너 자신에게 가장 잘 어울리는 신랑감을 선택하거라. 그러나 너의 선택이 정말로 제대로 된 것인지 아닌지, 네가 무언가에 현혹되어 부적합한 상대를 고른 것은 아닌지 어떤지는 우리의 판단을 따라 주렴. 우리는 출생, 재산, 신분, 인습 따위는 조금도 개의치 않을 테다. 그보다 사람됨이 훌륭하고 성품이 너에게 적합한 남성을 우리의 사윗감으로 낙점하리라."

소피의 이상적인 남편 : 텔레마코스

내가 앞으로 소개할 여성은 소피와 너무나 닮아서 그녀의 이야기가 곧 소피의 이야기라고 말해도 무방하지 않을까? 이 젊은 아가씨는 모든 점에서 소피와 매우 비슷했기 때문에 나는 그녀를 그냥 소피라고 부르련다. 그녀의 부모는 위에서 내가 했던 이야기를 되풀이한 뒤에 그런 신랑감은 시골 마을에서 찾기 어렵다고 생각하고 그녀를 겨울 동안 도시에 사는 고모 집으로 보냈다. 물론 고모는 그 여행의 목적을 미리 알고 있었기에 소피를 주위 사람들에게 소개하고, 다양한 사교 모임에 데리고 다니면서 그녀에게 세상을 보여 주기도 하고 그녀를 세상 한복판에 던져 놓기도 하였다. 그녀는 잘생기고 행실이 바른 젊은 사내들을 애써 피하지는 않았지만, 그들 중 누구에게도 마음을 열지 않았다. 그런 사내들의 신부가 되고 싶지 않았던 게다. 어쨌든 그녀는 자기에게 어울리는 신랑감을 찾지 못했다. 게다가 도시 생활에 염증까지 느껴져서 처음 계획보다 훨씬 빨리 고향 마을로 돌아왔다.

다시 예전의 생활로 돌아왔건만, 그녀는 일이 손에 잡히지 않고, 괜히 마음이 불안하고, 슬픔이나 몽상에 잠기는 경우가 많았다. 처음에는 그녀가 사랑에 빠져서 부끄러운 나머지 그러는가 싶었는데, 그녀는 그런 혐의를 완강히 부인했다. 그리고 아직 마음이 설레는 사내를 만나 본 적이 없다는 수줍은 고백이 뒤따랐다. 어머니는 딸아이의 기운을 북돋우며 짐짓 묻는다. "애야, 어째서 너는 자유를 내팽개쳐 버렸니? 왜 남편감을 골라 오지 않았어?" 그러자 딸아이는 말했다. "저는 불행한 아이예요. 저는 사랑받고 싶지만, 누구 하나 제게 그런 사랑을 주지 않아요. 저는 사랑하지 않는 사람과 살면서 절망의 나날을 보낼 바에는, 차라리 불행하지만 홀로 자유롭게 죽고 싶어요." 그 순간 어머니는 어떤 비밀이 딸아이의 뇌리를 짓누르고 있다고 생각했다. 소피는 잠시 밖으로 나갔다가 다시 방으로 돌아왔는데, 그녀의 손에는 한 권의 책이 들려 있었다. 그것은 페넬롱의 《텔레마코스의 모험》이었다.

이제 보니 소피는 텔레마코스를 열렬히 사랑하고 있었다. "마음이 뜻대로 움직이나요? 세상에 존재하지 않는 사람을 사랑한다고 잘못하는 것은 아니잖아요? 저도 텔레마코스와 같은 왕자님을 찾고 있는 것은 아니에요. 그가 소설 속 인물이라는 것쯤은 알고 있어요. 다만 그와 비슷한 사람을 찾고 싶은 거예요. 왜 그런 사람이 존재하지 않는다고 생각하나요? 나는 그 사람과 하나 됨을 느끼고 있어요. 아마도 세상 어딘가에 그런 사람이 있을 테고, 그 사람 역시 저를 찾고 있을 거예요. 그러나 그가 누구이고, 그가 어디에 있는지, 저는 몰라요."

에밀과 소피

마침내 에밀은 소피를 만난다. 이 사랑스러운 아가씨의 생기를 북돋고, 상상력은 다소 억제하면서 그녀의 인생을 행복으로 물들이자. 에밀과 마찬가지로 자연의 학생인 소피는 어떤 여성보다도 그에게 어울린다. 출신, 성품, 재산 등 어느 하나 그의 배우자로서 손색이 없다. 그녀는 알면 알수록 매력 있는 여성이다. 그런 사실을 다른 누구보다도 그녀의 남편이 잘 알고 있다. 그녀가 받은 교육은 특별한 구석이 하나도 없다. 그녀는 배움은 얕아도 취향이 남다르고, 기술은 없어도 재능이 있으며, 지식은 부족해도 사리 분별은 정확하다. 마음은 아직 배울 여력이 충분한, 이를테면 파종을 기다리는 잘 경작된 땅과 같다. 참으로 기꺼운 무지 아닌가! 이런 그녀를 아내로 맞이할 남편은 얼마나 행복한가! 그녀는 남편을 가르치려 하지 않을 테다. 그의 뜻에 순응하리라. 자신의 취향을 강요하기보다 남편의 취향을 따를 것이다. 이제 그들이 교우할 시간이 왔다.

에밀과 나는 파리를 떠나면서 기분이 울적하고 생각이 많았다. 아무래도 이 번잡한 도시는 우리의 보금자리가 아니다. 에밀은 그 위대한 도시를 경멸에 찬 시선으로 바라보며 성난 듯 투덜댄다. "쓸데없는 짓거리로 시간만 낭비했어. 이런 곳에 나의 배우자가 있을 리 없잖아." 지금 우리는 여기저기 시골을 전전하고 있다. 그렇다고 궁정 나리들처럼 여행하는 것은 아니다. 탐험가들처럼 발길 닿는 대로 돌아다닐 뿐이다. 우리는 여행의 시작과 끝만 생각하는 것이 아니라, 그 사이에서 벌어지는 일도 염두에 둔다. 여행 자체가 우리에게는 하나의 즐거움이다. 우리는 죄수처럼 좁은 우마차에 갇혀 여행하는 것이 아니다. 그보다 사방 신선한 공기를 마시고 주변 경관을 마음껏 구경한다. 에밀은 역마차에 몸을 싣는 일이 없다. 또 어지간히

급하지 않고서는 말도 타지 않는다. 그에게 서두를 일이 무엇이란 말인가? 인생을 즐기는 것 말고.

여행할 때는 말을 타기보다 두 발로 걷는 것이 즐겁다. 걸어서 여행하면 언제든 떠나거나 쉴 수 있고 마음 내키는 만큼만 움직일 수 있다. 또 우리가 여행하는 고장을 전체적으로 둘러볼 수 있다. 요리조리 발걸음을 옮기며 구석진 재미에 빠진다. 그러다가 풍광이 좋은 곳에 다다르면 발걸음을 멈추고 주위를 돌아본다. 강이 보이면, 그 둘레길을 산책한다. 수풀이 우거진 곳에서는 그늘을 찾는다. 동굴이 있으면 그 안을 탐사하고, 주변 채석장에서는 광물을 조사한다. 마음이 동하는 곳에서는 한동안 머물다가 떠나고 싶으면 아무 때나 떠난다. 말이나 마부 따위가 거들 일이 아니다. 길이 울퉁불퉁하고 인편이 뜸해도 상관없다. 오직 두 발에만 의존하고 있는 나는 완전한 자유인이다. 먼 옛날, 탈레스와 플라톤과 피타고라스도 걸어서 여행하였으리라. 철학자가 어찌 다른 방법으로 여행하였으리오. 농업에 일말의 관심이라도 있는 사람이라면 자기가 지나가고 있는 마을의 특산품이 무엇인지 알고 싶지 않았을까? 마찬가지로 광물학자라면 자기가 밟고 지나가는 땅의 성분을 분석하고, 눈에 띄는 암석을 유심히 살피고, 산등성을 오르며 식물 채집을 하지 않았을까? 우리 시대의 철학자들은 도시 안에서 진열장을 전전하며 광물학을 연구한다. 거기에 모아 놓은 표본들은 단편적인 것에 지나지 않는다. 덩그러니 이름표만 달려 있을 뿐이니 그 본질을 제대로 이해하고 있는 사람은 아무도 없다. 에밀의 진열장은 어떠한가, 그것은 제왕의 진열장을 능가한다. 그 안에 세상을 담아 놓았기 때문이다. 그곳에서는 모든 것이 제자리에 있는데, 최고의 박물학자가 삼라만상을 가장 질서 정연하게 배치해 놓았기 때문이다.

도보 여행이 주는 즐거움은 참으로 많고 다양하다. 여행하면서 건강을 챙기고, 기분이 한결 나아진다. 숙소가 눈앞인데 어찌 우리 마음이 가볍지 않으리오! 조악한 음식도 우리에게는 진수성찬이고, 식탁에서 한가로이 노니는 즐거움도 한몫하리라! 단지 어떤 장소에 도착하는 것이 목적이라면, 급행 마차를 타면 그만이다. 그러나 여행이라는 것을 하고 싶다면, 어디든 자기 발로 걸어서 가라.

우리는 여행을 계속했다. 하루는 인적이 뜸한 산속에서 길을 잃었는데, 다행히 농부의 눈에 띄었다. 그는 우리를 자기 오두막으로 데려가더니 소박한 음식을 내주었다. 그는 말했다. "만일 신이 당신들을 언덕 반대편으로 인도하였다면, 당신들은 훨씬 융숭한 대접을 받았을 테요. 그쪽 어딘가에 성품이 착한 사람들이 화목한 가정을 꾸리고 살고 있거든요." 그래서 다음 날 우리는 서둘러 농부의 오두막을 나왔다. 그 집을 찾아볼 요량이었는데, 날이 어둑어

둑해져서야 간신히 목적지에 도착했다. 농부의 말처럼 우리는 환대를 받았다. 주인장은 우리에게 작지만 깨끗한, 각종 세간과 편의 시설이 잘 갖추어진 방을 내주었다. 에밀은 놀라움을 금치 못했다. "어째 우리를 기다리기라도 한 것 같아요. 낯선 이에게 이토록 친절하고 세심하게 배려를 하다니요. 마치 호메로스의 시대를 살고 있다는 착각이 들어요." 우리는 몸을 말리고 짐 정리를 끝낸 뒤에 집주인을 찾아갔다. 그는 우리에게 자기 아내를 소개했는데, 그녀는 에밀에게서 눈을 떼지 못했다. 안주인으로서는 에밀 같은 젊은 사내가 집 안으로 들어오면 당연히 경계하고, 적어도 호기심을 느끼기 마련이다.

우리를 배려해서인지 서둘러 저녁상을 차렸다. 식당에는 다섯 사람 자리가 준비되어 있었다. 우리 네 사람은 자리에 앉았다. 자리 하나가 빈 채로 있었다. 이윽고 한 젊은 처녀가 들어와 매우 정중하게 인사를 하고 아무 말 없이 자기 자리에 앉았다. 에밀은 허기진 배를 채우고 사람들과 대화하느라 정신이 없었다. 그래서 그녀에게 가볍게 목례를 하고는 식사와 대화를 계속했다. 어쩌다 대화에 등장한 텔레마코스라는 단어에 그 아가씨는 사뭇 당황한 눈치였다. 그러자 그녀의 어머니는 온화한 어조로 말했다. "소피야 진정하렴." 바로 그때, 소피라는 이름을 듣고 깜짝 놀란 에밀은 그녀를 바라보면서 지금 눈앞의 아가씨가 자기가 그토록 찾았던 사랑하는 소피라는 사실을 직감했다. 그리하여 소피도 그녀의 텔레마코스를 찾았다.

그들의 순수한 사랑 이야기는 평범하고 소박하다. 그래서 시시콜콜한 것으로 치부될지도 모른다. 그러나 거기에 함정이 있다. 남녀 관계에서는 첫인상만큼 그 두 사람의 인생 전체에 영향을 주는 것도 없다. 첫사랑의 그 강렬한 경험은 그야말로 죽을 때까지 사라지지 않으리라. 그런 사실을 사람들은 간과한다. 우리의 교육 논고들에서는 아이들의 허무맹랑한 의무들에 대해서만 길고 지루하게 이야기할 뿐, 정작 아이들의 교육에서 가장 중요하고 가장 곤란한 지점, 즉 그들이 아동기에서 성년기로 넘어가는 과도기와 그 위험에 대해서는 한마디도 말하지 않는다. 만일 누군가 나의 책이 가치 있다고 여긴다면, 그것은 다른 사람들이 침묵했던 그 시기를 논함에, 내가 그릇된 점잔을 빼거나 표현의 어려움을 핑계로 중간에 그만두지 않고 충분히 다루었기 때문이리라.

소피의 배우자감으로 낙점 받은 에밀은 그녀의 마음에 들기 위해 백방으로 노력했는데, 그 과정에서 자기가 그동안 절차탁마한 여러 재능이 가치 있다는 사실을 깨달았다. 소피는 노래하기를 좋아한다. 그는 소피와 함께 노래를 부르고, 나아가 그녀에게 음악을 가르쳐 준다. 그녀는 쾌활하고 민첩하며, 항상 폴짝폴짝 뛰어다닌다. 그래서 그는 소피와 춤을 추면서 그녀의 미숙한 동작을 바로잡아 준다. 이런 일련의 학습 활동은 매력적이고 환희에 넘친다. 에밀은 소피를 가르치는 일에 희열을 느낀다.

소피의 집에는 고물 피아노가 한 대 있었다. 에밀은 그 피아노를 수리하고 조율까지 끝냈다. 그는 자기 혼자서 할 수 있는 일은 무엇이든 배워야만 직성이 풀렸다. 그는 목수만큼이나 악기를 잘 만들고 고쳤다. 소피의 집은 그림처럼 아름다운 곳에 자리했다. 그는 소피의 도움을 받아 그 집을 여러 차례 화폭에 담았다. 그리고 완성된 그림은 그녀 아버지 서재에 걸어 놓았다. 에밀이 그림을 그릴 때면 소피도 그를 따라 하곤 하였는데, 그러면서 그녀 그림 실력도 차츰 좋아졌다. 소피의 모든 재능은 시간이 지날수록 만개했고, 거기에 그녀 자신의 남다른 매력까지 더해졌다.

이런 장면을 옆에서 지켜보고 있자니 마음이 뭉클하면서도 실소를 금치 못한다. 에밀은 소피에게 자기가 알고 있는 것을 모조리 알려 줄 기세다. 그녀의 의견과 적성 따위는 조금도 개의치 않는다. 소년다운 열정에만 사로잡혀 그녀에게 온갖 것을 말하고 설명한다. 마치 자기가 입만 열면 그녀가 귀를 쫑긋 세워 듣고 이해한다고 생각하는 모양이다. 그는 삼라만상의 이치를 그녀와 논하려나 보다. 게다가 자기에게 그녀가 범접할 수 없는 지식이 남아 있다면, 그런 것은 아무짝에도 쓸모가 없다고 여긴다. 그래서 그녀가 알고 있지 못한 어떤 것을 자기만 알고 있다는 사실에 겸연쩍어한다.

그리하여 에밀은 소피에게 철학, 물리학, 형이상학, 역사학 등 거의 모든 학문을 가르친다. 소피는 성심성의껏 배우면서 에밀의 열정에 화답한다. 여성들에게 사고하는 기술이 없는 것은 아니지만, 그들에게 논리학과 형이상학은 스쳐 지나가는 지식에 불과하다. 소피는 무엇이든 쉽게 이해하는 것 같아도, 자기가 배운 것을 곧잘 잊어버린다. 그녀가 두각을 보이는 방면은 행실과 취향이다. 물리학에서 그녀는 일반 법칙에 서툴고 세상 만물이 돌아가는 이치에 어두운 편이다. 때때로 그 둘은 함께 산책하면서 자연의 경이로움에 대해 생각한다. 그럴 때면 그들의 순수하고 천진난만한 마음은 어느새 삼라만상의 창조주를 향하며, 그 앞에서 그들은 아무런 거리낌 없이 자신들의 마음을 드러내 보인다.

그렇다고 에밀이 항상 소피와 붙어 다녔다는 것은 아니다. 그는 일주일에 단지 한두 번만 소피를 만날 수 있었고, 그것도 대체로 오후 한나절에 불과했다. 그 만남이 이튿날까지 이어지는 경우는 거의 없었다. 그녀를 만나러 가지 않을 때도 에밀은 방 안에만 틀어박혀 있지 않았다. 우리가 알고 있는 그 에밀이 어디 가겠는가. 그는 인근 지방을 뻔질나게 돌아다니면서 그곳 자연사 탐구에 박차를 가했다. 지역을 달리하면서 토양의 생산물과 농법을 연구하고, 그것을 자기가 익히 알고 있는 방법과 비교하면서 그 차이를 살펴보았다. 그러다가 더 유익한 경작법이 있다면, 그것을 주저 없이 농부들에게 알려 주었다. 그리고 더 편리한 쟁기질이 있다면, 그것을 직접 그림을 그려 보여 주었다. 만일 주변에 석회 채석장이 있다면, 그는 무지한 동네 사람들에게 석회를 어떻게 사용하는지 알려 줄 테다. 간혹 그가 직접 밭일을 할 때면, 사람들은 그가 자기들보다 농기구를 잘 다룬다는 사실에 놀랐다. 상황이 이러하니, 그가 농법 운운해도 사람들은 그를 얕보지 못했다. 그의 지식은 경험에서 비롯된 것이기 때문이다. 한마디로 그는 무엇 하나 쓸모없는 말은 하지 않았다.

에밀은 또한 농부들의 집을 방문하여 그들의 형편, 가족, 자녀 수, 농지 규모, 생산물과 그 판로, 자산과 부채 등을 낱낱이 조사했다. 그는 궁핍한 사람들에게 돈을 덥석 주기보다 자기가 직접 그 돈의 사용을 챙겼다. 이를테면 허름한 집은 지붕을 수리하고 기둥을 세웠다. 돈이 없어 놀리는 땅은 다시 갈아엎었다. 손해가 심한 농가에는 암소나 말 같은 가축을 새로 들였다. 이웃끼리 다툼이 벌어지면 서로 화해를 시켰다. 병든 농부에게는 영양가 있는 음식을 구해 주었다. 가난한 젊은 연인들의 결혼을 도왔다. 가난하고 불우한 처지에 있는 사람들을 경시하기는커

녘 자기가 돕고 있는 농부들과 자주 식사를 했다. 누군가에게는 은인이었고 누군가에게는 친구였지만, 그들 모두와 대등한 관계로 지냈다. 요약하면, 그는 물심양면으로 선행을 베풀었다.

이런 다양한 일들에 관여했을 뿐만 아니라, 에밀은 또한 새로운 직업 기술을 배웠다. 적어도 일주일에 하루는, 날씨가 좋지 않으면 이틀가량을 에밀과 나는 장인(匠人)을 찾아가서 일을 배웠다. 우리는 견습생처럼 열심히 일했다. 소피의 아버지는 그런 우리의 모습을 보고 마음에 들었는지 자기가 목격한 것을 아내와 딸에게 보고했다. 그러자 어머니와 딸은 에밀의 작업장을 깜짝 방문하고 싶었다. 소피는 작업장에 들어서자마자 한쪽 귀퉁이에서 작업복 차림에 머리는 헝클어진 상태로 열심히 일하고 있는 에밀을 보았다. 그는 자기 일에 너무 열중한 나머지 그녀의 등장을 알아채지 못했다. 에밀은 한 손에는 끌을 들고 다른 한 손에는 망치를 든 채 나무에 구멍을 내고 있었다. 그런 뒤에 톱으로 자른 널빤지를 꽉 물려 놓고 광이 나도록 문질렀다. 이 광경을 보고 소피의 얼굴에서는 웃음기가 사라졌다. 그녀의 마음속 깊은 곳에서 감동과 존경이 몰려왔다. 여성이여, 남성의 노고를 위로하라. 다름 아닌 그대를 위해 애쓰며, 그대가 먹을 빵을 준비하는 것도 남성일 테니까.

하루는 에밀과 소피가 한 농부의 집을 방문했다. 가장

인 남편은 다리가 부러졌고, 아내는 출산이 임박했다. 슬하에는 아이가 둘 있었다. 소피는 더럽고 악취가 풍기는 방을 깨끗이 청소하고 그 딱한 처지에 놓인 부부를 정성껏 보살폈다. 이 광경을 옆에서 조용히 지켜보던 에밀은 크게 감동했다. 남성이여, 그대의 아내를 사랑하라. 그대의 슬픔을 덜어 주고, 그대의 불행을 보듬어 주라고 신이 보낸 선물일 테니까. 그게 바로 여성이다.

에밀, 여행을 떠나다

감정 다스리기

어느 날 아침 나는 한 통의 편지를 들고 에밀의 방으로 갔다. 그날은 에밀과 소피가 이틀째 서로 만나지 않았던 때였다. 나는 그를 빤히 쳐다보며 물었다. "만일 누군가 소피가 죽었다는 소식을 전해 왔다면 너는 어떻게 하겠니?" 그러자 그는 절규하며 자리를 박차고 일어나 양손을 비비며 애처롭게 나를 바라보았다. 나는 웃으며 말했다. "얘야, 안심하렴. 그녀에게는 아무 일도 없어. 오늘 저녁에 우리가 오기만을 기다리고 있지. 자, 이제 밖으로 나가 좀 걸을까. 사랑하는 에밀, 우리는 행복한 삶을 살아야 하지 않겠니. 행복이야말로 살아 있는 모든 존재의 목적일 테니까. 그것은 자연이 우리에게 부여한 최초의 욕망이자 우리가 죽을 때까지 사라지지 않는 유일한 욕망이야. 그렇다면 행복은 어디에 있을까? 아무도 모른단다. 모두가 그것을 찾고 있지만, 누구 하나 성공한 사람이 없어. 우리는 평생 행복하기만을 바라다가 생을 마감하는지도 모르겠구나. 만일 네가 행복하게 살고 싶거든 영원히 시들지 않는 아름다움을 좇거라. 현재의 삶이 정념에 휩싸이지 않도록 조심하고, 항상 해야만 하는 것들을 하고 싶은 것들보다 우선하여라. 또 필연의 법칙을 도덕의 영역까지 확장하여 무엇이든 빼앗겨도 초연해지는 법을 배우고, 그렇게 우연한 인생살이에 익숙해져라. 그래야만 어떤 운명에 놓여도 행복의 끈을 놓치지 않으며, 정념의 횡포에도 지혜로울 수 있단다. 설령 한순간에 사라져 버리는 것들이라도 그것들에 연연하지 않으면 언제든 즐거움을 누릴 수 있는데, 이 덧없는 세상에서 인간은 모름지기 버릴 줄 알아야 행복해지는 거란다. 그러니 환상 속에서 기뻐하지도 슬퍼하지도 마라. 너무 인생에 집착하지 않았을 때, 네 삶의 여정도 순탄하게 끝나리라. 사람들은 죽음이 임박하면 공포심에 사로잡혀 모든 것이 끝났다고 생각하지만, 지상에서의 삶이 아무것도 아니라는 것을 잘 알고 있는 너에게 죽음은 참된 인생의 서막에 불과할 테니까."

에밀은 내가 말하는 동안 초조한 기색이 역력했다. 무언가 심상치 않은 일이 벌어질 것을 직감했는지, 그는 고개를 떨군 채 말했다. "제가 어떻게 하기를 바라시죠?"
"어떻게 하긴, 소피 곁을 떠나야지." 나는 단호하게 말했다. "소피는 아직 열여덟 살도 되지 않았고, 너도 겨우 스물두 살이야. 그 나이는 너희 둘이 사랑하기에는 좋아도, 아직 결혼 적령기는 아니란다. 한 가정의 아버지와 어머니가 되기에는 시기상조라는 게지. 너무 일찍 어머니가 되면 체질이 약해지고 건강이 나빠지고 생명까지 단축된다는 사실을 너도 잘 알고 있잖니? 어머니도 아이도 성장기에 있으므로 그 둘이 성장에 필요한 영양을 서로 나누어 어느 한쪽도 제대로 성장하지 못하는 거야. 그뿐인가, 너는 또 어떻고? 남편과 아버지가 되려고 하지만, 정작 그 둘의 의무에 대하여 진지하게 생각해 본 적이 있던가? 한 집안의 가장이자 한 국가의 시민으로서 무엇을 해야만 하는가? 그동안 한 인간으로서 어떻게 살아야 하는지 배웠다면, 이제는 시민의 의무가 무엇인지 배워야 하지 않을까? 정부, 법률, 국가와 같은 말의 의미를 이해하고, 값진 인생이 무엇이며 죽음을 불사할 대의가 어떤 것인지도 알아야 하지 않을까? 사회의 일원이 되기 전에 그 안에서의 올바른 위치와 역할부터 제대로 깨닫고 익혀야 하니까."

에밀은 한동안 잠자코 있다가 마침내 입을 열었다. "언제 출발하는 거예요?" 나는 대답했다. "일주일 뒤에 떠나자꾸나." 나는 소피를 위로하며 자초지종을 설명했다. 그 둘은 서로의 신의를 확인했다. 그리고 나는 여행에서 돌아오는 내후년쯤에 그들을 결혼시키겠다고 약속했다.

여행의 교육적 가치

젊은 나이에 여행하는 것이 좋은지 어떤지는 예로부터 논쟁거리다. 이를 조금 달리 표현하면, 교육받은 사람이 오직 자기 나라 사람들만 알아서 되겠느냐는 질문인데 나는 그런 자가 인간을 전체적으로 이해할 수 없다고 확신한다. 그러나 여행이 아무리 유익하더라도, 그것이 우리 모두에게 그러할까? 전연 그렇지 않다. 여행은 그릇된 말을 들어도 마음이 흔들리지 않고 나쁜 행실을 보고도 현혹되지 않을 만큼 강직한 사람들에게만 적합하다. 당연히 그런 사람들은 별로 없다. 여행은 타고난 성향에 날개를 달아 주어 인간을 더 선하게도, 더 악하게도 만든다. 여행에서 돌아올 때 선인보다 악인이 많은 것은, 여행을 떠날 때부터 성향이 올곧지 않은 사람들이 더 많기 때문이다. 그러나 타고난 품성이 좋은 데다 교육까지 잘 받은 젊은이들은 여행을 통해 지적인 견문을 넓히면서 처음 길을 나섰을 때보다 훨씬 선량하고 지혜로운 인간이 되어 돌아온다. 나의 에밀도 그러기를 바란다.

합당한 행위에는 규칙이 있기 마련이다. 여행도 교육의 하나로 예외가 아니다. 여행을 위한 여행은 방랑자처럼 떠돌아다니는 것에 불과하다. 배움을 빙자한 여행도 애매하긴 마찬가지다. 목적이 불분명한 여행은 아무짝에도 쓸모가 없다. 젊은이의 교육을 논할 때면, 그의 지적인 향방부터 가늠해 보아야 한다. 지금까지 그가 세상과의 물리적 관계, 주위 사람들과의 도덕적 관계를 두루 살펴보았다면, 이제 남은 것은 동료 시민들과의 사회적 관계를 고찰하는 일이다. 이를 위해 그는 먼저 정부의 일반적 본질을 규명한 다음, 서로 다른 정부의 형태를 연구하고, 마지막으로 자기가 속한 정부의 특징을 조사하여 그 정부하에서 사는 것이 자기에게 좋은 일인지 아닌지 알아야만 한다. 왜냐하면 누구에게나 성인이 되면 자기가 속한 공동체와의 계약을 자유롭게 파기하고 자기가 태어난 땅을 떠날 수 있는 자연의 권리가 있기 때문이다. 그러나 이성이 잠에서 깨어난 뒤에도 자기가 태어난 나라에 계속 머문다면 그것은 곧 조상 대대의 계약을 암묵적으로 수용하는 셈이다. 아무렴, 출생지는 자연의 선물인데 그것을 저버림은 자기 일부를 부정하는 일이다.

이제 나는 에밀에게 말했다. "애야, 그동안은 나의 안내를 따랐지만, 앞으로는 모든 일을 네가 알아서 해야만 한단다. 머지않아 너는 법률이 정한 성인이 되어 재산권을 행사하겠지. 게다가 결혼도 할 생각인데, 당연히 그래야만 하는 게야. 그것은 인간의 의무 중 하나니까. 그러나 가정을 꾸리기 전에 너는 응당 어떤 사람이 되고, 어떤 인생을 살며, 어떤 직업-너와 네 가족의 생계를 책임지는-을 가져야 하는지 정해야만 한단다. 너는 평소 경멸하던 사람들을 믿을 수 있겠느냐? 또 너의 재산과 지위를 모든 게 타인의 재량에 달린 사회적 관계에만 내맡길 수 있겠느냐?" 이런 식으로 운을 떼고는 나는 에밀에게 각종 상거래, 공무, 금융업 등에서 그의 자산을 어떤 식으로 운용해야 하는지 설명하였다. 그리고 거기에는 항상 위험-그를 불안정한 예속 상태에 빠트리는-이 도사리고 있다는 사실도 일러 주었다. 물론 다른 선택지도 있었다. 나는 에밀에게 말했다. "그것은 군인이 되어 큰돈을 받고 너에게 아무런 해도 입힌 적이 없는 사람들을 죽이는 일이란다. 이 직업은 자유는커녕 더 큰 예속만 불러오지."

이런 일들이 에밀의 취향에 맞을 리 만무했다. 그는 내게 말했다. "혹여나 제가 어린 시절의 가르침을 모두 잊었다 생각하시나요? 아니면 제 사지가 잘못되어 더는 힘쓰는 일을 하지 못한다 여기시나요? 저는 재산을 불릴 생각이 없어요. 어디 외진 곳에 농지 하나만 얻어서 열심히 일하며 아무런 걱정 없이 살고 싶어요. 그곳에서 소피와 함께 산다면 더할 나위 없이 행복할 거예요." "그런데 에밀, 그런 땅을 도대체 어디서 찾는단 말이니? 얼마나 외진 곳이어야 네가 꿈꾸는 삶이 가능하겠니? 세상에 돈을 벌 수 있는 곳은 많단다. 그러나 수중에 돈이 넉넉지 않아도 네가 바라는 삶을 살 수 있는 곳이 어디에 있는지 잘 모르겠구나. 또 사람들끼리 서로 얼굴 붉히는 일 없이 모두가 자유롭고 독립적으로 살아가는 곳도 이 세상천지에 있을지 의문이구나. 얘야, 너의 계획은 참으로 훌륭하고 고귀하구나. 분명 네가 행복에 이르는 길일 게야. 그 계획을 실행에 옮겨야 하겠지. 그러함에 내가 제안을 하나 하련다. 내후년에 다시 소피 곁으로 돌아갈 때까지 유럽 안에서 그런 장소를 한번 찾아보는 거야. 앞으로 너의 가족이 각종 위험에서 벗어나 행복하게 삶을 살 수 있는 안식처를 말이야. 만일 성공한다면 너는 사람들이 그토록 찾고 싶었던 행복을 발견한 것이고, 설령 실패하더라도 그에 대한 그릇된 환상은 지워 내겠지. 그래서 피할 수 없는 불행에 너 자신을 위로하고 필연의 법칙에 순종하며 사는 거야."

이제 여행도 막바지다. 에밀은 다시 소피에게로 돌아가야 한다. 그동안 우리는 유럽의 여러 크고 작은 나라들을 여행했다. 몇 개의 외국말을 익혔고, 우리와는 다른 자연

환경, 정부 형태, 예술, 사람들을 매우 흥미롭게 지켜보았다. 그렇게 두 해가 지났다. 에밀은 초조한지 우리가 약속한 기한이 얼마 남지 않았다고 볼멘소리를 냈다. 그래서 내가 말했다. "얘야, 우리 여행의 목적이 무엇이었는지 기억하니. 그간의 경험으로 네가 도달한 결론은 무엇이지?" 나의 방법이 잘못되지 않았다면, 그는 틀림없이 이렇게 말할 테다. "당연히, 선생님께서 길러 주신 대로 인생을 살아야 한다는 것이지요. 자연과 법률의 속박은 감내하되, 거기에 나 자신이 불필요한 속박은 더하지 않는 거예요. 제도권 인간들을 보면, 그들은 자유를 갈망하면서도 노예의 상태에서 쉬이 벗어나지 못해요. 시대에 뒤처지지 않는 삶을 살려다가 수천 가지 제약에 옴짝달싹 못 해요. 그리하여 앞으로 한 걸음도 제대로 내디딜 수 없지요. 저는 아무것도 하지 않는 것이 자유로 가는 길이라고 믿어요. 자유로워지겠다고 애쓰면 안 돼요. 선생님께서는 제게 필연에 순종하면서 자유로워지는 법을 일깨워 주셨어요. 한가지, 부모님께서 제게 물려주신 재산은 어떤가요? 그 재산에 구애받지 않을 생각이에요. 물론 필요하다면 부모님의 유산을 지켜야 하겠지만, 설령 그것을 전부 잃는다 하더라도 저 자신이 사라지거나 하지는 않아요. 부유하든 가난하든 저는 여전히 자유로울 테니까요. 제가 이 지구상 어디에 살든 그것이 무슨 문제인가요? 사람들이 사는 곳이면 그중 하나로 살면 되고, 사람들이 살지 않는 곳이면 제집에서 하루하루 살면 돼요. 만일 가진 것의 노예가 될 성싶으면, 저는 그것을 주저 없이 버릴 거예요. 사지 멀쩡한 놈이 설마 굶기야 하겠어요. 언제든 죽음에 의연하고, 언제나 세상을 있는 그대로 보면서 운명을 거스르지 않으리라 다짐해요. 다만 저를 옥죄는 단 하나의 영광된 쇠사슬이 있어요. 어서 소피에게로 돌아가요. 그래야 제가 행복해요."

"얘야, 네가 어른처럼 말하는 것을 듣고 있자니 참으로 기쁘구나. 네가 여행길에 오르기 전부터 나는 그 결과를 직감했단다. 네가 우리의 사회제도를 좋아할 리 없을 테니까. 사람들은 법의 그늘에서 자유를 논하지만, 그것은 헛된 일이야. 어떤 정부하에서도 자유는 존재하지 않아. 그것은 자유로운 인간의 마음속에만 있거든. 그래서 그는 어느 곳에 있어도 자유로운 게야. 이쯤에서 내가 시민의 의무에 대해 말한다면, 너는 아마도 자기에게 조국 같은 것은 없다고 되물으며 기세등등할 테다. 그러나 사랑하는 에밀, 그렇게 생각하면 곤란하다. 네가 어디서 살든 무슨 문제냐고 말하지 마라. 모름지기 인간은 자신의 의무를 다하는 것이 중요하단다. 자기가 태어난 땅을 사랑하는 것도 그중 하나겠지. 네가 어렸을 때 동향 사람들의 보호를 받았을 테니까. 이제 네가 그들을 보살필 차례가 아닐까. 그들 사이에서 살거나, 적어도 그들에게 가장 쓸모 있는 곳에 살아야겠지. 그렇다고 해서 내가 도시 생활을 종용하는 것은 아니란다. 오히려 인생의 가장 본보기는 시골에서의 원초적인 전원생활인데, 그것이야말로 마음이 타락하지 않은 자들이 영위할 수 있는 가장 훌륭하고 자연에 부합하는 삶의 방식일 게다." 나는 에밀과 소피가 시골에서 소박한 삶을 살면서 주위 사람들에게 큰 힘이 되고, 그 고장에 활기를 불어넣으며, 불우한 동네 사람들의 마음에도 열의를 되살릴 것이라고 믿어 의심치 않는다.

에밀과 소피의 결혼

에밀의 인생에서 가장 행복한 날이 다가오고 있다. 그간의 나의 노력은 헛되지 않았다. 이 선남선녀는 영원의 서약을 하리라. 그들은 입술로 말한 것을 가슴에 새긴다. 마침내 이 둘은 부부가 되었다.

나는 신랑과 신부의 손을 잡고 말했다. "너희들이 만나 사랑을 키워 온 지도 3년이 지났구나. 그리고 오늘, 이 행복한 날에 서로를 향한 마음은 절정에 달하겠지. 하지만 그 강렬한 감정도 점차 약해질 거야." 이런 식으로 말하면, 독자들도 짐작하겠지만, 에밀은 다짜고짜 그런 일은 절대 없을 거라고 소리를 지르고 소피는 냉랭하게 나의 손을 뿌리칠 것이다. 그러면서 그 둘은 앞으로도 죽을 때까지 열렬히 사랑하겠노라 다짐한다. 이런 그들의 맹세를 뒤로하고 나는 이야기를 계속했다. "결혼도 연애와 같다면 지상 낙원이 따로 없겠지. 애들아, 내가 너희들께 그 방법을 알려 줄 테니 한번 들어 보겠니?" 그들은 마뜩잖은 표정이었다. 나는 말했다. "그건 아주 간단해. 결혼 후에도 계속 연인으로 남는 거지." 그러자 에밀이 허탈한 듯 웃었다. "우리에겐 하나도 어렵지 않아요." 나는 답했다 "애야, 그건 생각만큼 쉬운 일이 아니란다. 결혼 생활은 억지로 당기고 조이면 끊어지는 매듭과 같은 거야. 부부 사이에 신의 운운하며 한쪽이 다른 한쪽에 주인 노릇을 하는 것은 바람직하지 않아. 구속은 사랑이 아니거든. 결혼 생활은 어느 한쪽이 바란다고 즐거워지는 것이 아니야. 사랑의 감정은 의무가 아니며, 사랑의 서약도 권리가 아니거든. 자연의 권리는 따로 있어. 서로의 감정에 충실한 거지. 그러니 어느 쪽도 자신의 선의에 의하지 않고서는 다른 쪽에 귀속되지 않아. 각자 자기 사랑의 주인이 되어야 한다는 말이지."

"소피야, 에밀은 너의 남편이 되었어. 그를 집안 어른으로 대접하고, 자연의 가르침대로 그에게 순종하렴. 그러나 너 같은 여자라면 남편도 아내의 말을 잘 들어야겠지. 그 또한 자연의 섭리일 테니까. 너에게는 남성의 힘에 버금가는 여성으로서의 권위가 있어. 남성의 마음을 휘어잡는 권능이지. 때론 남편과 격 없이 사랑을 나누고, 때론 그와 적당히 거리를 두는 편이 좋아. 그러면 남편의 신뢰를 얻을 수 있어. 그는 너의 의견에 귀를 기울이고, 너와의 상의 없이 어떤 것도 함부로 결정하지 않겠지. 오래된 사랑은 친절한 습관 같은 거야. 열정은 시들어도 신뢰는 두터워지거든. 너의 지위가 에밀의 연인에서 그의 부인, 그의 아이들의 어머니로 바뀌었을 때, 너는 그와 한층 가까운 사이가 되는 거다. 네 남편이 집에서 행복해야 너도 행복한 여자가 된다는 사실을 명심하거라."

이어 새신랑에게 당부했다. "애야, 인생을 살다 보면 옆에서 조언이나 안내를 해 주는 사람이 필요하단다. 여태껏 내가 그런 역할을 해 왔는데, 앞으로는 그 일을 다른 사람이 맡을 것 같구나. 바로 소피가 너의 새로운 보호자란다. 너의 사랑하는 아내에게 나의 모든 선생으로서의 권위를 양도하마."

차츰 흥분한 마음이 가라앉고, 그들은 새 삶이 주는 기쁨을 조용히 만끽하였다. 참으로 행복한 연인이고, 훌륭한 부부 아닌가! 그게 나의 작업이라니, 생각만 해도 전율이 느껴지고 가슴 벅찬 일이었다. 나는 그들의 손을 부여

잡고 온 마음으로 신의 축복을 빌었다. 그들도 나의 진심에 감동하고 화답했다. 만일 이 땅에 행복이 있다면, 그것은 우리의 가정 속에 있으리.

그로부터 몇 달이 지났을까, 에밀이 불쑥 나를 찾아와 포옹하며 말했다. "선생님, 축하해 주세요. 제가 아버지가 된다네요. 우리 부부는 막중한 책임을 느껴요. 물론 선생님께 제 아이도 길러 달라고 떼쓰지는 않을 거예요. 그런 신성한 의무는 오롯이 제 몫이니까요. 하지만 우리의 선생님으로 남아 주세요. 우리를 계속 지도 편달 해 주세요. 어찌 선생님의 도움 없이 그런 일을 해낼 수 있겠어요. 제가 어엿한 어른으로서 첫발을 내딛는 지금, 선생님의 도움은 그 어느 때보다 절실해요. 저도 선생님처럼 자신의 의무를 완수하고 편히 여생을 보내고 싶어요."

에필로그

자연의 교육

　에밀의 교육 여정―출생에서 결혼까지―을 모두 살펴본 지금, 우리는 이 소설이 어째서 동시대인들의 마음을 그리도 사로잡았는지, 그리고 어떤 점에서 우리 교육에 새로운 방향을 제시한 것인지 되묻지 않을 수 없다. 이 질문에는 20세기보다 18세기 맥락에서 답하는 것이 적절하다. 이 책을 저술할 당시 루소는 부유한 귀족들 틈바구니에서 불안정한 삶을 이어 가고 있었다. 그가 일신을 위탁한 집안의 사람들은 하나같이 가정교사를 고용해 교육을 받았다. 그는 책을 쓰면서 주변의 여성 후원자들의 편리와 여흥을 고려하지 않을 수 없었다. 그리하여 원래의 계획―신실한 교육 논고 집필―을 바꾸어 그들의 자녀 교육에 유용한, 이야기 형식의 교육 소설을 저술했다. 그의 도식은 그 시대 보통의 교육 방법과는 확실히 다른 구석이 있었지만, 오늘날 우리의 관점에서 보면 본질적인 차이는 없었다. 이야기 형태의 논의 전개도 진의 파악을 어렵게 만든다. 루소는 사람들이 자기 이야기를 곧이곧대로 실천해야 한다고 생각했을까? 과연 남녀 아이들을 에밀과 소피처럼 교육해야 한다고, 아니 그런 식으로 교육할 수 있다고 믿었을까? 이런 물음들에 루소는 "그렇다" 말할 때도 있었고, "아니다" 말할 때도 있었다. 사실 "그렇다" 말하지 않을 이유도 없었다. 가정교사가 부모의 전권을 행사하다 보면 분명 곤란한 일이 벌어진다. 그러나 루소 자신이 이 책의 서두와 말미에서 명시했듯이, 가정교사는 어디까지나 그의 이야기의 부수적인 요소일 뿐 꼭 필요한 것은 아니었다. 그의 강령에 따르자면 '자연'의 교육에서 참된 교육자는 아버지와 어머니였다. 훌륭한 가정에서는 부모가 에밀의 가정교사 역할—교육의 제반 환경을 관리하면서 아이를 개인적으로 지도하는—을 자임한다. 이것이 루소가 《신 엘로이즈》에서 묘사한 이상적인 교육이다. 그의 주장은 그때나 지금이나 변함없는 진리다. 아이의 올바른 삶은 가정 교육에 달려 있고, 그것이야말로 루소가 말하고 싶었던 자연에 따르는 교육이다.

조금 더 부연하면, 루소는 《에밀》의 도입부에서 개별적인 교육만이 자연에 따르는 교육이라는 점을 시사한다. 그의 논점은 이렇다. 만일 사회가 자연의 산물이 아니라면 우리는 인간을 만들 것인지 시민을 만들 것인지 선택해야 한다. 인간과 시민을 동시에 만들 수는 없다. 그리하여 두 가지 상반되는 교육 시스템이 출현한다. 하나는 집단적인 형태의 공적 교육이고, 다른 하나는 개별적인 형태의 가정 교육이다. 그런데 그 둘은 외견상 서로 대립하는 것 같아도 실제로는 그렇지 않다. 소설 속 에밀은 프랑스 땅에서 개별적인 교육을 받으며 자신의 타고난 능력을 최고로 발현시킨다. 이는 프랑스와 영국 같은 대국에서는 시민성이 자연이 부여한 개별성 – 인간의 생득권으로서 – 을 잠식하기 마련이라는 루소의 문제의식을 방증한다. 만일 에밀이 제네바나 플라톤의 이상적인 도시 국가에서 태어났다면, 또 그의 조국에서는 시민의 삶이 자연의 본성을 저해하지 않았다면, 상황은 돌변하여 교육은 인간과 시민을 동시에 만드는 일이 되었을 것이다. 실제로 루소는《에밀》에서 양자 간의 화해를 물색했다. 에밀은 사회와 단절된 아동기를 보낸 뒤에 결국에는 어느 시골 마을에 정착해 그곳의 일원으로 살아간다.《에밀》을 저술한 지 11년 만에 루소는《폴란드 정부에 관한 고찰》에서 국가 교육을 옹호하고 나섰다. 이 논고에서 그는 폴란드의 구원은 전적으로 그 나라 젊은이들의 교육에 달려 있다고 주장한다. 이때 폴란드 젊은이들의 개인적인 '구원'은 따로 거론하지 않는다. 플라톤이 주장했듯이, 또 그 자신이 제네바 젊은이들을 예로 들었듯이, 훌륭한 시민에게서 훌륭한 개인의 모습을 볼 수 있을 테니까. 그러나 그런 주장과 별개로, 아이가 어른이 되는 사회적 양육 과정에서 개별성은 어느 정도 퇴색하고 만다. 그러므로《에밀》에서의 논의가 다소 한쪽으로 치우친 감은 있어도 이 책은 20세기에도 여전히 일독의 가치가 있다. 오늘날 민주주의 국가들에서는 자유의 신장을 위해 노력하고 국민의 개인적인 삶을 존중하는 기조를 유지하고 있지만, 지금처럼 거대 산업 인구, 대량 생산, 국민 개병제, 대중 매체, 의무 교육의 시대에는 언제든 공동체가 인간의 정신을 압도할 수 있는 실질적인 위험이 상존한다. 그런 끔찍한 일은 우리 주변의 독재 국가들에서 실제로 벌어지고 있다. 우리가 비상한 각오로 가정과 학교에서의 교육에 임하지 않는다면 그런 일은 언제든 우리에게도 닥칠 수 있다.

그렇다면 우리는 《에밀》로부터 어떤 교훈을 얻을 수 있을까? 모든 아이가 개별 교사의 지도―아이의 사회 환경을 조직하며 그의 성장을 이끄는―를 받아야 한다는 것은 아니다. 물론 아이는 올바른 환경에서 적절한 안내를 받아야 한다. 그러나 보통의 아이라면 가정과 다양한 사회 기관들(특히 학교) 사이를 오가며 썩 나쁘지 않은 한 명의 인간, 한 명의 시민으로 성장해 나갈 것이다. 설령 주변 환경이 녹록지 않더라도 아이 쪽에서 자기 적응을 위한 노력을 멈추지 않을 것이다. 도시 밖에서 전원생활을 하며 가정교사를 통해 교육을 받는 방식은 18세기 귀족들의 생활상을 보여 준 것에 지나지 않는다. 그것은 루소의 교육에 관한 논의에서 부차적인 요소에 불과하다. 그 이면에 놓여 있는 영속적 진리―시대와 조건을 뛰어넘어 모든 아이의 교육에 적용 가능한―는 교사가 인간의 본성, 특히 아이의 본성을 충분히 고려해야 한다는 사실이다. 루소는 아이의 본성부터 연구하라고 일갈했다. 그리고 자신의 말을 에밀의 교육에 관한 책에서 몸소 실천에 옮김으로써 그 후의 모든 교육에 깊은 인상을 남겼다.

루소가 그 자신과 우리에게 부여한 과제는 호락호락한 것이 아니었다. 겉으로는 자연의 본성에 따르라는 단순한 요구다. 우리가 흔히 하는 말로 상식으로 돌아가고 무의미한 인습의 폐해를 직시하라는 것쯤이다. 그에 따라 루소는 아이를 먹이고 입히는 합리적인 방법을 주장하고, 미래의 불확실성을 제거하기 위해 청소년기에 직업 교육을 처방한다. 그러나 그 강령 속으로 한 걸음 더 들어가면, 실천의 문제는 말할 것도 없고 철학적 개념의 문제가 발생한다. '본성'이 무엇이냐 하는 문제는 차치하고, 우리는 '인간의 본성'이 무엇인지 물을 것이다. 그런 뒤에 다시 아이의 '본성' 운운하며 그 의미를 캐묻는다. 이런 질문들에 루소 자신이 내놓은 답변들은 그 해석을 둘러싼 우리의 찬반 논쟁으로 이어진다.

루소의 인생철학에서 가장 중요한 것은 인간은 타고나기를 선한 존재라는 명제다. 여기서 그는 제네바의 칼뱅주의자들과 갈라선다. 루소에 따르자면, 사회 속 인간의 모습이 타락한 것은 인간의 타고난 본성이 악해서가 아니다. 사회생활을 통해 그렇게 된 것이다. 사실 그가 믿는 인간의 선함은 다분히 중립적인 것이다. 아이든 어른이든 자기가 좋아하는 것만 할 수는 없고, 언제든지 옳은 선택만 하는 것도 아니다. 다만 그가 타인에 의해 나쁜 길로 빠지지 않는다면, 그는 자연과 사회가 정해 준 올바른 길을 스스로 찾아가면서 끝내 진리와 덕에 도달할 것이다. 좋은 삶을 살기란 어렵다. 행복은 자연의 질서를 따르며 자신의 욕망을 내려놓을 때만이 가능하다. 루소의 이런 주장이 교육에 주는 함의는 흥미롭다. 기본 가정은 인간은 능동적인 존재라는 것이다. 아이에게 사회의 방식이나 견해를 강요한들 그는 선하거나 지혜롭게 되지 않는다. 아이의 행동과 지식은 그동안의 경험을 체화한 것이다. 나에게 진리란 내가 스스로 진리라고 믿는 것이다. 선한 것도 내가 마음속으로 선하다고 인식하는 것이다. 여기서 우리가 직면한 어려움은, 아이에게는 삶의 경험이 감각적인 사실에만 국한된다는 것이다. 우리는 교육을 한답시고 아이에게 기성의 습관과 견해를 전달하기 바쁘다. 아이가 사물을 이해하고 스스로 판단력을 갖출 때까지 기다릴 줄 모른다. 바로 여기에 문제가 있다는 것이 루소의 진단이다. 이런 식으로 남의 말을 전해 듣다 보면 아이는 나중에 충분히 자란 뒤에도 스스로 사물을 깨우치는 데 곤란을 겪는다. 아이의 발달에 잠재적 위험이 되는 이런 교육은 애당초 받지 않는 것이 좋다. 도덕과 학문은 아이의 마음이 배울 준비가 되었을 때 시작해도 절대 늦지 않는다. 주입은 항상 해로운 것이다.

　루소가 주창했던 신(新)교육의 핵심은 아이와 어른의 차이를 깨닫는 것이다. 각 발달 단계별로 아이의 본성이 어떠한지 알고 싶거든, 그 전에는 아무도 시도하지 않았던 아동기에 관한 깊이 있는 연구가 필요하다. 아이가 두 살일 때와 열 살일 때는 무엇이 다른가? 아이가 열 살일 때와 열여섯, 열여덟, 스무 살일 때는 각각 어떻게 다른가? 이러한 질문들은 대답하기가 어렵다. 루소와 그의 추종자들이 아주 만족스러운 답변을 내놓았다고 말할 수도 없다. 그러나 아이가 어른으로 성장하는 과정에서 발생하는 일련의 심적 변화를 규정함으로써 정신심리학 연구에 중요한 전기를 마련했다. 루소는 인간의 마음이 몇 개의 독립적인 능력으로 이루어져 있고, 그것들이 순차적으로 발달한다고 가정했다. 유아기에 감각, 아동기에 지각 능력, 10대 초반에 실용적 사고, 청소년기에 논리적·추상적 사유 등이다. 그러나 그는 유물론적 철학자들―이런 능력심리학의 입장을 견지하는―과는 대조적으로 삶의 모든 단계에서 자아의 능동적인 조정 능력을 인정했다. 아이에게는 아이로서 살아갈 권리가 있다. 다가올 미래에 자신의 삶을 저당 잡혀서는 안 되지만, 어쨌든 아이는 어른으로 성장하는 데 걸맞은 교육을 받아야 한다. 후일 심리학의 논의거리인 정신적 자기 활동을, 루소는 이미 신체적 에너지와 정신적 에너지의 역동적 결합으로 설명했다. 10대 초반의 신체 발육이 정신 능력에 빗장을 풀어 아이의 지적인 지평이 넓어진다는 것이다. 특히 사춘기의 신체적 변화는 청소년기의 여러 가지 변화를 가져온다. 이런 관점에서 루소의 청소년기에 관한 논의는 교육 사상 분야에서 가히 혁명적이었다고 평가할 수 있다.

성장기 아동의 교육에 관한 루소의 생각을 이런저런 이유를 들어 비판하기는 어렵지 않다. 오늘날의 관점에서 루소는 각 발달 단계별 차이에 너무 주목한 나머지 성장의 연속성을 간과한 구석이 있다. 그런데 사실을 말하자면, 그는 이런 차이를 무시하는 인습의 편견에 그 자신의 편견으로 맞섰던 셈이다. 한쪽에서는 아이들을 어른들의 축소판으로 여긴다. 다른 쪽에서는 아이들에게는 아이들만의 권리가 있고, 그들은 자신들의 방식대로 삶을 살아야 한다고 말한다. 양측 견해가 모두 일리 있지만, 어른들은 항상 자기들 입장에서만 아이들과의 관계를 생각하는 경향이 있으므로 루소가 그 시대―어찌 보면 우리 시대―에 맞서 주장했던 다른 반쪽의 진리에 좀 더 주의를 기울여야 한다. 그는 아이의 사회적 적합성과 타고난 본성 사이에서 균형을 유지하는 새로운 형태의 교육을 제안했다. 그 목적은 인간과 시민을 동시에 길러 내는 데 있었지만, 아무래도 시민이 아닌 인간에 방점을 찍고 있는 듯하다.

사회의 이익과 개인의 필요 사이의 조화는 루소가 《에밀》에서 씨름했던 문제였지만, 오늘날에도 여전히 성가신 문제다. 현대 민주주의 사회가 직면한 어려움이며, 우리의 소년·소녀들에게 민주적인 삶의 방식을 가르쳐야 하는 학교 교육의 과제다. 민주주의 국가에서 우리는 가정, 학교, 지역 사회의 일원으로 살아가면서 그 안에서 저마다 흡족함을 느껴야 한다. 훌륭한 가정에서는 대개 이런 문제가 발생하지 않고, 좋은 학교에서는 그 해결을 위해 무던히 노력한다. 이쯤에서 루소는 우리에게 어떤 도움을 줄 수 있는가? 《에밀》에 나타난 그의 교육과정과 교수법 논의는 그 소설적 상황을 제거하면, 어느 정도 현대 학교 장면에 쓸모가 있을까?

우선 소년기 교육을 다루는 제2부에서의 논의를 살펴보자. 여기서 골자는 그가 '소극적 교육'—소년에게 금기시한 습성과 관념—이라고 부른 것이다. 이와 관련해 두 가지 서로 다른 사고의 흐름이 목격되고, 그것들을 구분하는 일은 중요하다. 하나는 아이들의 이해력을 뛰어넘는 것들을 가르치면 해롭다는 생각이다. 루소는 역사, 문학, 도덕, 종교처럼 그 의미를 제대로 이해하는 데 농익은 사고가 필요한 교과들은 아동기에 한갓 말뿐인 학습에서 벗어나지 못할 것이고, 그런 말뿐인 학습은 후일 참된 경험에 폐만 끼칠 것이라고 확신했다. 다른 하나는 독서산(讀書算)과 같은 기본적인 것들을 가르칠 때조차 아이들의 필요를 염두에 두지 않는다면 잘못이라는 생각이다. 아동기 수준에서 가장 강력한 학습 동기는 자기에게 필요한 것을 얻으려는 것이다. 후자에 대해서 오늘날 교사들의 생각도 크게 다르지 않다. 그들이 학교 교실에서 사용하는 각종 프로젝트 방법－학습자 스스로 자신의 필요에 따라 읽고, 쓰고, 셈하기 과제를 선택하여 실행하는－도 학습자의 학습 동기를 고려한 것이다. 그러나 전자는 더 심각한 문제를 제기한다. 아이들에게 사회 일반의 이상과 신념을 주입하는 보편적인 관례에 반하기 때문이다. 우리는 아이들이 배움을 통해 선해진다고 말한다. 아이들의 마음속에는 우리의 가장 훌륭한 사회적 유산－과학, 예술, 문학, 음악－을 심어 주어야 한다. 아이들은 선대의 종교적 신념을 지키며 자라나야 한다. 그런데 만약 아이들이 우리가 가르쳐 주고 있다고 생각하는 것들을 실제로는 전혀 배우고 있지 못하다면 어쩔 텐가? 역사 공부를 예로 들어 보자. 아직 지식이 충분하지 못하고 이해력도 떨어지는 미성숙한 아이들이 거대한 사회 변혁을 초래한 일대 사건들과 그 속에서 주도적인 역할을 담당했던 인물들의 복잡한 역학 관계를 어찌 제대로 파악할 수 있겠는가? 또 이건 어떤가? 종교적 신조와 숭배의 문제가 아이들의 마음과 정신이 깨어나는 청소년기에 이르기까지 그들에게 어떤 개인적인 의미로 와 닿을 수 있겠는가? 모든 문화 영역에서 섣부른 교육의 폐단을 경고한 루소의 혜안은 나름 평가할 만하다. 그의 주장은 아무래도 평소 너무 확신에 차 있어서 그런 것이겠지만 다소 과장된 측면이 있다. 성인의 능력 중에 아동기에서 비롯되지 않은 것이 없다. 어느 정도 미적인 감각, 과거의 재현, 종교적 경외감, 과학적 경이로움은 아주 어린 시절부터 있던 것이다. 모든 정신 능력은 삶의 초반기에 적절한 가르침을 통해 배양해야 한다. 그러나 어른들이 아이들을 단지 자신들의 축소판쯤으로 여긴다면, 그래서 아이들의 정신적·도덕적 한계를 제대로 인식하지 못한다면, 루소식 강령―아이들이 배울 수 없고, 배우지도 말아야만 하는 것들을 강조하는―이 우리 시대 부모들과 교사들에게 아이들은 그들 나름대로 행동하고 생각할 수 있을 때 비로소 온전한 인간으로 성장할 수 있다고 다시금 일러줄 것이다. 에밀의 교육이 풍기는 뉘앙스와 달리 실제 학교 장면에서는 기성 사회의 요구를 완전히 도외시할 필요가 없다. 루소 자신도 수학에서의 아동 중심 교육의 가능성을 타진한다. 그의 방법은 학생의 학습 욕구를 불러일으킨 뒤에 그 학생의 구체적인 삶의 경험을 통해 가르치는 것이다. 모든 분야에서 아이들의 능력을 고려하며 이런 식으로 접근하는 것이 가능하다. 그게 미적인 영역이든, 도덕적인 영역이든, 종교적인 영역이든 상관없다. 때론 정형화된 방식으로, 때론 미숙한 경험치를 앞세워 아이는 자신도 모르는 사이에 미래의 삶을 준비한다. 루소의 계승자들이 벌인 모든 교육 실험들에서 우리가 알 수 있는 것은, 학교에서의 공동체 생활이 아이들에게서 아동기의 행복을 앗아 가지 않으면서도 그들 각자의 인간성을 다방면으로 발달시켜 준다는 사실이다.

오늘날 루소의 독자들은 앞의 소년기 교육 계획보다, 사춘기 전후의 교육을 다루는 제3부과 제4부에서의 논의를 마음 편해한다. 거기서 루소가 말했던 과학, 인문 교과들을 가르치는 방법은, 18세기와 20세기의 차이를 감안하면 독자들이 대체로 수긍할 만한 것이다. 설령 사회적 인식은 사춘기 이후에나 발달하는 것이므로 열두 살에서 열다섯 살 사이에 사회 교과들은 가르칠 수 없다는 루소의 생각에 다소 이맛살을 찌푸릴지 모르겠지만, 독자들은 이 시기 교육과정에 지리학과 물리학을 포함한 것을 두고는 그의 판단이 우리 시대의 교육 실제와 일치한다고 흡족해 할 것이다. 게다가 수공업 작업이 아이의 흥미를 제고하고 미래의 직업 준비에도 유용하다는 루소식 주장에 공감할 것이다. 루소는 청소년기 교육을 성적 흥미를 중심으로 조직하면서 이 시기 남녀 아이들이 개인적으로 우정을 쌓고 사회적으로 넓은 인간관계를 형성하면서 점진적으로 자라나는 과정을 개괄하고 있는데, 그의 시도는 당시로는 매우 새로운 것이었고, 여전히 신선한 구석이 있다. 초등학교에서는 현재의 흥미보다 후일의 쓸모를 고려하면서 독서산과 같은 도구적 교과들을 강조하는 경향이 있다. 마찬가지로 중등학교에서도 언어, 수학, 과학, 기술 등 미래의 직업 활동에 유용한 교과들만 중시한다. 이런 작금의 현실에서 역사, 언어, 경제, 종교, 문학 등을 가르칠 때 성장기 아이의 개인적 필요를 염두에 두라는 루소의 입바른 소리는 훌륭한 인간을 만드는 일이 훌륭한 시민을 만드는 일 못지않게 중요하다는 사실을 상기시킨다. 그리고 이를 위해 청소년기 교육과정은 비단 앞날을 준비하는 것뿐만 아니라 그 시절의 행복에도 일익을 담당해야 한다는 사실을 일깨운다.

마지막으로 제5부에서 소피의 교육을 이야기하면서 에밀의 교육도 종지부를 찍는다. 루소에 따르자면 남성과 여성의 교육은 근본적으로 달라야 한다. 양자 간의 성의 차이가 성품과 기질의 차이를 낳는다. 남성은 강하고 능동적이지만, 여성은 약하고 수동적이다. 일면 남성이 여성을 지배하는 것처럼 보이지만, 여성은 남성을 사로잡는 매력을 통해 자신의 지위를 공고히 한다. 남성과 여성의 본성은 서로 다르므로 그들이 받는 교육도 의당 달라야 한다. 소년은 대중의 의견에 휘둘리지 않고, 자기 자신 외에는 그 어떤 권위도 인정하지 말아야 한다. 반면에 소녀는 다분히 사교적이고 유순해야 한다. 그리고 아동기에는 부모의 권위를 받들고, 그 후에는 남편과 사회의 권위를 수용해야 한다. 여기서 우리는 '자연'을 가장한 18세기 지식인의 편견을 목도한다. 그렇다 할지라도 루소의 견해를 무턱대고 기각하지도 못할 노릇이다. 현대 민주주의 사회에서 우리는 여성이 남성보다 지적으로 열등하거나 실천적인 역량이 떨어지거나 하지 않는다는 사실을, 그리고 나아가 남성과 여성의 정신적 도덕적 차이도 얼마간은 사회적 양육에 기인하는 것이라는 사실을 알게 되었다. 그럼에도 이른바 '남성다움'과 '여성다움'은 가정생활은 물론 사회 일반의 관점에서도 상호 보완적인 측면이 분명히 있다. 우리의 학교 교육이 대중화되면서 교육 분야에서 성의 차이도 점차 사라지는 추세다. 이는 개인적으로나 국가 사회 전체적으로 바람직하지 않은 변화일지도 모른다. 우리는 아직 성별에 따른 인간성의 차이가 어느 정도인지 확신하지 못한다. 이 문제를 판단하기에 우리의 경험치와 연구 역량이 턱없이 모자라다. 어쩌면 루소가 옳았는지도 모를 일이다. 그 두 교육 사이에는 실제로 상당한 차이가 있는데, 그런 사실을 우리가 애써 축소하는 잘못을 범하고 있는지도 모르겠다.

아무튼 나이와 성별에 따른 루소의 교육적 논의는 그 가치가 실천적인 제안에 있었다기보다 원론적인 주장 - 그의 교육 논고들을 관통하는 - 에 있었다. 루소 자신도 《에밀》서문에서 그런 식으로 이야기하고 있으며, 그의 추종자들 - 루소의 사상을 유럽 전역에 확산시켰던 - 은 루소와는 사뭇 다른 자신들만의 방법을 고안하여 그의 바람에 화답했다. 우리 또한 루소의 방식 그대로 아이들을 교육할 수 있을지 어떨지 고민할 것이 아니라, 그가 주창한 자연에 따르는 교육이 우리의 교육 이념으로서 타당한지 따져 보아야 한다. 《에밀》에 나타난 교육의 기본 가정은 아이들이 하루하루 살아가며 성장하는 존재들로서 각 발달 단계마다 자신들만의 삶을 살아갈 권리가 있고, 현재의 삶을 충실히 살아 냄으로써 미래의 삶을 준비할 수 있다는 것이다. 현대 민주주의 사회에서는 아동기와 청소년기의 인권을 존중한다. 그리고 오늘날 모든 교사가 아이들의 권리를 인정한다. 설령 그것이 교육 장면에서 장밋빛 이상에 불과하더라도, 또 간혹 그 정신에서 벗어나는 경우가 있더라도, 우리의 학교 교육은 학생들을 시민과 인간 모두를 만드는 교육을 향해 한 걸음씩 뚜벅뚜벅 걸어 나가고 있다. 이때 전자가 국가에 의한 교육이라면, 후자는 자연에 따르는 교육이다.

앞서 우리가 《에밀》에 대해 가졌던 의문은 아직도 가시지 않았다. 루소는 어떻게 이 독특한 책을 쓰게 되었는가? 그리하여 근대 교육에 민주주의적인 방향성을 제시하고, 온갖 사람들에게 아동 중심의 새로운 학교 교육에 대한 열망을 불러일으켰는가. 확실히 세상에 첫발을 내디딜 때만 하더라도 그의 삶은 순탄치 않았다. 그러다가 우연한 기회에 디종 아카데미의 학술 공모전에 《학문예술론》이 당선되면서 그는 문필가의 길로 들어섰다. 그 뒷이야기는 루소가 어떤 주제로 글을 쓸까 궁리하다가 디드로를 찾아갔고, 그의 충고대로 사회의 타락과 쇠퇴의 원인으로 제 학문을 지목하는 비판적인 논고를 완성했다는 것이다. 디드로는 말했다. "긍정의 논의는 멍청한 놈이나 하는 짓입니다. 물론 고만고만한 사람이야 그러다가 게 중 어디에 털썩 주저앉겠으나, 누군가 무언가 좀 입바른 소리를 해야 철학과 언변도 낄 틈이 있겠지요." 루소는 디드로의 이런 충고―그 자신의 반골적 기질에 부합하는―를 받아들이고 문명의 해악과 학문의 상관관계를 밝히는 논의를 전개했다. 그 복잡다단한 과정에서 그는 짧게나마 자신의 교육관을 피력했는데, 그로부터 우리는 훗날 《에밀》에서의 주장이 어디에서 비롯된 것인지 미루어 짐작한다. 루소의 말을 들어 보자. "학문의 발달은 한 민족의 용맹함을 저해할 뿐만 아니라 그들의 도덕성에도 매우 치명적인 결과를 낳는다. 아주 어렸을 때부터 얼토당토않은 교육을 받아서인지 우리의 마음은 어수선하기 짝이 없고 어느 것 하나 제대로 판단할 줄 모른다. 우리의 거대한 교육 기관들은 젊은이들에게 모든 것을 가르칠 만반의 준비가 되어 있다지만, 오직 하나 그들의 의무에 대해서는 침묵한다. 우리의 젊은이들은 모국어도 제대로 모르면서 아무짝에도 쓸모없는 외국말만 주야장천 익힌다. 그들은 뜻도 모를 시구를 짓느라 여념이 없고, 사실과 거짓도 구분하지 못한 채 허울만 그럴듯한 말장난으로 타인을 기만하는 데만 열을 올린다. 상황이 이러하니 그들이 '관용', '공평', '절제', '인간애', '담대함'과 같은 말들의 의미를 알고 있을 리 만무하다. 당연히 '조국'과 같은 신성한 단어를 입에 올리는 일도 없을 테고, 신의 이야기를 들을 때도 경외심보다는 두려움이 앞서리라. 그렇다면 이런 그들에게 무엇을 가르쳐야 한단 말인가? 그야말로 중요한 질문이다. 어려서부터 그들이 인간으로 살아가는 데 필요한 것들, 결코 잊어서는 안 되는 것들을 가르치라." 이런 식의 담론은 그가 나중에 《에밀》을 저술할 때도 여전히 유효한 것이었다. 그리하여 독자들에게 말한다. 일반적으로 하는 것과 반대로 하라. 그러면 모든 것이 괜찮을 것이라고. 그러나 이런 당부는 위험하다. 잘못하다가는 기이한 행동만 일삼다가 이

으고 정신이 온전치 못하다고 손가락질을 당한다. 루소 자신도 이런 오명에서 완전히 자유롭지 못한 삶을 살았다. 하지만 그처럼 예사롭지 않은 인물에게는 보통 사람들에게는 허락되지 않은 도덕적·지적 통찰로 나아가는 길을 열어 주기도 한다. 이런 예외적인 사람들은 세상의 방식 ― 범부의 삶을 옥죄는 ― 에 반기를 들고, 간혹 기회가 찾아왔을 때 자신들의 건설적 역량을 발휘해 인류를 위한 새로운 비전을 제시한다. 루소도 그런 인물 중 하나였다. 그는 매우 독창적인 사고의 소유자로서 여러 방면에서 선구자적인 입지를 다졌는데, 특히 정치와 교육 분야에서 특출났다.

《에밀》에서 사람들을 놀라게 했던 혁명적인 교육관은 단순하고도 심오하다. 골자는 아동 중심 교육에 있다. 그것을 통해서만 훌륭한 인간을 길러 낼 수 있고, 그런 사람이 하나둘 모여 훌륭한 사회를 건설할 수 있다는 주장이다. 루소 전에도 교육자들은 아동기에 주목했지만, 그들은 항상 아이들을 불완전한 존재로 어른들의 축소판 정도로 치부하고 말았다. 예수께서도 아이를 중심에 놓고 어른들에게 아이들처럼 되어야만 신의 왕국으로 들어갈 수 있다고 말했지만, 루소 이전에 이 계율을 실천에 옮기려던 사람은 없었다. 하기야 루소 자신이 아이와 같은 가련하고 불만스러운 삶을 살았으니 그런 아이의 눈으로 세상을 바라볼 수 있었고, 그런 아이의 입장을 누구보다 잘 이해했는지도 모르겠다. 그리고 그런 까닭에, 그는 여태껏 사람들이 인지하지 못했던 것, 즉 아이는 아이로서 자신의 삶을 충실히 살았을 때 비로소 어른으로 성장할 수 있다는 사실을 깨달았다. 그런 아동관-아이로서 살아가면서 자기 나름의 권리와 의무를 지는-으로부터 모든 것이 비롯되었다. 자연의 교육(즉 아이의 본성에 따르는 교육)이라는 개념이 등장했고, 남녀 아이들의 발달 단계별 지식과 개인별 특징에 대한 요구가 생겨났으며, 시골-도시에서보다 유해 환경을 능히 통제할 수 있는-에서의 삶을 통한 교육이 뒤따랐다. 그 과정에서 어른에게나 적합한 공부를 개인의 관심과 흥미에 따른 학습으로 유예하고 대체했으며, 완고함과 비행을 그 결과를 통해 바로잡는 훈육법을 내보였다. 이런 원리들은 에밀과 소피의 낭만인 이야기에 구체적으로 나타나 있지만, 다소 추상적인 형태로는 전기적인 흔적과도 뒤섞여 루소의 동시대 사람들의 상상력에 불을 지폈다. 당대 부모들은 자식들을 꼭 에밀과 소피처럼 교육하리라 다짐하면서 루소에게 경의를 표했다. 유럽 각지의 교육자들은, 칸트와 페스탈로치와 같은 뛰어난 사람들은 교육에 관한 그들의 생각을 재고하면서 자신들의 상황에 적합한 더 나은 교육 방법을 궁리했다. 프랑스 혁명의 반동적 여파는 루소와 그의 저작들을 한동안 역사의 뒤안길로 내몰았다. 그러나 《에밀》의 마법은 결코 효능을 잃지 않았다. 이 책의 핵심 사상은 시간이 지남에 따라 다시 유럽 교육의 이상으로 자리매김했고, 어느 정도 교육 실제에도 영향을 주었다. 실제로 19세기 말부터 20세기 초까지 영국, 미국, 독일 등의 나라에서 성행했던 새로운 학교 운동은 그로부터 비롯된 것이었고, 그 이후 신교육이라는 이름으로 전 세계에 퍼졌다.

국가의 교육

루소 하면 흔히 개인주의 교육을 머릿속에 떠올린다. 그렇게 생각하는 것도 무리는 아니다. 루소는 근대 유럽의 거대한 민족 국가를 조국, 헌신, 대의가 실종된 상태로 진단하고, 남은 선택지로 인간 개개인의 내적 완성을 거론한다. 루소는 프랑스에서 고독한 이방인의 삶을 살던 스위스 사람으로서 개인주의 말고는 다른 종착지가 없었으리라. 《에밀》에서는 어른 루소가 아이 루소를 가르치는 개인주의적인 모양새를 취했고, 그 이야기가 한 특정 아이의 교육에 관한 것이라는 사실은 한쪽으로 치우친 해석을 낳았다. 그러하니 보통 사람들―루소의 교육관을 《에밀》이라는 창을 통해서만 들여다보는―은 그것이 전부라고 믿어도 이상할 것이 없다.

    그런데 조금만 용의주도한 독자라면 루소의 외도를 금방 눈치챌 수 있다. 《에밀》에는 루소가 플라톤의 이상 국가를 언급하는 대목이 나온다. 플라톤은 루소가 소년 시절 플루타르코스를 탐독하며 꿈꾸었던 고대 황금기의 인물이었다. "너무나도 고대인들을 흠모한 나머지 마치 나 자신이 그들과 동시대를 살며 한 도시 국가의 시민이자 한 아버지의 아들로 태어나 조국에 대한 뜨거운 사랑으로 가슴이 불타오르는 착각에 빠질 정도였다." 바로 여기 고대 세계에 참된 의미로서의 조국이 존재했고, 그는 공동체 생활과 정부를 논할 때면 언제든 그 시절의 기백 있는 정신으로 회귀했다. 게다가 루소 자신도 근대 도시 국가에서 나고 자랐기에 고대 도시 국가의 삶에 그만큼 애착이 강했다. 그는 자신의 조국 제네바에 대한 자부심이 남달랐던 망명객이었다. 다른 모든 곳에서는 사회적 관계가 엉망진창이고, 미덕은 조롱거리로 전락하며 악덕 면죄부가 판을 친다. 오직 제네바에서만은 그렇지 않았다. 그는 《인간 불평등 기원론》에서 제네바 공국에 바치는 헌사를 지었다. "나는 이 도시에서 태어나는 축복을 받은지라 자연이 인간에게 부여한 평등과 인간이 스스로 만든 불평등에 대해 생각할 때면 언제나 그 둘이 조화롭게 공존하는 이 나라의 숭고한 지혜로움을 머릿속에 떠올린다. 내가 궁리하는 최상의 정부 형태가 무엇이든 이 도시가 돌아가는 원리를 능가할 수는 없다. 설령 이 도시에서 태어나지 않았더라도, 나는 제네바보다 유익한 인간 공동체는 그동안 세상 어디에도 없었다고 말하리라." 물론 한껏 과장된 헌사이지만, 그 안에는 루소의 진심이 담겨 있다. 즉 자기 조국에서의 삶이 참으로 올바른 것이라는 확신 말이다. 그의 사회 철학 대부분이 이 영광스러운 제네바를 염두에 둔 것이었고, 그런 조국에 대한 확고한 신념이 있었기에 그의 정치 사상이 명확한 현실적 경계를 지키며 냉소주의로 빠지지 않았다.

그는 아동기와 청년기의 기억을 소환하고 고대의 제도를 연구하면서 《에밀》에 나타난 이상적인 가정교사 제도와 상호 보완적인 국가 교육의 이념을 정립했다. 루소는 그 두 사상적 물줄기가 절대 하나로 합쳐질 수 없다고 생각했다. 그가 자신의 여성 후원자들과 교육을 논의하거나 에밀의 교육 계획을 수립할 때, 그는 어디까지나 개인의 교육에 관심이 있었다. 반면에 그가 국가 정부에 관한 논의를 전개할 때, 그의 주제는 언제나 공동체 전반의 이익을 위한 공교육에 있었다. 후자에서 교육은 그가 단독으로 처리하는 개별적인 사안이 아니었다. 그보다 모종의 사회 조직에서 집단으로 이루어지는 일이었다. 이와 관련된 논의는 세 차례 있었다. 처음 두 번은 《에밀》의 집필 시기와 거의 겹친다. 하나는 《백과전서》에 있는 정치·경제에 관한 논고이고, 다른 하나는 그가 《달랑베르에게 보낸 편지》에서 제네바의 제도를 옹호할 때다. 그리고 마지막으로 세 번째는 《에밀》이 출간된 지 11년 만에 저술한 《폴란드 정부에 관한 고찰》에서다.

정치·경제

국가 교육이라는 주제가 처음으로 등장한 것은 《백과전서》에 있는 정치·경제에 관한 논고에서인데, 엄밀히 말하자면 정치학, 정부론에 관한 논고라고 말해야 한다. 이 논고는 그다지 완성도가 높지 않다. 밋밋하고, 산만하고, 일반화의 오류에 빠진다. 루소의 글이라고 하기에는 선명함과 정황적 구체성도 확연히 떨어진다. 그래서 그의 마음이 덜 영근 상태에서 섣불리 펜을 잡았던 것은 아닌지 의구심마저 든다. 그런데도 이 글이 루소를 이해하는 데 중요하다면, 그것은 그의 사상이 농익어 가는 과정을 보여주기 때문이다. 설령 애매한 구석이 좀 있더라도, 개인의 자유와 정부를 결합하는 문제에서 핵심적인 사안은 모두 다루었다. 게다가 이상적인 국가의 개념도 제안했다. 그는 국가를 단순한 개인의 집합체가 아닌 통일체로 언급했다. 여기서 훗날 그의 정치사상에 전제가 되는 '일반 의지'의 개념이 처음 등장했다. 루소는 시민들의 개별 의지와 공동체의 일반 의지가 서로 조화를 이루기 위해서 국가 교육이 필요하다는 주장을 펼쳤다.

잠시 루소 자신의 말을 들어 보자.

"참된 국가는 자유 없이 존재할 수 없고, 어떤 자유도 덕 없이는 존재할 수 없다. 훌륭한 시민들을 길러 내면 모든 것을 얻을 것이나, 그렇지 못하면 위로는 통치자부터 아래로는 보통 사람들까지 나라에 온통 천한 노예들만 가득할 것이다. 시민 교육은 하루아침에 할 수 있는 일이 아니다. 사람들이 아주 어렸을 때부터 개개인의 이익을 국가의 전체 이익과 관련지어 생각하고, 그들의 존재 자체가 국가와 동떨어져 의미를 갖는 것이 아니라는 교육을 받는다면, 시간이 지남에 따라 점차 자신을 거대한 전체와 동일시하고 자신들이 조국을 구성하는 일원임을 의식할 것이다. 우리의 타고난 성향이 고착되고 습관을 통해 강화되었을 때, 그것들을 변화시키는 일은 불가능하다. 사악하고 탐욕스럽고 공허한 마음에는 동료 시민들을 위한 자리가 없기 마련이다."

"개인의 이성이 그의 의무를 판단하는 유일한 잣대일 수 없다면, 아이들의 교육을 무지하고 편협한 부모들에게 맡겨서는 안 된다. 아이들의 교육은 부모들보다 국가가 관심을 가져야 할 문제다. 가정은 사라져도 국가는 남는다. 공적 기관이 교육과 같은 중요한 의무를 수행하면서 부모의 자리와 권리를 대신한다고 해서 부모가 불평할 이유는 없다. 명칭만 바뀌었을 뿐이다. 그들은 지금까지 부모의 자격으로 개별적으로 행사해 왔던 아이들에 대한 권리를 앞으로는 시민의 자격으로 공동으로 행사할 것이다. 이제 자연이 아닌 법의 이름으로 아이들에게 복종을 요구할 것이다. 그러므로 정부의 규제를 받고 주권자가 임명한 자들이 감독하는 공교육은 국민 정부의 근간이 된다. 만일 아이들 모두가 똑같이 공동으로 교육받으며 국가의 법과 일반 의지의 원칙을 최고의 가치로 여긴다면, 그들은 서로를 형제들처럼 아끼고 사랑하면서 공동체가 바라는 대로 행동할 것이 틀림없다. 그리고 조국의 아이들에서 언젠가 조국의 수호자이자 아버지가 될 것이다."

이쯤에서 그의 제안은 일단락된다. 다만 교육을 관장하는 사람들에 대하여 플라톤의 수호자 개념을 빌려 와 나랏일에 적합한 인물들이 그러한 일을 맡아야 한다고 부연한다. 그는 말한다. "이러한 교육을 감독할 사람들은 국가의 다른 모든 업무에서 능력을 인정받은 사람들이어야 한다." 그러나 그는 플라톤을 능가하는 면모를 보여 주는데, 그런 감독관들에게 교사라는 직함을 주었기 때문이다. "승리를 쟁취한 용맹한 전사들이 용기를 논하고, 평생을 올곧게 살아온 판사들이 정의를 가르쳐야 한다. 그런 교사들이 자기들처럼 유덕한 제자들을 길러 낼 것이고, 그렇게 한 세대에서 다음 세대로 통치의 경험과 기술, 그리고 시민의 덕은 계승될 것이다."

제네바의 공교육

루소는 《백과전서》에 있는 논고를 쓰면서 자기 조국 제네바를 잊고 있었던 것 같다. 그게 아니라면, 그의 동료 시민들의 삶이 고대 도시 국가와 어떤 식으로든 좀 다르다고 생각하여 제네바식의 '공적' 교육을 언급하지 않았을 것이다. 그러나 그는 프랑스의 저명한 학자 달랑베르에게 보내는 장문의 편지에서 결국 이 문제를 거론했다. 달랑베르는 《백과전서》 제7권에서 제네바에 관한 논고를 작성하면서 이 도시에 프랑스 희극을 공연하는 극장을 세울 것을 주장했다. 루소는 달랑베르의 제안이 탐탁지 않았다. 프랑스 연극이 제네바 시민들이 그동안 지켜 왔던 훌륭한 전통을 해친다고 생각했기 때문이다. 달랑베르는 연극 공연이 시민들의 세련된 취향, 예리한 판단력, 풍부한 감성에 일조하리라 확신했다. 반면에 루소는 칼뱅식의 불신에 찬 눈으로 극장을 바라보면서 연극 공연이 취향과 도덕을 금세 타락시킬 것이라고 반박했다. 그 밖에도 문학과 행실의 문제를 둘러싼 다양하고 폭넓은 논의를 전개하면서 루소는 《달랑베르에게 보낸 편지》에서 이 조그만 스위스 도시의 일상에 녹아 있는 문화적 양상을 온전히 드러내 보였다.

루소도 지적했다시피, 제네바에서의 삶은 파리와 같은 대도시에서의 삶과 매우 다르다. 작은 도시여서 시끌벅적할 것도 바쁠 것도 별로 없다. 주민들의 삶도 그다지 퍽퍽하지 않다. 생활에 여유가 있으니 생각할 시간이 충분하고, 그로부터 창의적이고 새로운 것들이 나온다. 게다가 상공업의 발달로 이 도시에는 부르주아적 색채가 농후하다. 아주 부유한 사람도, 몹시 가난한 사람도 많지 않다. 대부분 적당히 먹고살 만한데, 부지런히 일하며 절약하고 절제하며 살기 때문이다. 이방인이 제네바에 오면 도시의 활력에 압도당한다. 누구 하나 빈둥거리는 이가 없다. 모두가 분주하게 움직이며 무슨 일이든 열심히 한다. 도시 한쪽에는 시계공들의 거리가 있다. 그 규모가 유럽 어디에서도 볼 수 없을 만큼 대단하다. 또 다른 쪽에서는 내륙 도시인데도 연안의 항구 도시를 방불케 할 만큼 국제 상업 활동이 활발하다. 그뿐만 아니라, 무늬를 넣은 캘리코 천을 생산하느라 분주한 공장도 도심에 여럿 있다. 상황이 이러할진대 이 도시에서 사람들이 한가하게 연극이나 보며 소일하면 무엇 하겠는가.

시민들이 자신의 의지에 따라 이런 다양한 일을 하는 것은 그들의 사람 됨됨이에도 커다란 영향을 주었다. 루소에 따르자면, 심지어 같은 장인이라도 이곳 사람이 가장 뛰어났다. 루소가 그의 《달랑베르에게 보낸 편지》에 비판적이었던 한 독자에게 말했듯이, 제네바의 시계공은 세상 어디에 가서도 자신의 삶을 살 줄 알았다. 그저 시계에 대해서만 몇 마디 하는 파리의 시계공과는 차원이 달랐다. 사실 루소 자신의 아버지도 한때 시계공이어서 그는 시계 기술자들 틈에서 자랐다. 그는 자기주장의 근거로 뇌샤텔 근처의 산악 지역에 있는 한 놀라운 시계공 마을을 예로 들었다. 이곳 농부들은 물론 훌륭한 시계 기술자들이었다. 그러나 한가한 시간에는 손으로 만들 수 있는 수천 가지 물건을 만들어 쟁여 두었다. "특히 겨울철에는 눈이 많이 내려 바깥세상과 소통이 어려운 만큼 그들 각자 자기가 지은 오두막에 식구끼리 들어앉아 여러 가지 재미있는 일을 하면서 따분함도 쫓고 행복도 키워 간다. 누구 할 것 없이 모두가 목공, 열쇠공, 유리공, 선반공이 되고, 집 안의 모든 가재도구에 장인의 손길이 묻어난다. 그러고도 남는 시간에는 강철, 나무, 판지를 이용해 기발한 도구들을 여럿 만들어 외부 사람들에게 판매한다. 당연히 시계도 만드는데, 그들 각자가 놀랄 정도로 시계제조업의 각 분야를 두루 섭렵하고 있다. 그러나 이게 끝이 아니다. 그들은 기술 서적을 읽고, 교육도 상당히 잘 받았다. 모두가 그림을 그리고 색도 칠하며 계산도 조금 한다. 대부분이 악기를 연주하고, 상당수가 음악에 조예가 깊고 노래를 잘 부른다. 그들에게는 성서 시편을 네 부분으로 나누어 아내와 아이들과 함께 노래하는 것이 일상의 즐거움이란다. 이 모든 기술은 장인에게서 하나하나 배운 것이 아니다. 마을의 전통을 따라 익힌 것들이다." (누군가 이 대목에서 미덕은 시골 생활에 기인한다는 에밀의 어린 시절 교육을 떠올릴지 모른다.)

루소가 말하길, 제네바 사람들에게는 훌륭한 인간, 훌륭한 시민을 만드는 일 못지않게 여가 활동도 중요했다. 그들은 옥외 활동에 열심인 사람들이었다. 교외 들판을 한가로이 거닐고, 숲으로 사냥을 나가고, 호숫가에서 배를 타고 놀았다. 게다가 매년 봄마다 시민군을 결성하여 군사 훈련을 했는데, 이를 통해 사람들 간의 결속을 다졌다. 그러다 보니 각종 클럽도 넘쳐 났는데 하나당 대략 열둘에서 열다섯 명 정도의 규모였다. 이들은 오후가 되면 흥정이니 재미니 하며 선술집에 하나둘 모여들어 자신들의 취향대로 악기, 이야기, 책, 술, 담배로 여흥을 즐겼다. 여자들과 소녀들도 그들 나름대로 무리를 지어 알음알음 서로의 집을 오가며 카드놀이를 하고 맛있는 음식을 먹으며 한껏 수다를 떨었다. 이 도시 사람들의 여흥은 이런 것이었다. 공화국 정신에 부합하는 소박하고 순수한 일상이다.

사회에 의한 교육은 어디까지나 시민들 공동의 관심사로부터 비롯된다. 루소와 같은 자들이 취향과 도덕을 해친다는 이유로 희극 공연을 반대했지만, 그렇다고 제네바와 같은 공화국에서 대중적인 볼거리가 하나도 없었다는 말은 아니다. 그는 되묻는다. 사람들을 한자리에 불러 모으는 데 유쾌한 구경거리만 한 게 있을까? 사실 그 도시에는 이미 정규적으로 개최되는 공적인 모임이 상당히 많았다. 매년 열병식에 시상식, 화승총·대포·항해의 왕을 뽑는 행사가 줄을 이었다. 그는 그런 기념일이 곱절로 늘어난들 무슨 문제가 있겠냐며 반문한다. 공화국에는 군인들만큼 장인들도 필요하다. 군사적 시상식을 본떠 레슬링, 달리기, 원반던지기와 같은 신체적 경합을 개최하면 어떠하겠는가? 또 호숫가에서 뱃놀이 시합을 하면 어떠하겠는가? 그런 공적 행사들에 참여해 본 경험이 있는 사람이라면 제네바 시민들의 열정이 얼마나 대단한지 이해할 수 있으리라. 이쯤 되면 제네바 사람들은 경제 원칙에만 매여 사는, 모든 것을 심지어 농담조차 진지하게 계산하는 속 마른 사람들이라는 편견도 수그러든다. 그리하여 도시에 어떤 구경거리라도 있는 날이면, 너나 할 것 없이 밖으로 뛰쳐나와 주변 사람들과 한데 뒤섞여 웃고 떠든다. 다양한 인간 군상들이 제각기 모여 어느 자리에 앉아 있든 상관없이 모두가 함께 어울린다. 여기선 어딜 가든 공동체 정신이 가득하다.

그러나 루소는 제네바 시민들의 인격 형성에 긍정적으로 작용한 것들의 교육적 함의까지는 미처 생각하지 못했던 것 같다. 그는 트론친의 편지—각종 사교 활동과 공개 행사들로 시간을 낭비하고, 그로 인해 가정에서의 생활과 교육이 타락한다는—를 받고 나서야 비로소 자기가 고대의 숭고한 제도와 정신에 버금가는 근대적 형태의 공교육을 설명한 것이었음을 깨달았다. 루소 자신도 제네바에서 장인의 아들로 태어나 자랐기에 그의 반론은 이러했다. "나 자신도 그런 공교육을 받았다. 그것은 특정 교육 기관에서 공공연히 이루어지는 것이 아니다. 그보다 조상 대대로 전해 내려오는 전통과 가르침을 통해 어렸을 때부터 사람들의 마음속에 그들이 으레 알아야만 하는 지식과 감정을 심어 주는 것이다." 이런 식의 비형식 교육을 받았다고 아이들이 제멋대로 자라나는 것은 결코 아니었다. 가정에서의 가르침이 사회생활에서 모자란 부분을 채웠다. "아이들을 제대로 교육해야 하는 곳은 바로 가정이다. 딸은 어머니가, 아들은 아버지가 교육해야 한다. 이것이 제네바 시민들이 받는 교육인데, 이것은 고대 그리스 도시 국가에서 성행했던 공교육과 현대 왕국에서 자행되는 폐쇄적인 가정 교육의 중간쯤에 해당한다." (이 모든 논의에서 루소는 제네바의 유명한 아카데미에 대해서는 아무 말도 하지 않는다.)

폴란드의 새로운 교육

 루소는 만년에 과거의 불행한 기억에 사로잡혀 자신의 창조적인 에너지를 제대로 발산하지 못했다. 그런 그를 수렁에서 건져낸 것은 한 폴란드 애국지사의 요청으로 국가 교육에 관한 생각을 명료화하는 작업이었다. 《사회계약론》의 저자에게 이런 식의 부름은 응당 그럴 일이었는데, 그는 《에밀》의 저자답게 개별 아동의 교육 원칙을 개별 국가에 적용하면서 응답했다. 당면한 문제는 폴란드 정부의 개혁안을 만드는 것이었는데, 안으로는 국민들의 안정을 꾀하고 밖으로는 러시아의 침략에 맞서기 위해서였다. 루소는 이것이 정치만큼이나 교육의 문제라는 사실을 재빨리 간파했다. 그러고는 자기가 마치 고대 어느 도시 국가의 법률 제정자라도 된 것처럼 기뻐했다. 그는 말했다. "모세, 리쿠르고스, 누마 폼필리우스와 같은 고대의 입법자들도 지금의 나처럼 이런 문제에 골몰했다. 그들은 시민들의 조국애와 동포애를 고양하는 범국가적 제전을 궁리했다. 이를테면 배타적이고 민족적인 종교 의식, 시민들을 하나로 결속하는 놀이, 시민들의 열정과 자긍심을 고취하는 운동, 선조들의 영욕의 역사를 기억하고 조국에 대한 애착심을 경쟁적으로 높여 주는 광경 등이다."

 《폴란드 정부에 관한 고찰》의 대부분은 법률과 행정에 관한 제안으로 채워졌다. 그러나 루소는 그런 정치 개혁

이상으로 폴란드 시민들의 심경 변화가 급선무라고 생각했다. 그래서 그의 제안서 앞부분에서 교육의 문제를 거론했다. 교육을 통하지 않고서는 시민들의 의식 전환을 이룰 길이 없다. 여기서 말하는 교육은 강제와 처벌이 난무하고 물질적 보상만 이야기하는 통속적인 교사들의 교육이라기보다는 사람들의 마음에 조국에 대한 사랑과 법의 정신을 심어 주는 올바른 형태의 교육이다. 이런 식의 교육은 어떻게 할 수 있을까? "나는 감히 말하련다. 겉으로는 전혀 중요해 보이지 않는 아동의 놀이와 교육으로부터 귀중한 습관과 끈끈한 애착이 생겨난다고."

폴란드 사람들이 당면한 문제는 주변 강대국들의 침략에 맞서 조국의 독립을 유지하고 폴란드 민족의 정체성을 지키는 것이었다. 루소에 따르자면, 오직 한 가지 방법밖에 없었다. 프랑스 사람이든, 독일 사람이든, 스페인 사람이든, 심지어 영국 사람이든 그저 유럽 사람일 뿐이라는 획일적 사고에서 탈피해 폴란드 사람만의 독자성을 주장하는 것이다. "폴란드 사람이 러시아 사람이 될 수 없는데 러시아가 어찌 폴란드를 정복할 수 있으리오." 그의 충고는 폴란드 사람들이 그들의 전통을 보존하고, 필요하면 되살리라는 것이었다. 다행히도 그들에게는 민족 고유의 의상이 있다. 만일 그들의 왕과 관료들이 항상 전통 복장을 착용한다면, 머지않아 프랑스 옷을 차려입고 궁정을 활보

하는 사람은 구경하기 힘들 것이다. 같은 맥락에서 폴란드 민족의 기상이 서려 있는 공공의 시합, 제전, 의식 등을 통해 국민성을 드높이는 것도 중요했다. 이런 국가적 행사는 궁정에서 흔히 목격되는 나약한 유흥거리와는 결이 달랐다.

또한 야외 구경거리도 있어야 하는데, 이것은 부유하고 지위가 높은 사람뿐만 아니라 일반 대중도 함께 즐겨야 한다. 아주 최근까지도 폴란드 젊은이들은 서커스에 적극적으로 참여했는데, 이런 전통을 되살려 명예와 경쟁의 장으로 만들어야 한다. 한때 폴란드에서 횡행하던 잔인한 전투를 힘과 기술을 요하는 육체적 운동으로 대신하기란 쉬울 것이다. 그리하여 승자에게 적절한 명예와 보상이 돌아가도록 하라. 일례로 승마는 폴란드 사람들에게 매우 적합한 운동이자 그 자체로 훌륭한 볼거리다.

이제 루소는 폴란드의 민족 제도에 대한 논의를 끝내고 국민 교육에 대한 논의로 넘어간다. 그는 교육에 관한 조항(제4장)이 가장 중요하다고 말한다.

"교육은 사람들의 마음에 국가의 형상을 심어 주고 그들의 생각과 취향을 조종하여 애국심을 고취한다. 아이는 태어나서 죽을 때까지 오직 자신의 조국만을 바라보아야 한다. 조국에 대한 사랑으로부터 그의 정체성이 생겨난다. 혼자서는 무의미한 존재다. 조국이 없다면 나도 없다.

설령 육신은 살아 있더라도 죽은 거나 다름없다. 국민 교육은 자유민의 특권이다. 자유민은 공동의 이익을 추구하고 법에 따라 하나가 된다. 프랑스 젊은이, 영국 젊은이, 스페인 젊은이, 이탈리아 젊은이, 러시아 젊은이 할 것 없이 누구나 학교를 졸업할 때는 영락없이 그 나라 사람이 되어 있어야 한다. 스무 살 폴란드 젊은이도 폴란드 사람으로서 부족함이 없어야 한다. 그러려면 아이에게 읽기를 가르칠 때 폴란드에 관한 내용을 읽혀야 한다. 그 아이는 열 살에 폴란드의 모든 생산물을 알아야 하고, 열두 살에 폴란드의 모든 지방, 도로, 도시를 알아야 하고, 열다섯 살에 폴란드의 모든 역사를 알아야 하고, 열여섯 살에 폴란드의 모든 법령을 알아야 한다. 또 폴란드의 위업을 기리고 저명인사들을 기억해 두었다가 언제든 필요할 때 소환할 수 있어야 한다. 분명히 말하지만, 내가 아이들에게 처방하는 학습은 외국인과 성직자들의 진부한 수업과는 확연히 다르다. 학습의 내용과 순서는 법령으로 정해 놓아야 한다. 교사들은 폴란드 사람들 가운데 선발하고, 가급적 결혼한 남성들이어야 한다. 이들은 한동안 가르치는 일을 한 뒤에 그보다 중요하거나 명예롭지는 않아도 일신이 편하고 명성도 자자한 다른 일을 해야만 한다. 어떤 경우에도 가르치는 일이 하나의 직업이 되어서는 안 된다. 폴란드 사람은 시민이라는 공적인 직함 외에 다른 어떤 영구적인 직함도 가질 수 없다. 모든 직책은, 특히 가르치는 일처럼 중요한 일은 자신의 능력을 시험하는 장이 되어야 한다. 그리하여 자신의 의지에 따라 더 높은 곳으로 올라갈 수 있어야 한다."

"나는 이 학교 저 학교 구분하는 일을 좋아하지 않는데, 부자와 빈자를 따로 떨어뜨려 서로 다른 방식으로 교육하는 일에 반대하기 때문이다. 국가의 법령에 따르자면 모두 평등하므로 같은 방식으로 교육을 받아야 한다. 설령 공교육을 완전히 무상으로 제공하는 일이 가능하지 않더라도, 수업료를 아주 낮게 책정하여 가난에 허덕이는 사람도 돈을 내고 교육을 받을 수 있어야 한다. 게다가 국가가 교육비를 전액 부담하는 국비 장학생 자리를 학교마다 약간 명 마련해 놓아야 한다. 이러한 자리들이 가난하지만, 그동안 국가에 봉사하는 일을 마다치 않았던 시민들의 아이들에게 돌아간다면, 그 아이들이 사회적으로 방기되지 않으면서 자기 아버지들만큼이나 훌륭한 시민으로 성장하는 이중의 효과를 거두리라. 국가의 장학금을 받는 아이들은 국가의 아이들이라는 칭호를 받으며 또래의 다른 아이들보다 존귀한 대접을 받는다."

"학교마다 체육관을 두고 아이들의 몸을 단련해야 한다. 사람들은 이런 일을 매우 소홀하게 여기지만, 이것이야말로 교육의 가장 중요한 부분이다. 신체 훈련을 통해 아이들은 건강하고 튼튼하게 자랄 뿐만 아니라 도덕적으로도 선해진다. 내가 틈만 나면 말했듯이, 좋은 교육은 소극적이어야 한다. 부덕함이 발생하지 않도록 함으로써 덕으로 나아가는 길을 마련하라. 훌륭한 공교육 체제에서는 소극적 교육을 실행하기가 수월하다. 아이들을 항상 바쁘게 만들면 된다. 물론 그들이 이해하지도 못하는 성가신 수업으로 그렇게 하라는 말이 아니다. 아이들은 공부한답시고 한자리에 오랫동안 억지로 앉아 있는 일을 무척 싫어한다. 그보다 성장기 아이들의 육체적 필요에 따라 즐거운 운동이나 그런 신체 활동을 통해 그들의 몸을 한시도 가만히 내버려두지 말아야 한다."

"베른에서는 학교를 졸업하는 젊은이들에게 '모의 국가'라는 이름으로 부르는 매우 독특한 훈련을 시킨다. 말 그대로 국가의 모든 일을 소규모로 모사하는 것이다. 여기에는 의회, 행정 기관, 사법부의 일이 모두 포함된다. 모의 국가는 실제로 약간의 사무를 보고 그에 따른 예산도 집행한다. 이는 국가의 승인과 비호 아래 진행된다. 예비 정치가들을 위한 훈련의 장으로서 언젠가 그들이 담당해야 할 국가의 정무를 놀이의 형태로 시연하는 데 목적을 둔다."

"공교육의 형태와 상관없이 국가의 최고 책임자들이 국가 교육을 관장하는 것이 바람직하다. 그들에게는 그럴 필요가 있다면 언제든 학교의 최고 관리자들(이들 또한 국가 최고위직의 잠재적 후보군이지만)과 아이들의 놀이를 담당하는 교사들을 임명, 해고, 교체할 수 있는 권한이 있어야 한다. 나는 국가와 민족의 존망이 이런 제도들에 달려 있음에도 누구 하나 그렇게 생각하지 않는 것 같아 놀랄 따름이다."

"여기서 나는 몇 가지 제안을 했을 뿐이지만, 그것만으로도 폴란드 사람들에게 나의 의견을 충분히 전달했다고 생각한다. 비록 엉성한 구석은 있어도 나는 현대인들이 잘 알지 못하던 고대인들의 방법을 이야기했다. 고대인들이 사람들의 영혼에 활기를 불어넣고, 애국심을 고취하고, 인간 본연의 덕-오늘날 우리에게서는 찾아볼 수 없어도 모든 인간의 마음속에 잠재되어 있어 적절한 제도적 뒷받침만 있으면 언제든 발현될 수 있는-을 앙양했던 방법을 설명했다. 이들의 정신에 따라 폴란드의 교육, 관례, 풍속, 도덕을 바로잡으면 국민들의 각성이 뒤따르고 나라는 전대미문의 위기 속에서도 새롭게 태어날 수 있을 것이다. 폴란드는 새로운 시대에 젊고 활기찬 국가로 거듭날 것이다."

이만하면 루소의 교육 개혁안도 마무리된다. 그러나 바로 정체에 대한 논의로 넘어가지 않고 그는 한 가지 유사 논점에 주목한다. 평소 신념대로, 나라는 덩치가 클수록 나쁜 거라며 "거기에 인간사 비극이 존재한다"라고 첨언한다. 반면 소국들은 공화국, 군주국 가릴 것 없이 하나같이 번영을 구가한다. 왜냐하면 작은 나라 사람들은 서로 잘 알고, 서로 도움을 주고받으며, 통치자가 국민들을 세세히 보살필 수 있기 때문이다. 루소는 폴란드 사람들에게 연방제를 권고하는데, 그렇게 함으로써 큰 나라와 작은 나라의 혜택을 모두 누릴 수 있다고 생각했던 것 같다.

루소가 국가 교육을 《정치·경제론》과 폴란드 비망록에서처럼 조직된 형태로 논의하든, 그의 조국 제네바를 예로 들어 비공식적 형태의 공교육으로 서술하든 그것은 《에밀》에 나타난 개별 아동의 교육 계획과는 확실히 다르다. 양자 간의 차이는 어느 정도인가? 그 둘은 같은 원칙을 서로 다르게 적용한 것에 불과할까, 아니면 서로 다르고 어긋나는 원칙에 기초하는 것일까? 어떤 식으로 해석하든, 교육에는 양면적인 성격이 있다. 교육은 개인의 사회생활을 준비시켜 주는 일인 동시에 이런 사회적 존재의 개별적 성장을 돕는 일이다. 우리의 정치 철학이나 우리의 당면 과제에 따라 그중 어느 하나를 더 강조할 수 있지만, 우리의 교육 목적은 언제나 양자 간의 황금 분할을 전제로 한다. 한 귀족 아이를 가정에서 교육하는 방법(《에밀》처럼)과 모든 아이를 사회의 훌륭한 시민으로 교육하는 방법(폴란드 제안서처럼)이 서로 아주 얼토당토않은 계획은 아니다. 루소가 내세웠던 그 두 가지 형태의 교육이 나중에 아주 남남의 결과를 가져온단 말인가? 그래서 에밀은 사회의 부적응아로 남고, 폴란드 시민들은 몰개성의 덫에 빠진단 말인가? 이런 식의 문제 제기에 루소라면 당장 그 두 가지 교육 계획이 상호 모순적인 관계에 있지 않다고 주장할 것이다. 아이를 사회적 존재로 만드는 과정에서 그 아이의 개별적 성향을 억압하는 모순적 상황이 연출되는 것인데, 훌륭한 사회에서는 그런 일이 벌어질 염려가 없을 것이다. 《에밀》에서 그는 프랑스와 같은 큰 나라에서 아이들을 키우는 것을 가정하고 있는데, 나라 자체가 너무 크다 보니 (그의 의견에 따르자면) 조국애와 같은 덕목은 이미 사라진 지 오래고 개성이 움트고 자랄 여지도 없다. 상황이 이러하니 교사의 관점에서 훌륭한 인간을 길러 내든지 훌륭한 시민을 만들든지 선택해야만 했고, 그의 선택지는 인간이었다. 폴란드를 위한 새로운 교육을 제안하면서 루소는 폴란드의 대전환을 상정한다. 폴란드를 여러 개의 작은 국가들로 구성된 연방 체제로 재편하여 플라톤의 수호자 계급에 상응하는 지혜롭고 헌신적인 위정자들에게 통치를 위임한다. 그리고 국가의 공복을 만드는 교육 훈련을 처방하는데, 이때 개별 아동까지는 생각이 미치지 못했다. 사실상 에밀은 어른이 되면 은근슬쩍 기성 사회로 편입되어 공동체의 일원으로 살아간다. 그리고 폴란드 아이들이 시민이 되기 위해 받는 훈련은 소극적 교육의 일환이다. 그러나 그 두 가지 교육적 이상은 일치하지 않고, 그럴 수도 없다. 루소의 말대로 근대 국민 국가가 몹시 타락한 상태라면, 그가 길러 낸 자연인이 시민이 되는 일은 없을 것이고, 반대로 그의 이상 국가가 젊은이들의 교화에 바탕을 두는 것이라면 거기서 참된 인간을 길러 내는 일도 요원할 것이다.

여기서 교훈은 무엇인가? 《에밀》의 새로운 사상에 경도되어 새로운 노력에 매진했던 모든 교육자와 철학자처럼 우리도 루소 주장의 전제를 재고하고 그의 실천적 권고를 우리 자신의 상황에 맞추어야 한다. 루소는 개인주의라는 한 극단에서 출발해 변증법적 사유를 거쳐 국가사회주의라는 다른 극단에 이르렀는데, 그런 사실로부터 우리에게는 이론과 실제 막론하고 양극단의 화해라는 난제가 주어졌다. 이와 관련해 《에밀》이 등장하고 두 세기가량 지나면서 유럽의 제 국가들은 상당한 진보를 일구어 냈다. 여전히 극단적인 국가주의로 골머리를 앓는 나라들이 여럿 있지만, 어쨌든 오늘날 유럽에서 루소의 부정적인 사회관에 공감할 만한 사람은 거의 없을 것이다. 나라의 크기와 상관없이 누구나 어느 정도 자신만의 삶을 영위할 수 있기 때문이다. 민주적인 절차, 대중 교육, 신문과 방송의 확산으로 인해 교육받은 시민 계층이 등장했고, 이제는 18세기에 그랬듯이 영토의 크기와 인구의 많고 적음이 한 나라의 시민이 되는 데 걸림돌로 작용하지 않는다. 우리가 꿈꾸는 사회의 양상도 급격히 달라졌다. 국가의 강제적 간섭을 통한 삶의 개선이라는 믿음이 위험할 정도로 강해지고, 독재 국가가 아니어도 개인의 사상적 자유에 재갈을 물리는 대규모 교화가 성행하는 것도 사실이다. 그러나 그런 각종 제약에도 불구하고 오늘날 복지 국가는 개인의 복락에 관심이 있고, 민주주의 사회에서 사상의 자유—인성 함양에 필수적인—를 증진하는 체계적 방법을 모색한다. 루소가 당연시했던 자연과 사회의 대립 구도는 오늘날 점차 희미해지고, 그에 따른 문제의식도 옅어지고 있다.

개인과 사회를 둘러싼 정치적 쟁점 이면에는 한층 중요한 철학적 문제가 내재한다. 루소의 모순적인 입장은 그가 직감했던 인간 삶의 상충적인 모습에 따른다. 《에밀》의 중심 사상은 개인의 사적 가치에 있는데, 이는 (무의식적으로나마) 칼뱅의 신학적 사상에서 차용한 개념이다. 루소는 《신 엘로이즈》—《에밀》과 거의 동시에 저술된—에서 말한다. "인간은 다른 무엇을 위한 수단이 되기에는 너무나도 고귀한 존재다. 남이 정해 놓은 일을 하기보다는 자신에게 적합한 일을 생각하라. 자리가 있고 인간이 있는 것이 아니다. 인간이 있고 자리가 있는 것이다." 한마디로 (칸트식으로 표현하면) 인간은 언제나 그 자체로 목적이라는 말이다. 인간은 국가나 타인의 수단이 되어서는 안 된다. 문제는 이러한 인간관을 용인하는 사회가 어디 있느냐는 것이다. 개인의 권리만 주장하는 사람들이 지속 가능한 사회적 협력을 어떻게 이룰 수 있겠는가? 루소가 정치적 관점에서 교육의 문제를 다룰 때 그는 개인의 사적 가치에 대해서는 침묵한다. 주된 관심이 사회의 복락에 있기 때문이다. 그는 전통, 유대감, 일반 의지에 의해 구성원들을 하나로 묶는 공동체를 염두에 둔다. 이때 구성원들의 개별 의지를 전체 의지, 특히 공동체의 이익과 관련된 일반 의지에 복속시키는 국가 교육의 역할이 중요하다. 루소의 이상 국가에서 시민은 자신의 사적인 욕망을 추구하기보다 국가 사회의 바람을 열망할 때 행복을 느낀다.

두 가지 견해 모두 일리가 있다. 교육은 훌륭한 인간을 길러 내는 일이기도 하고, 훌륭한 시민을 만드는 일이기도 하니까. 루소가 잘못한 것이 있다면 이거냐 저거냐-개별성을 위한 교육이냐 사회를 위한 교육이냐-식의 이분법적 논의에서 멈추어 섰다는 것이다. 개인의 목적이 사회의 목적과 충돌할 때는 주로 개인이 사회의 요구와 이상에 크고 작은 반기를 들거나, 아니면 그 개인의 도덕적 잣대가 동시대를 훨씬 앞서 있는 경우다. 이런 일이 대규모로 벌어지고 그 시대의 운이 다한 것처럼 보인다면, 이상주의

자는 이미 자신의 힘만으로 사태를 수습할 수 없다고 생각하여 황금시대의 순수함으로 회귀하거나 미래의 유토피아로 전진한다. 루소는 과거와 미래를 오가며 (지금까지 우리가 살펴보았듯이) 그의 문제에 두 가지 상반되는 해법을 내놓았다. 루소식 이상주의를 넘어 그런 모순적 상황에서도 양측 모두에 충실한 논의를 전개하는 것은 확실히 새로운 사상이나 행동을 요하는 도전적인 과제다. 인간은 그 자체가 목적이라는 것이 하나요, 국가야말로 최고의 사회적 목적이라는 것이 또 하나다. 이 두 가지 전제를 모두 수용하라. 그러나 인간 개개인의 다양한 삶을 보장하는 것이 획일적인 사상과 행동을 강제할 때보다 공동의 이익에 보탬이 되는 그런 국가를 상정할 수는 없는지 끊임없이 되물으라. 그런 곳이어야 여럿이 모여 살아도 문제가 발생하지 않는다. 이것이 현대 민주주의 국가의 전형이다. 민주주의의 기본 가정은 모든 시민이 자기 방식대로 행복하게 살 수 있어야 한다는 것과, 그들 각자가 훌륭한 인간이 되었을 때 국가도 그만큼 훌륭해진다는 것이다. 이런 전제로부터 루소와 그의 동시대인들의 예견을 뛰어넘는 광의의 실천적 교육 개념이 뒤따른다. 오늘날 우리는 개인의 능력과 흥미를 최대로 끌어올리는 교육을 훌륭한 시민의 필수 조건으로 간주하고, 국민 모두에게 적절한 학교 교육과 문화적 기회를 제공한다. 이런 보편적인 교육을 시행하면서 우리는 개인적인 능력의 자유로운 발달과 시민적이고 기술적인 훈련-그들 모두를 유능한 직업인과 사회적 존재로 만드는-이 최대한 서로 조화를 이루기를 바란다. 한마디로 우리는 모든 개인을 인간인 동시에 시민으로 만드는 불가능한 과제에 최선을 다하고 있다. 여전히 부족하지만 우리는 루소로부터 시작된 신(新)교육의 지평을 넓히고 공고히 하는 어려운 작업에서 나름 성과를 거두고 있다.

해 설

　내가 번역의 저본으로 사용한 책은 윌리엄 보이드가 축약한 《EMILE FOR TODAY : The Emile of Jean Jacques Rousseau》(London : William Heinemann, 1956)다. 《에밀》은 두툼한 책이다. 내용도 다소 산만하다. 이야기 투도 자주 논점에서 벗어난다. 중간에 길을 잃지 않으려면 능숙한 안내자가 필요하다. 나는 영국의 교육학자 윌리엄 보이드를 길잡이로 골랐다. 몇 가지 이유가 있다. 우선 책의 부피를 줄여 가독성을 높였는데 이는 모든 축약본이 그러할 테니 특이할 게 없다. 하지만 《에밀》의 다섯 부 각각 부제를 달고, 본문 내용을 주제별로 쉰네 가지 장으로 구분해 제시했다는 점은 주목할 만하다. 이 책의 목차만 일견해도 《에밀》의 내용이 한눈에 들어온다. 게다가 책 앞부분에 루소 서문의 서문 격인 프롤로그, 책 뒷부분에 《에밀》의 해제에 해당하는 에필로그, 책 중간에 각 부 도입부로 짤막한 머리말을 두어 독자들의 이해를 도왔다.

　《에밀》은 교육 소설이다. 루소는 아이가 태어나서 어른이 되어 결혼하는 일련의 성장 과정을 아이의 사회 · 심리적 발달 정도에 따라 다섯 단계로 나누어 이야기했다. 제1

부 유아기는 원래 《에밀》의 초기 원고에는 담겨 있지 않다가 나중에 새롭게 추가한 부분이다. 이 주제로 글을 쓰기에 당시 루소의 지식이 충분치 않았던지 스스로 공부하고 주변 사람들에게 물어보면서 유아 교육에 관한 논의를 전개했다. 제2부 소년기는 에밀이 열두 살 때까지 받는 소극적 교육을 특징으로 한다. 아이의 마음속에 덕과 진리를 심어 주기보다 그곳에 사악함과 잘못이 자리를 잡지 못하도록 조심하는 단계다. 아직 이성이 잠에서 깨어나지 않았으므로 아이의 감각을 훈련하고 신체를 단련한다. 제3부 전(前) 청소년기는 아동기와 사춘기 중간쯤에 해당한다. 감각의 전단적(專斷的) 지배에서 조금씩 벗어나기 시작하지만, 여전히 도덕적 통찰과 사회적 관계에 대한 이해가 부족하다. 로빈슨 크루소로 대변되는 자기충족적인 삶의 유용성 원칙에 귀속된다. 제4부 청소년기는 아이가 어른으로 새롭게 태어나는 시기다. 성적인 변화가 발생하고 이성에 대한 욕구가 강해진다. 자기중심성을 탈피해 사회적 감정이 싹트고, 점진적으로 공동체 생활을 시작한다. 도덕적인 세계로 들어가 주변인들과 개인적인 관계를 맺는다. 제5부 결혼은 청소년기의 마지막 단계에 해당한다. 에밀을 참된 의미에서 공동체의 일원으로 만들어 주는 결혼과 그에게 어울리는 여성을 자연의 방법에 따라 교육하는 문제를 다룬다. 골자는 남녀 모두 자기 성에 적합한 개인적·사회적 교육을 받아야 한다는 것이다.

루소는 《에밀》의 한 귀퉁이에서 홀연 그의 책의 가치를 밝혔다. "우리의 교육 논고들에서는 아이들의 허무맹랑한 의무들에 대해서만 길고 지루하게 이야기할 뿐, 정작 아이들의 교육에서 가장 중요하고 가장 곤란한 지점, 즉 그들이 아동기에서 성년기로 넘어가는 과도기와 그 위험에 대해서는 한마디도 말하지 않는다. 만일 누군가 나의 책이 가치 있다고 여긴다면, 그것은 다른 사람들이 침묵했던 그 시기를 논함에, 내가 그릇된 점잔을 빼거나 표현의 어려움을 핑계로 중간에 그만두지 않고 충분히 다루었기 때문이리라." 여기서 루소가 말하는 '과도기'는 청소년기를 말하는 것이고, 그 '위험'은 이 시기를 특정하는 사회·심리적 발달을 온전히 이해하지 못하는 것을 의미한다. 그러나 《에밀》이 출간되고 몇 세기가 지나면서 우리는 루소가 말했던 '과도기와 그 위험'에 대하여 충분한 과학적 지식을 축적했다. 그만큼 《에밀》에서의 주장도 식상함까지는 아니더라도 참신함이 퇴색했다.

다시 이 책의 표제로 돌아간다. Emile for Today! 보이드는 《에밀》에 나타난 자연인과 시민의 불완전한(?) 앙상블로부터 20세기 대중민주주의 사회의 교육적 과제를 끄집어냈는데(자세한 것은 〈에필로그〉 참조), 그의 이러한 논의는 21세기 후기자본주의 사회에도 여전히 유효하다.

오늘날 우리는 무지와 탐욕이 이성과 양심을 대신하는 시대를 살고 있다. 모든 것이 자본 축적의 논리로 수렴되는 냉엄한 현실에서, 누군가 '왜 《에밀》인가?'라고 묻는다면 나는 이 책에서 루소가 강변했던 인간성의 회복이 절실하다는 18세기풍의 낭만적 수사로 회귀하리라.

지식을만드는지식과는 이번이 두 번째 작업이다. 2016년 《루소 교육 소저작》을 출간하고 8년 만에 《에밀》을 내놓는다. 이제야 루소의 교육 고전 번역을 갈무리했다. 무던히 참고 기다려 준 출판사에 고마움을 전한다. 늘 그렇지만 번역의 어려움과 역량의 한계를 절감하는 시간이었다. 모쪼록 이 서툰 번역에 큰 오류가 없기를 바란다.

2024년 1월
김성훈

지은이에 대해

장 자크 루소는 1712년 스위스 제네바에서 태어났다. 아버지는 시계공이었고, 어머니는 목사의 딸이었다. 어머니가 그를 낳다가 죽었기 때문에 고모의 보살핌을 받으며 유년기를 보냈다. 밖에서 아이들과 어울리기보다는 집에서 조용히 시간을 보내는 경우가 많았다. 조숙한 아이였고, 일찍 글자를 배워서 여섯 살 무렵부터 책을 읽었다. 집과 아버지의 작업장을 오가며 어머니와 외할아버지의 서재를 차례로 탐닉했다.

1720년 아버지가 프랑스 장교와 싸움에 휘말려 제네바를 등졌을 때, 유년기 독서 교육도 종말을 고했다. 당시 여덟 살이던 그는 외삼촌 베르나르의 집에 맡겨졌다. 외삼촌은 루소를 그의 동갑내기 아들과 함께 보세의 랑베르시에 목사 집으로 보냈다. 그곳에서 라틴어를 비롯해 초보적인 교육을 받았다. 보세에서 2년 동안 행복한 시간을 보냈으나, 결국에는 랑베르시에 남매와 불화를 겪으면서 제네바로 돌아왔다.

1722년부터 몇 해 동안 제네바의 외삼촌 집에서 한유의 시간을 보냈다. 그러다가 직업을 선택해야만 하는 시간대가 찾아왔다. 먼저 공증인의 사무실로 보내졌으나, 곧 일에 부적합한 아이로 판명이 났다. 이어 조판 기술자의 문하로 들어갔다. 일은 재미있었으나, 장인과 관계가 좋지 않았다. 수습생 시절은 예기치 않은 하나의 사건으로 끝이 났다. 휴일이면 종종 도시 밖까지 놀러 나갔는데, 귀가 시간이 너무 늦어서 성문이 닫히는 일이 발생했다. 다음 날 작업장으로 돌아가 장인에게 매질을 당할 일이 두려운 나머지 그 길로 제네바에 안녕을 고했다.

1728년 제네바를 떠나 방랑자의 삶을 살게 되었다. 처음에는 제네바 근교를 배회했고, 이윽고 생활고를 해결할 요량으로 가톨릭교회로 발걸음을 옮겼다. 이를 계기로 바랑 부인을 알게 되었다. 그녀의 주선으로 알프스 너머 토리노 수도원으로 갔다. 그곳에서 가톨릭으로 개종한 뒤에 다시 방랑의 삶을 이어 갔다. 이 시절 귀부인 몇몇과 친분을 쌓았는데, 특히 바랑 부인은 그가 안정된 생활을 할 수 있도록 도움을 주었다. 그러나 그는 그녀의 바람과 달리 어느 곳에도 정착하지 못했다. 우연한 기회에 파리로 갈 수 있었으나, 곧 그곳 생활에 실망한 나머지 다시 바랑 부인에게로 돌아왔다.

1732년부터 1741년까지 바랑 부인과 함께 지냈다. 처음 4년 동안은 샹베리에서, 나머지 기간은 샤르메트에서 머물렀다. 이 시절 자연을 벗 삼아 자유와 고독의 시간을 보냈고, 다방면으로 책을 읽으면서 미래의 사상가 면모를 갖추어 갔다. 바랑 부인과의 행복한 동거가 끝날 무렵, 마블리 집안의 가정교사가 되었다. 마블리의 두 아들을 1년 남짓 가르친 뒤에, 늘 그렇듯이 다시 바랑 부인에게로 돌아왔다.

1741년 바랑 부인을 떠나 파리에서 새로운 삶을 찾았다. 파리에서 음악으로 성공하고 싶었으나, 뜻대로 되지 않았다. 그러나 1749년 우연히 디종 아카데미 현상 논문에 당선되었고, 그의 논문은 이듬해인 1750년에 《학문예술론》으로 출간되었다. 이로부터 4년 뒤에 두 번째 에세이 《인간 불평등 기원론》을 발표해 문학적 재능을 세상에 알렸다. 문필가로서의 이러한 성공과 별개로 그는 점차 도시 생활에 싫증을 느꼈고, 이내 1756년 파리를 떠났다.

1756년 데피네 부인의 호의로 몽모랑시의 에르미타주에 정착했다. 그러나 얼마 지나지 않아 데피네 부인과 불화를 겪으면서 그녀의 별장을 떠나 사회적으로 고립된 상태로 살았다. 몽모랑시 시절은 한편으로는 은둔의 연속이었고, 다른 한편으로는 그의 대표적인 논고들을 저술하는 생산적인 나날이었다. 1759년부터 1762년까지 《신 엘로이즈》, 《사회계약론》, 《에밀》을 차례로 세상에 내놓았다.

1762년 《에밀》이 출간되었을 때 루소는 뜻하지 않게 사회적 논쟁의 중심에 놓였다. 종교 집단과 철학자 집단이 모두 루소를 공격했다. 《에밀》은 곧 금서 목록에 올랐고, 루소는 대륙의 여러 망명지를 전전하다가 결국 파리에 있던 데이비드 흄을 따라 영국행을 선택했다. 1766년 영국에 도착한 루소는 런던 사람들의 환대를 받았지만, 조용한 시골 생활을 원해서 더비셔의 우턴에 정착했다. 이때부터 《고백》을 저술하기 시작했다. 그러나 영국 생활은 녹록지 않았다. 낯선 언어와 변덕스러운 날씨, 악화한 여론, 거기에 흄과의 불화설까지 겹치며 더는 영국에 머물 수 없었다.

1767년 다시 도버 해협을 건넜다. 유럽 각지를 떠돌다가 1770년 오랜 방황에 쇠약해진 몸을 이끌고 파리로 돌아왔다. 14년 만의 귀환이었다. 이후 8년 동안 소박한 삶을 이어 갔다. 그러다가 1778년 의사의 권유로 파리 근교로 이주했고, 건강이 급속도로 악화되어 죽음을 맞이했다. 루소는 에름농빌 호수의 푀플리에 섬에 묻혔다. 유골은 프랑스 혁명 이후 1794년 팡테옹으로 옮겨졌다.

엮은이에 대해

윌리엄 보이드(William Boyd)는 1874년에 태어나 1962년에 죽은 영국의 교사이자 교육학자다. 1896년에 글래스고대학교를 졸업하고, 잠시 신학을 공부했다. 그러나 목사가 되려는 생각을 접고 1900년경에 중등학교 교사 생활을 시작했다. 1911년 글래스고대학교에서 철학박사(Ph. D.) 학위를 받은 뒤에 1946년까지 모교의 교육학 교수로 재직하면서 스코틀랜드 교육협회장과 미국 컬럼비아대학교 방문교수 등을 역임했다. 서양교육사 연구와 교육 고전 해석에서 두드러진 업적을 남겼다.

옮긴이에 대해

김성훈(金成勳)은 강원도 춘천에서 태어났다. 강원대학교 사범대학 교육학과를 졸업하고, 캐나다 앨버타대학교에서 교육학 전공으로 철학박사(Ph. D.) 학위를 취득했다. 2007년부터 강원대학교 사범대학 교육학과 교수로 재직하고 있다. 그동안 주로 교육에 관한 역사・철학적 연구를 해 왔고, 최근에는 서양 지성사・문화사로 지적인 관심을 넓혀가고 있다.

오늘 읽는 에밀

지은이 장 자크 루소
엮은이 윌리엄 보이드
옮긴이 김성훈
펴낸이 박영률

초판 1쇄 펴낸날 2024년 3월 29일

지식을만드는지식
출판등록 제313-2007-000166호(2007년 8월 17일)
02880 서울시 성북구 성북로 5-11
전화 (02) 7474 001, 팩스 (02) 736 5047
commbooks@commbooks.com
commbooks.com

ⓒ 김성훈, 2024

지식을만드는지식은 커뮤니케이션북스(주)의
고전 출판 브랜드입니다.
이 책은 저작권자와 계약해 발행했으므로, 본사의 서면 허락 없이는
어떠한 형태나 수단으로도 이 책의 내용을 이용할 수 없습니다.

ISBN 979-11-288-9857-0 03860

책값은 뒤표지에 있습니다.